働く人と組織のための人的資源管理

人的資本経営時代の基礎知識

全国社会保険労務士会連合会【編】

山本 寛【編著】

中央経済社

まえがき

　本書で取り扱う人的資源管理とは，企業等の組織が経営上の資源である従業員をどのようにマネジメントしているか，そして従業員がいかに働きがいをもって働いているかなどの問題を扱います。これまで労務管理や人事管理とも呼ばれてきた経営学の一分野です。

　組織の経営資源には「ヒト，モノ，カネ，情報，……」といわれるように，生産設備，有価証券や情報などがありますが，それらと並んで従業員は重要な経営資源です。また，「日本的経営」と呼ばれ，日本独特の経営のやり方といわれた終身雇用，年功処遇，企業別労働組合は，いずれも人的資源管理の分野に含まれます。もともと，天然資源に乏しいわが国において人の重要性は以前から言われ続けてきました。つまり，経営者，管理者を含む組織で働く人々やその予備軍である学生などの人々が，わが国の組織経営を理解しようとする場合，人的資源管理の理解は必須であるといえます。

　また近年，イノベーションやグローバル化の進展など，組織の経営をめぐる内外の環境変化には著しいものがあります。最近特に深刻な問題として挙げられるのが，構造的な少子高齢化による労働人口の減少です。これにともなう採用難や人材不足は，働き方改革の重要なポイントであり，働く人一人ひとりの生産性の向上という大きな課題を組織の人的資源管理に突き付けているといえます。また，以前から人的資源管理へ大きなインパクトを与えているのが，転職の増加を意味する雇用の流動化と正規社員以外の人々の増加等を意味する雇用の多様化です。本書では，こうした内外の環境変化にともなう人的資源管理の変化についても取り上げていきます。

　さて，本書の特徴として挙げられるのは，以下の4点です。

　第1は，労使関係や労働安全衛生など，類書であまり取り上げられていない，いわゆる労務管理に関する分野もバランスよく取り上げている点です。そのため，類書より章の数はやや多くなっています。

　第2は，人的資本経営，経営労務監査，タレントマネジメント，組織開発

(OD）との関係，同一労働同一賃金，従業員エンゲージメント，キャリア自律等，現代の組織が抱えている新しい課題や施策の多くを網羅しています。そのため，本書を読んでいただければ現代社会における労働に関するトピックの多くに触れることができます。

第3は，リモートワーク，1 on 1 ミーティング，社内公募制度，アルムナイ（卒業生）制度，多様なハラスメント対策等，現代の組織で具体的に検討実施されている施策レベルのマネジメントを数多く取り上げています。そのため，特に経営者，管理者を含む組織で働く人々の現場レベルの問題解決にも役立つことをめざしています。

第4は，PEfit（個人と組織の適合），組織（再）社会化，シェアド・リーダーシップ等新しいリーダーシップ理論，自己効力感等，学術的な理論やモデルに基づく新しい考え方や概念についてもわかりやすく触れています。より深く学習されたい方にお勧めです。

本書は，以上のように内容が多岐にわたるため全18章の構成とし，それぞれの分野を専門とする13名が執筆しています。

また，人的資源管理の分野は，人的資源管理に関する唯一の国家資格であり，当該分野の専門家である社会保険労務士の皆様が深く研鑽を積むことで組織の経営に資することになる重要な分野といえます。多くの社労士の方々にお読みいただけることを期待します。

2025年春

執筆者を代表して　山　本　寛

目　次

まえがき　*i*

第1章
人的資源管理序論 ─── *1*

1　人的資源管理の重要性 ………………………………………………… *1*
2　人的資源管理の歴史と概念 …………………………………………… *3*
3　人的資源管理の役割 …………………………………………………… *6*
4　人的資源管理の領域とわが国組織における特徴 ………………… *9*
5　戦略的人的資源管理 …………………………………………………… *11*
6　人的資本経営 …………………………………………………………… *13*
7　経営労務監査 …………………………………………………………… *18*

第2章
採用管理 ─── *21*

1　採用を取り巻く環境変化 ……………………………………………… *21*
2　採用戦略 ………………………………………………………………… *22*
3　採用時に評価すべき人材要件の明確化 …………………………… *26*
4　リクルーティング ……………………………………………………… *29*
5　採用選考に用いられる測定ツール …………………………………… *31*
6　環境変化に対応する …………………………………………………… *38*

第3章

配置・異動管理 ——————————————————— 41

1 配置・異動管理の意義 ……………………………………… 41
2 日本企業の従業員格付制度 ………………………………… 43
3 配置・異動の目的とキャリア形成 ………………………… 48
4 初任配属と組織社会化 ……………………………………… 51
5 転勤の問題 …………………………………………………… 52
6 日本企業の配置・異動管理の慣行 ………………………… 54
7 従業員の主体性を尊重した配置・異動管理 ……………… 56
8 企業の枠を超えた異動管理 ………………………………… 57

第4章

昇進・昇格管理 ——————————————————— 59

1 昇進と昇格 …………………………………………………… 59
2 昇進・昇格がなぜ行われるのか …………………………… 61
3 従来の昇進管理 ……………………………………………… 66
4 戦略上の課題と昇進管理 …………………………………… 73

第5章

退職管理 ——————————————————————— 79

1 退職管理とは ………………………………………………… 79
2 定年退職 ……………………………………………………… 81
3 雇用調整と退職 ……………………………………………… 86
4 労働者の自発的な退職とアルムナイ制度 ………………… 92

5　出口だけではない退職管理 ··· 94

第6章
能力開発管理 ——————————————————— 97
　　1　能力開発の定義と人的資源管理における位置づけ ················ 97
　　2　能力開発の体系と教育内容 ·· 100
　　3　教育研修の効果測定 ··· 107
　　4　わが国の能力開発の特徴と今後の方向性 ····························· 109

第7章
業績評価と人事考課 ————————————————— 119
　　1　業績の評価と人事考課への活用 ·· 119
　　2　職能資格制度と職務（役割）等級制度の人事考課制度 ······ 120
　　3　目標による管理（MBO） ·· 123
　　4　業績評価に関する新しい動向 ·· 125
　　5　能力や行動の評価 ·· 128
　　6　人事考課のプロセス ··· 131
　　7　人事考課の注意点 ·· 132
　　8　これからの人事考課の課題 ··· 134

第8章
賃金・報酬管理 ————————————————————— 137
　　1　賃金の考え方について ··· 137
　　2　春闘 ··· 139

3　賃金体系について ……………………………………………… *140*
　　4　賃金の基本構成について ……………………………………… *142*
　　5　職能給制度について …………………………………………… *144*
　　6　職務給制度について …………………………………………… *146*
　　7　成果主義的賃金制度について ………………………………… *148*
　　8　雇用の多様化と賃金制度について …………………………… *151*
　　9　賃金・報酬管理の全体像と課題 ……………………………… *153*

第 9 章
労働時間管理 ———————————————————— *155*

　　1　今なぜ労働時間管理なのか …………………………………… *155*
　　2　労働時間法制の概観 …………………………………………… *160*
　　3　労働時間と生産性 ……………………………………………… *162*
　　4　労働時間に関する諸問題－労働者の健康問題をはじめとして－
　　　　……………………………………………………………………… *164*
　　5　休み方の知恵 …………………………………………………… *167*
　　6　リモートワークと労働時間 …………………………………… *169*
　　7　労働時間管理の必要性再論 …………………………………… *171*

第 10 章
（労働）安全衛生管理 ———————————————— *173*

　　1　（労働）安全衛生管理の位置づけ …………………………… *173*
　　2　（労働）安全衛生管理の体制 ………………………………… *175*
　　3　（労働）安全衛生管理の基本 ………………………………… *179*
　　4　健康管理の実施と展開 ………………………………………… *181*

5　メンタルヘルスとハラスメント対策 …………………………………… 185
　　6　健康経営 ……………………………………………………………………… 187

第11章 福利厚生管理　　191

　　1　福利厚生の定義と位置づけ ………………………………………………… 191
　　2　福利厚生の施策と内容 ……………………………………………………… 193
　　3　福利厚生費とその動向 ……………………………………………………… 196
　　4　人的資源管理における福利厚生管理の展開 …………………………… 199
　　5　今日における福利厚生管理の新展開 …………………………………… 201

第12章 キャリア開発　　209

　　1　従業員のキャリアと組織の人的資源管理 ……………………………… 209
　　2　働く人のキャリア …………………………………………………………… 211
　　3　働く人のキャリアの発達 …………………………………………………… 214
　　4　キャリア発達を促進する行動 …………………………………………… 218
　　5　キャリア発達の転機や停滞 ………………………………………………… 220
　　6　組織間のキャリア開発 ……………………………………………………… 223
　　7　組織による具体的なキャリア開発施策 ………………………………… 225

第13章 労使関係管理　　229

　　1　労使関係管理とは－労使コミュニケーションの観点から ………… 229

2　労働組合概論 ………………………………………… *231*
　3　無組合企業と労働組合 ……………………………… *235*
　4　団体交渉から争議行為まで ………………………… *236*
　5　不当労働行為 ………………………………………… *237*
　6　複数労働組合併存の労働問題 ……………………… *238*
　7　労働組合の経営参加等 ……………………………… *240*
　8　無組合企業における労使関係 ……………………… *243*
　9　労使のコミュニケーションギャップ ……………… *244*
　10　労使関係は信頼関係 ………………………………… *247*

第14章 リーダーシップ ——————————— *249*

　1　リーダーシップとは ………………………………… *249*
　2　特性・行動アプローチ ……………………………… *253*
　3　コンティンジェンシーアプローチ ………………… *258*
　4　新しいリーダーシップ理論 ………………………… *262*

第15章 モチベーション ——————————— *269*

　1　モチベーションとは ………………………………… *269*
　2　職務満足とモチベーション ………………………… *273*
　3　職務特性とモチベーション ………………………… *276*
　4　仕事目標とモチベーション ………………………… *278*
　5　自己効力感とモチベーション ……………………… *282*
　6　ジョブ・エンゲイジメントとモチベーション …… *283*

第16章
国際人的資源管理 — 287

1. 国際人的資源管理とは ……… 287
2. 多国籍企業の経営と人的資源管理 ……… 291
3. 日本企業の国際人的資源管理 ……… 295
4. 海外派遣の国際人的資源管理 ……… 297
5. 日本企業のグローバル人材とその育成 ……… 300
6. 企業の国際人的資源管理とグローバル人材育成 ……… 303

第17章
非正規労働者の管理 — 309

1. 正規労働者と非正規労働者の違い ……… 309
2. 非正規労働者とは ……… 310
3. 雇用形態ごとの非正規労働者の特徴とマネジメント ……… 312
4. 非正規労働者に関する実証的研究 ……… 316
5. 非正規労働者の基幹労働力化 ……… 319
6. 雇用区分の多元化 ……… 320
7. 労働市場の多層化 ……… 322
8. 雇用区分の多元化に伴う課題 ……… 324

第18章
女性労働者の管理 — 329

1. 女性の就業参加 ……… 329
2. 女性労働者の活躍推進に向けた課題 ……… 332

3　女性労働者の労働力率に関する実態 …………………………………… *334*
4　女性労働者の仕事と私生活 …………………………………………… *337*
5　仕事と家庭生活との関係 ……………………………………………… *339*
6　日本的雇用システムと女性管理職 …………………………………… *341*
7　女性管理職の実際 ……………………………………………………… *342*
8　女性管理職の育成に向けて …………………………………………… *343*

索　引　*347*

第1章

人的資源管理序論

　第1章では，第2章以降の各論に入る前段として，人的資源管理全体に関係するポイントや，近年の人的資源管理に関する新しい動向について触れていく。

1　人的資源管理の重要性

(1)　組織の雇用を巡る環境の変化

　わが国では，構造的な人口減少にともなう少子高齢化が進行し，人手不足と採用難が深刻化している。また，VUCA時代と呼ばれるような予測困難な環境下にある現代の組織では，リストラクチャリング，M＆A，アウトソーシング等，コストを削減し効率性を高め，人材の最適配置を図るような施策を実施している。グローバル化やイノベーションの進展への対応も急務になっている。
　こうした環境変化によって，多くの企業では組織形態の変化が日常的にみられるようになり，雇用関係も大きく変化するようになってきた。
　第1の変化が，雇用の多様化である。現代では多くの企業で，非正規従業員比率の上昇を示す「量的基幹化」だけでなく，正規従業員の中核的な仕事を非正規従業員が替わって担うという「質的基幹化」も進行している。
　第2の変化が，転職の活発化等を示す雇用の流動化である。
　これらの背景には，働く人におけるキャリア自律の広がりがある。これは，

自分のキャリアを主体的にとらえ，自分でキャリア形成に取組む必要がある，取組みたいという意識であり，転職の増加や副業の広がりに関係している。

このように，雇用をめぐる環境が大きく様変わりしている中，組織による従業員のマネジメントである人的資源管理も大きく変貌せざるを得なくなっている。

こうした変化を背景に，まず人的資源管理の位置づけについてみていこう。

(2) 人的資源管理の位置づけ

組織の人的資源管理は，経営学において組織の保有する資源の管理を扱う経営管理論で研究されてきた（**図表1－1**）。経営管理論は，管理する資源の種類により個別管理論として分類されている。組織の保有する資源には，ヒト，モノ，カネ，情報等があるが，人的資源管理はそのうち，ヒトの管理を扱う。

それでは次に，人的資源管理の歴史，類似概念や定義についてみていこう。

図表1－1　人的資源管理（論）の学問的位置づけ

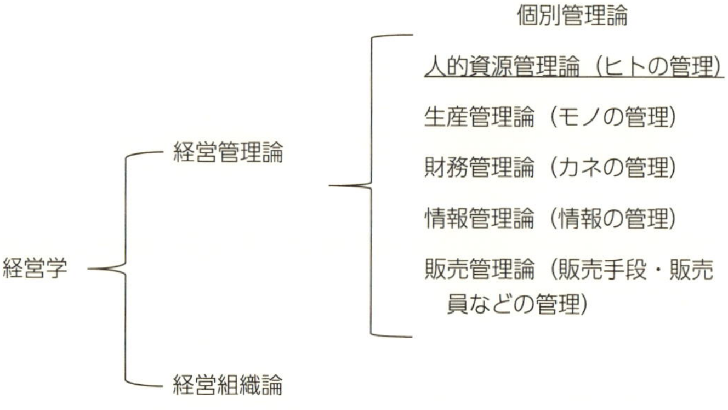

```
                        ┌─ 個別管理論
                        │
                        ├─ 人的資源管理論（ヒトの管理）
           ┌─ 経営管理論 ─┤
           │            ├─ 生産管理論（モノの管理）
           │            │
経営学 ───┤            ├─ 財務管理論（カネの管理）
           │            │
           │            ├─ 情報管理論（情報の管理）
           │            │
           │            └─ 販売管理論（販売手段・販売
           │                員などの管理）
           └─ 経営組織論
```

出所：筆者作成。

2　人的資源管理の歴史と概念

(1)　人的資源管理の歴史や類似概念

①　科学的管理法と「労務管理」

　人的資源管理は，イギリスの第一次産業革命，さらに欧米諸国の第二次産業革命にその源流を見出すことができる。その後，1900年代初頭に普及した，労働者の生産性を高めるための管理手法であるテイラー (Taylor, F.W., 1997) の「科学的管理法」に大きな影響を受けた。

　科学的管理法は，それまで工場労働者の主観的な経験やスキルに頼って行われていた作業を，科学的な視点で分析，管理することで効率を向上しようとした。そして，作業に係る動作，手順や工具の標準化（「動作研究」），生産工程における標準的な作業時間の設定（「時間研究」），労働者の職業選択，疲労と能率との関係，労働者の職業訓練，仕事に応じて賃金を支払う賃金体系（「差別的出来高給」）等が検討された。科学的管理法は，雇用管理，教育訓練，賃金管理，安全衛生管理等，現在の人的資源管理の多くの領域の端緒になったのである。

　このような労働者の作業効率や労働生産性を向上させる目的で企業が実施する一連の施策は，労務管理（labor management）と呼ばれるようになった。労務管理は主に工場等のブルーカラーを対象とすることが多く，労使関係や安全衛生等の法規や集団的な管理が重視される。こうした施策が普及することで，企業は労働者をより効率的に活用できるようになったのである。

　同時に科学的管理法には，経営の重要な柱である計画機能と作業機能とが分離され，労働者には作業機能だけを求めるという機械的な労働者観がみられた。

②　人間関係論と「人事管理」

　その後，機械的な労働者観に対する批判の高まりの中で1920年代から30年代にかけてアメリカで行われた「ホーソン実験」が注目された。これは，工場の製品組立て作業における生産性向上の要因を調査するために行われた実験であ

る。結果として作業効率に影響するのは，賃金，休憩時間，部屋の明るさ，温度等ではなく，労働者の監督者との関係や職場における人間関係（インフォーマル・グループ）だった。そしてこうした知見を背景に，労働者はあくまでも感情をもった人間であるという労働者観に基づく人間関係論が主張されるようになった。人的資源管理でいえば，賃金や労働時間管理だけでなく，モチベーション等ヒトとしての心理状態に配慮するべきという主張である。

さらに1970年代以降，アメリカにおける大規模なストライキ等がきっかけとなり，労働の機械化や標準化が労働者にもたらす弊害を緩和するため，働きがいや働きやすさ等を重視する労働生活の質（Quality of Working Life: QWL）の向上が主張されるようになった。より人間らしい働き方の追求といってもよい。そのために，心理学等人間の個人的・集団的行動を対象とする諸科学を意味する行動科学（behavioral science）の知見が活用されるようになった。その結果，自律的に仕事を行う作業チーム，自律的な職務遂行や多様なスキルの活用を必要とするように職務を変えることでモチベーション向上をめざす「職務充実」化の施策も取り入れられた。

このように，労働者の心理や働きがいに注力するような発想は，労務管理と区別して人事管理（personnel management）と呼ばれる。人事管理は，主にオフィスのホワイトカラーや管理職を対象とし，採用，昇進等の雇用管理は労務管理と重なるが，人事上の戦略等より幅広い施策を含むようになった。つまり，1980年代以前は，ブルーカラー中心の労務管理とホワイトカラー等中心の人事管理とに分けることが一般にみられた。両者を併せて使う場合，「人事労務管理」と呼ばれることもある。

③ **人的資本理論，資源ベース理論と「人的資源管理」**

1980年代以降，国際競争力の低下に苦しんでいた欧米企業は，当時比較的業績好調だった日本企業の施策をある程度取り入れるようになった。それが，従業員の短期の成果に期待するだけでなく，ある程度長期に勤続してもらい育成することを重視するという考え方（「日本的経営」）である。これらをきっかけに，競争力の源泉として人的資源に注目する「人的資源管理」に発展していった。

人的資源管理が生まれた背景には，1960年代以降の経済学の資源ベース理論（resource-based view: RBV）や人的資本理論（human capital theory）がある。また，行動科学の知見を積極的に活用している。資源ベース理論では，企業ごとの競争力の違いは保有する経営資源の違いから生じ，その中で従業員を，価値を生み出す資源（resource）ととらえ，（企業間の）持続的な競争に打ち勝つ源泉ととらえている。また，人的資本理論によれば，国の経済成長に最も貢献する要因は人的資本であるため，教育訓練等を通して人的資本に投資し，その価値を高めることが国全体の生産性を高めることになる。企業レベルでいうと，企業の人的資源は企業成長のキーとなるので，教育訓練への投資によりその価値を高めることが結果的に企業により大きな経済的価値をもたらすと考える。

　以上，ヒトに関する管理は，これまで労務管理，人事管理，人事労務管理等と様々な呼称で呼ばれてきたが，近年は経営資源の（重要な）要素としての側面に注目して，「人的資源管理」と呼ばれることが多くなっている。

(2) 人的資源管理の定義

　人的資源管理はこれまで様々に定義されてきた。それらをまとめると，組織目標を達成するために，従業員を経営資源の1つととらえ，その能力や意欲を有効に活用する制度やシステムを設計し運用することを示す。この場合の資源とは，従業員を企業のコスト要因ととらえるのではなく，従業員の持っている能力をポジティブにとらえ，積極的に経営戦略に活用していく志向性を含む。

(3) 人的資源管理の特徴

　労務管理等と比較した人的資源管理の特徴をまとめると，以下のようになる。
　第1が，従業員を，価値を生み出す資源ととらえ，そのため，能力開発を重視したことである。企業の競争力重視の観点から，企業の重要な資源である従業員に教育訓練等の投資をして能力を高めることを特に重視している。
　第2が，従業員一人ひとりに合わせた個別管理の重視である。集団全体のモラール（士気）の向上に加え，一人ひとりのモチベーション向上を重視するようになり，そのための施策（部下との定期面談等）が行われるようになった。

第3が，経営戦略との関係を重視した。例えば，経営トップが経営戦略や計画を策定する際に，目標の達成に資する人員の採用や配置等，人事関連の問題とリンクさせながら計画を立てることである。つまり，全体の経営戦略との一貫性が重視されるようになった。

　第4が，採用，配置，退職などに分割されていた人事機能の有機的な関係性を重視するようになった。例えば，能力・資質が優れている候補者を採用しても，能力を発揮できるような職務に就けるよう配属し，適した能力開発を行わないと，高い成果を挙げることは困難だからである。

　それでは次に，人的資源管理の目的や機能等の役割についてみていこう。

3　人的資源管理の役割

(1)　人的資源管理の目的や機能

　経営管理全体の最終的な目的は，企業の最大利潤の獲得と成長だろう。しかし，それに至る「直接的目的」は経営管理で管理する対象の違いにより異なる。そこで，人的資源管理でしか達成し得ない直接的目的や機能を挙げていく。

　第1が，従業員の労働効率の促進である。従業員からより大きな労働成果を得るためには，彼ら・彼女らの能力と意欲を最大限に活かす必要がある。そのため，採用，配置等の雇用管理，能力開発や労働時間管理等が重要となる。

　第2が，企業内の秩序や関係の安定とそれによる組織への統合である。これには，①労働組合と経営者との関係，②部下と上司との関係，③従業員間の関係の安定が含まれる。①が安定しないことで労使紛争やストライキが起こると企業全体の秩序の安定が保たれなくなる。②が安定しないことで，上司の業務命令が滞りなく行われないと，部下の能力の発揮や業績向上は望めないだろう。③が安定しないことで，部署内のチームワークが有効に機能せず，特にチーム労働の比率が高いわが国の組織では，業績向上につながりにくいだろう。①②③の安定によって，従業員は安心して働き続けることができる。そのための労使関係管理や管理職への能力開発等が重要となる。

　第3が，働きやすさや働きがいを向上させることによる従業員の満足感の向

上である。それによって多くの従業員が組織に定着し，能力を発揮することが想定される。そのための福利厚生やキャリア開発等の施策が重要となる。

(2) 人的資源管理の主体と組織

人的資源管理を実施する主体は何であろうか。一般には人事課や人事部等の人事部門が考えられる。しかしその他にも，管理職（部課長），経営者や労働組合（の代表者）も主体として人的資源管理を担っている。

① 人事部門

人的資源管理の専門部署（スタッフ部門）としての人事部門は，その専門知識を駆使して，実際の制度の策定やその運用，管理職や経営者への資料やデータの提供，指導・援助さらに給与計算等の日常の人事関連業務を行う。

② 管理職

管理職は，人的資源管理の対象である部下の従業員に日々直接に接する存在である。そこで，部下に対するリーダーシップを発揮して，彼らの監督，業務指導さらには業績評価等を行う。近年では，部下との定期面談（1 on 1 ミーティング）等，コミュニケーション活性化の面でも重要な役割を果たしている。

③ 経営者

人事部門や管理職の行う人的資源管理の基礎となる全体方針や戦略を策定する。そこで，経営理念に基づく方針策定や労働組合との団体交渉の決定を行う。近年は，6で後述する人的資本経営でも重要な役割を果たすことが期待されている。

④ 労働組合（の代表者）

労働組合は，不当な解雇や安易なリストラをなくし組合員の雇用の維持・安定，待遇改善を目的としている。そのためにも，組合は，労使関係を円滑にする重要な役割を果たしている。また組合は，若手を中心とした従業員の気持ちや生活実態を，経営者より深く把握していると考えられる。そこで，労働組合

の代表者が労務担当の取締役になり，直接経営に携わる企業もみられ，労働組合の代表者になることが経営者へのキャリア・パスになることもある。

　また，待遇改善による働きやすさの向上，懇親やレクリエーションを含む組合の諸活動によって，組織の魅力を高めていくことは，人的資源管理の目的である労働者の満足感の向上につながると考えられる。

　以上挙げたように，組織における様々な主体による活動が有機的に結合されることによって，組織全体としての人的資源管理が有効に働くのである。

　それでは次に，人的資源管理の対象についてみていこう。

(3)　人的資源管理の対象

　人的資源管理の対象は雇用労働者であると同時に，労働を生む労働力，賃金で雇用された賃金労働者，感情をもった人としての労働者という3つの側面を内包している。これらの側面を考慮する必要がある。例えば，前述した「労務管理」では，専ら一番目と二番目の側面を重視したが，その後登場した「人事管理」では，人間関係論の影響により三番目の側面を重視するようになったのである。

　さらに，NPO等の非営利組織やボランティア団体の職員に対しても「人的資源管理」に該当するマネジメントが行われる。すなわち，営利企業や役所等公的機関の雇用労働者だけがその対象とはいえない。また，産業構造の変化にともなう対象の変化もみられる。例えば，工場労働が中心だった時代には，ブルーカラーが対象の中心であったが，第3次産業の発展にともない事務労働が中心であるホワイトカラーの比重が高まってきた。さらに，雇用の多様化により，非正規従業員が重要な対象となっている。また非正規従業員にも，契約社員，派遣社員，パートタイマー，アルバイト等多様な形態があり，それぞれ正規従業員とは異なるマネジメントが必要とされる。管理職にはこうした多様な従業員に対する多様性管理（ダイバーシティ・マネジメント）が求められる。

　次に，人的資源管理の領域や内容，わが国組織における特徴をみていこう。

4　人的資源管理の領域とわが国組織における特徴

(1)　人的資源管理の領域と主な内容

　人的資源管理には，大きく分けてどのような領域が含まれているだろうか。
　一般に，確保，育成，活用，評価・処遇という4つの領域や，長期的・計画的な人的資源管理上の計画であるプランニング，従業員の活用を示すユーティリゼーション，能力開発を意味するディベロップメントという3つの領域に分ける場合が多い。さらに近年では，これらの有機的な結合が重要とされている。特に育成やディベロップメントとその他の領域との結合である。
　また，人的資源管理は，以上の領域に基づき，雇用管理，賃金・報酬管理，業績評価，能力開発管理，労働時間管理，労働安全衛生管理，福利厚生管理等に分類される。以下では，その一部の領域についてだけ触れていく。詳細は，第2章以降の各論で詳述される。

①　雇用管理

　労働者が組織に入ってから辞めるまでの一連の過程の管理を意味し，具体的には募集・採用・配置・昇進・退職等の管理に分けられる。職務遂行に必要な（資格）要件と従業員の能力との整合を目的とする。

②　福利厚生管理

　従業員およびその家族等の福祉向上を通して，企業の発展をめざし，企業の負担または従業員との共同出資で設けた諸施設・諸制度の管理をいう。法の定めによる法定福利（社会保険等）と法の定めによらない法定外福利（住宅取得補助，社宅・寮，保養所等）とに分かれる。

③　賃金・報酬管理

　企業により体系的に設計，統制される給与，賞与等の貨幣的報酬や昇進を対象に，その与え方，決定方法の工夫によって，モチベーションや業績を高める

管理である。昇進を除く貨幣的報酬のみを対象とする場合,「賃金管理」という。

④ 能力開発管理

従業員一人ひとりのもつ能力を発見し向上させるために組織が行う一連の管理をいう。OJT, Off JT, 自己啓発支援等に分類される。

⑤ 労使関係管理

企業の経営者と従業員または労働組合との関係を安定化し円滑に保つために行われる管理をいう。団体交渉や労使協議制度を運営することである。

(2) わが国組織の人的資源管理の特徴

さて, 第2次大戦後のわが国の高い経済成長を支えた要因の1つに, わが国独特の経営のやり方である「日本的経営」が挙げられることが多い。日本的経営の三種の神器として, 終身雇用, 年功処遇 (序列), 企業内労働組合の3つが挙げられるが, これらはすべて人的資源管理に属している。すなわち人的資源管理は, わが国の経済成長を支えてきた重要な要因であることが理解される。

第1の終身雇用とは, 雇用管理における特徴である。組織は原則として, 新規に学校を卒業した人を採用し, 彼らは入社後, 組織内で手厚い教育訓練を受け, 職場でふさわしい能力を身につけていく。そして, 職務内容は変わっても, 同じ組織に定年まで勤務することを原則とする。

第2の年功処遇とは, 報酬管理における特徴であり, 従業員の昇給や昇進などの報酬の決定を基本的に勤続年数によって行う。すなわち, 勤続年数が長期化すれば給与も高くなり, 企業内での地位も上昇する。

第3の企業内労働組合とは, 労使関係管理における特徴である。組合が企業単位で組織されていることであり, 職務内容が異なっていても同一企業の従業員は同一の組合に加入する。

これらの慣行や施策によって, 従業員と企業との密接で長期的な関係ができ, 企業業績に寄与してきたといえる。特に, 新規学卒一括採用 (キャリアのない若年従業員の採用) と終身雇用とは, 他国の勤労者より低い離職率につながっ

た。そこには，勤続年数に比例した退職金や年金，手厚い福利厚生等にみられるような実質的な転職機会の制限もともなってきた。同時に，1970年代頃までは勤続年数・年齢の高まりが能力向上に対応するという経営土壌が存在していた。つまり，どんな従業員でも高い専門性を要する一部の特殊な職務を除くほとんどの職務にある程度の期間続ければ熟達するという状況がみられた。

　しかし，これら日本的経営と呼ばれたシステムは明らかに変質してきた。前提として，1970年代以降のイノベーションの進展にともない，企業内の職務の高度化と専門化が進み，専門性の高い人材の需要が高まってきたことがある。また，バブル景気の崩壊や成果主義的な人的資源管理の広がりによって，総人件費を抑制しようとする傾向も強まった。すなわち，専門性の高い人材のすべてを企業内で採用し養成していくことが不可能になってきたのである。結果，多くの企業が終身雇用と新規学卒一括採用から，リストラの実施や中途採用を増やすことにつながった。これが前述した雇用の流動化につながるのである。

　次に，人的資源管理の新しい潮流である戦略的人的資源管理をみていこう。

5　戦略的人的資源管理

(1)　戦略的人的資源管理の定義と特徴

　近年，戦略的人的資源管理という考え方が主張されるようになってきた。これまでの様々な定義をまとめると，従業員が事業目標の達成に貢献することを可能にするように，組織が一連の内的に一貫した施策を計画して実行することを示す。戦略的人的資源管理には，以下のような特徴がある。

　第1が，従業員を持続的競争優位の源泉つまり「戦略的」資源ととらえた。これは，前述した資源ベース理論を強化したともいえる。特に，人的資源（従業員）だけでなく，人的資源管理システム自体も競争優位の源泉ととらえた。

　第2が，組織業績との直接的関係を重視した。これまで人的資源管理は，スタッフ部門（人事部等）が担う専門的職能と考えられてきた。そのため，製造業における製造部門と営業部門等，組織業績に直接寄与するライン部門に対し，専門的観点から助言する機能が重視されてきた。これまでも，人的資源管理と，

組織の有効性を示す指標である生産性，退職率，組織業績等との関係が検討されてきたが，経営管理が目指す最終目的である組織業績との関係を特に重視するようになった。組織の観点からは，人事部門を単なるスタッフ部門ではなく，収益改善に直接結びつく戦略部門ととらえるという考え方である。

第3が，分析レベルとして，組織全体やそれを構成する準組織に注目した。これまでは，個々の施策の評価やその個人への影響等を分析するミクロレベルの分析が中心だったが，戦略的人的資源管理では組織全体のシステムとしての施策，すなわちシステムの分析を中心課題としている。

第4が，企業経営との密接な適合（fit）を重視した。これまでも経営戦略との連動性は考慮されたが，さらにそれが「適合」という観点で業績との関係が検討されるようになってきた（後述の「コンティンジェンシー・アプローチ」）。

第5が，多様な施策間の協調や一貫性を重視した。これまでも人事機能間の有機的な関係性は考慮されてきたが，施策間の協調や一貫性と業績との関係まで検討されるようになった（後述の「コンフィギュレーショナル・アプローチ」）。

このように戦略的人的資源管理は，従業員個人に対するミクロ的対応に偏りがちだった人的資源管理を，システム論と戦略論の観点から経営管理の最終目的である組織業績への寄与というマクロ的な関係を問うものへ方向転換した。

(2) 戦略的人的資源管理のアプローチ

以上の点を基盤として，近年，人的資源管理と企業業績との関係について，以下の3つのアプローチ（パースペクティブ）が提案されてきた。

① ベストプラクティス・アプローチ

これは，人的資源管理の施策には唯一最善の方法があるという意味で，ある特定の人的資源管理（群）と組織成果との関係が，どのような組織でも普遍的であるとする。このアプローチによるモデルには，従業員の組織や職務へのより高いコミットメントが業績向上を促すという前提の下，従業員の経営参加を奨励するようなハイ・インボルブメントモデル（ハイ・コミットメントモデル）等が挙げられる（山本，2009）。具体的な施策としては，雇用保障，選抜的

採用，下位者への権限委譲，高い成功報酬，積極的な教育訓練，業績情報の共有，タスクフォースやプロジェクトチーム等の設置が含まれる。

② コンティンジェンシー・アプローチ

これは，人的資源管理の上位に位置する経営戦略との適合（垂直的・外的適合）を検討する。つまり，経営戦略との適合性が高い人的資源管理を展開するほど，高い企業業績が期待される。例えば，「コスト削減戦略」は，短期雇用者（非正規従業員）比率の拡大や給与支出の削減等の人的資源管理と適合すると考えられる。

③ コンフィギュレーショナル・アプローチ

②の経営戦略との適合に加え，人的資源管理施策間の協調や一貫性（水平的・内的適合）を重視し，施策をシステムまたは束ととらえて，業績との関係を検討することである。このアプローチの前提は，個々の施策の企業業績への影響は施策間に複雑な相互作用が働くため，他の施策の存在や欠如によって明確に異なってくるとする。施策間の相互作用を通じて，相乗効果を生み出すような首尾一貫した施策の編成状態を想定し，その導入により個々の施策の合計以上に強い影響を業績に及ぼすとする。逆に例えば，成果主義的な施策群を導入したのに，年功給等一部年功的な施策を残存させるような，アクセルとブレーキを同時に踏むような施策の編成は避けるべきということになる。

戦略的人的資源管理は，①→②→③の順に理論的に発展してきたといえる。

以上をまとめると，人的資源管理施策間の相補性と同調性を利用し，企業の経営戦略の実施を助けるような人的資源管理システムは競争優位の源泉になる。

次に，近年特に情報開示の観点から普及してきた人的資本経営に触れていく。

6　人的資本経営

(1) 人的資本経営の重要性とその内容

近年，人的資本経営について政府や市場関係者を含みグローバルに関心が高

まってきた。企業の情報開示と密接に関連し，外部からの評価に直結することから，経営のあり方に大きな変革を迫っている。

① 人的資本とは

2でも触れたが，人的資本とは仕事をする上で必要となるスキル，知識等の総称であり，「雇用主に対し自身の価値を高めるような専門的な価値の蓄積」を意味する。組織で評価されるような専門性の高い知識やスキルである。

② 人的資本経営とは

人的資本経営は，経済産業省（2022）によると，従業員を「資本」と捉え，その価値を最大限引き出すことで，中長期的な企業価値向上につなげるような経営を示す。人的資本に関する情報を開示するだけでなく，その価値を高めることが目的である。人的資本へ投資することで，従業員が自己実現や成長をめざせる環境が整い，長く勤め続け，組織との一体感をもてる可能性が高まる。

③ 人的資本経営の「視点」とは

経済産業省（2022）では，人的資本経営へ取り組むステップである3つの視点と自社に必要な人材を明確化する場合に必要な5つの共通要素を提唱している。

視点1は「経営戦略と人事戦略の連動」であり，戦略的人的資源管理でも強調されてきた。経営には人的資本が必須であることから，人的資本経営を行う上で人材戦略が経営戦略と連動していることを示す。策定した経営戦略の実現に当たりどのような人材が求められるかを定義し，戦略とのつながりを意識しながら，自社に適した採用，配置や育成等の人材戦略を練ることが求められる。

視点2は「現状と目指すべき姿のギャップの定量把握」である。人事戦略の実施に際して，目標と現状のギャップを定量的に把握できるようにすることである。さらに，そのギャップを埋められるように，定期的にPDCAサイクルを回しながら人材戦略を見直していく必要もある。

視点3は「人材戦略の実行プロセスを通じた企業文化への定着」である。「企業文化」とは，従業員の活動を左右するような企業内で共有された価値，

規範や行動様式を示し，企業の存在意義（パーパス）や持続的な企業価値の向上につながる。これは，人材戦略の実行過程を通しても醸成されることから，人材戦略策定に際し，どのような企業文化をめざすのかを明確にするとともに，経営トップから従業員に向けた経営理念やパーパスの発信が重要である。

④ 人的資本経営の「共通要素」とは

　第1の要素は「動的な人材ポートフォリオ」である。これは，企業内で，望ましい配置や能力開発を行うため，人材のタイプや将来のキャリア志向等の情報から，従業員を分類し，可視化したものである。組織や事業の変化を反映する必要がある。これによって，社内のどこに，どのような人材が，何人くらい在籍しているか等の情報を分析できる。その結果，従業員の適性に合った配置や，従業員の人数や人件費の過不足状況の把握が可能になるとともに，従業員一人ひとりに合ったキャリア形成支援が可能になる。

　第2の要素は「知・経験のダイバーシティ＆インクルージョン」である。多様な経験や価値観，専門性をもった人材を受け入れ，人的資本として経営に活用していくことを示す。

　第3の要素は「リスキル・学び直し」である。従業員が新たなスキルや知識を身につけることをいう。それによって従業員は，経営環境が変化するなかでも柔軟に対応できるようになる。企業には従業員の自律的なキャリア形成を支援するため，学び直しに取り組めるような環境づくりが求められる。

　第4の要素は「従業員エンゲージメント」である。これは，従業員一人ひとりが企業の成長と自分の成長とを結びつけ，企業が志向する目標に向かって自分の能力を発揮しようとする自発的な意欲のことをいう。これを高めていくためには，経営層から従業員に向けてコミュニケーションの強化，従業員の共感を得やすい経営戦略の策定や柔軟な就業環境の整備等が求められる。

　第5の要素は「時間や場所にとらわれない働き方」である。リモートワーク，時短勤務やフレックスタイム制等を導入することで，時間や場所にとらわれない働き方が可能になる。しかし，環境の整備だけではなく，社外で業務が滞りなく進められるよう，業務プロセスの見直しやコミュニケーション手段の見直し等の対応も求められる。

⑤ 人的資本情報の開示や人的資本経営によるメリット

人的資本情報の開示およびその価値の向上を積極的に行うメリットは2つある。

第1は，自社の人事戦略が明確化されることである。情報開示に向けた過程で，従業員の人的資本が組織の業績や成長にどの程度寄与しているのかを客観的に把握できる。同時に，自社の人的な面での強みや弱みが可視化され，他社との比較が可能になるため，企業として競争優位性の確立につながる。

第2は，投資家等のステークホルダーに自社の人事戦略への理解を深めてもらえることである。自社の経営戦略との連動を図る過程で，経営戦略に合った従業員像が明確化される。さらに，現状と目指すべき姿のギャップを定量的に把握する中で，求める人材を獲得・育成する施策の実施，成果を明示する指標や目標の設定などが行われ，その結果として企業価値の向上が見込める。

(2) 人的資本経営の実態

いくつかの調査結果からみると，人的資本経営の「一丁目一番地」といえる経営戦略と人事戦略の連動（視点1）は大企業を中心にかなり普及してきた。しかし，ギャップの定量把握（視点2）や企業文化への定着（視点3）は今後の課題といえる。また，人的資本経営の基本である人的資本情報については，自社にとって重要な情報が何かを特定することや，それらをデータとして蓄積することは必ずしも進んでいるとはいえない。さらに，情報を蓄積し活用するための様々なテクノロジーの導入，人的資本情報のモニタリングや更新の体制は整っているとはいえない。つまり，人的資本情報をデータとして蓄積・活用できている企業は必ずしも多くはないといえる。

以上を踏まえ，人的資本経営の実際の事例をみていこう。

(3) 人的資本経営の具体的な事例

① 三井化学株式会社の事例

経済産業省（2022）で取り上げられている三井化学株式会社では，経営計画に連動した人材戦略の策定を前面に打ち出している（視点1）。同時に，経営計画策定を踏まえ，人材に関する優先課題として，「従業員エンゲージメント

向上」(共通要素4),多くのグループ企業を抱えている同社らしい「グループグローバル経営強化」と並び,「人材の獲得・育成・リテンション」を打ち出している。さらに実行すべき方策として,「育成機会の提供」(共通要素3)と並び,「グループ内キャリア機会の開示」や「競争力のある報酬水準の確保」を明示している。

② 動的な人材ポートフォリオの事例

次に,経済産業省(2022)が挙げた共通要素1である「動的な人材ポートフォリオ」の代表的な例をみてみよう(**図表1-2**:守島, 2001)。

人材ポートフォリオでは,自社の事業計画,ビジョンや方向性を明確化した上で,自社の人材基準の軸・タイプを定義する。その上で,2つの指標を軸に4象限の二次元グラフを作成することが多い。

図表1-2では,個人志向と創造志向が高いタイプを,技術や商品,企画を考案する「クリエイティブ人材」,個人志向と運用志向が高いタイプを,既存の業務を円滑に進める「オペレーター人材」としている。また,組織志向と創造志向が高いタイプを,新しい戦略やビジネスモデルを構築する「経営層人材」,組織志向と運用志向が高いタイプを,既存の仕組みを使い目標達成する「マネジメント人材」としている。定めた軸やタイプに,アセスメントデータ

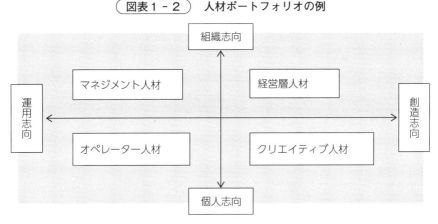

図表1-2　人材ポートフォリオの例

出所:守島(2001)p.44。

（適性検査等）等の客観データに基づき現在の従業員を当てはめることで，現状と理想のギャップを可視化することができる（視点2）。そして，人材の過不足を確認し，不足するタイプの従業員を採用，育成，配置転換等によって補充し，課題の解決を検討できる。

最後に，人的資源管理の最終プロセスでもある経営労務監査に触れる。

7　経営労務監査

(1)　経営労務監査の社会的意義

近年，働き方改革の進展もあり，働き方について社会の関心が高まってきた。反面，劣悪な労働環境の企業，いわゆる「ブラック企業」のレッテルが貼られることで企業の評価が大きく毀損し，採用等に悪影響を与えるようになってきた。そうした事態にならないためにも，企業には労働に関する社会的責任（CSR）が問われ，ワークルールの遵守が求められるようになってきた。これらが，労務監査が注目されるようになってきた社会的意義といえる。

(2)　経営労務監査の定義や分類

会計監査が企業の経営資源である「カネ」に関する監査であるのに対し，労務監査は，「ヒト」に関する監査である。狭い意味では労働関係の諸法令の遵守状況の監査を示す。近年では，人的資源管理の観点も含めより広い意味でとらえる「経営労務監査」という呼称が広がっている。これは，企業の人材活動の状況を量的・質的に相対的に評価することを目的として，組織労働を経営全体の視点から把握することをいう（日本労務管理研究センター，2006）。すなわち，経営労務監査は，人的資源管理プロセスの最後の過程であり，経営戦略が効果的に実践されるための人材マネジメントの実施を目的としている。

経営労務監査は，「労働関係法令の遵守」と「人材マネジメントの効率性や有効性」という2つに分類される。人的資源管理の観点からは，後者の領域のチェックが重要となるが，両面からの監査が必要である。つまり，法令を遵守するだけでなく，適切な人材戦略を立て，効果を挙げていることを監査で示す

必要がある。

これまで,「労務コンプライアンス」の審査に特化した「労働条件審査」が多く活用されてきた。これは,自治体から事業を受託した企業が労働関係諸法令に基づいて管理をしているか,従業員の労働条件が守られ働きやすい組織になっているかを確認するものである。

(3) 経営労務監査の具体的な手法

経営労務監査の具体的な手法について,以下に簡単に触れることとする。

① 監査の主体

監査を行う主体としては,企業内の担当者(部門),外部専門家,両者の合同で行う形があり,それぞれ長所,短所がある。

② 監査の時期

監査を行う時期によって分類すると,定期的に実施する定期的監査と実施が不定期である不定期監査とがある。

③ 具体的な対象・方法

NRK労務監査(淡路,1960)では,以下の三重監査方式を設定している。

第1の労務施策監査(A監査)では,施策や管理の実態を領域別に調査し,「概ね満足すべき状態にあるか」,「不適当で速やかに拡充すべきまたは改廃すべき状態にあるか」等,施策の適否を評価する。

第2の労務予算分析(B監査)では,管理費を費目別に原価分析し,施策の重要性と所要経費を考慮した上で,予算割当ての適否を検討し,今後の施策の効果に適合した予算の合理的な配分を検討する。

第3の労務効果調査(C監査)では,施策の効果に注目し,管理の実績を様々な角度から測定し,施策の効果を評価する。効果の判定基準としては,退職率,欠勤率,苦情件数,紛争件数,災害件数,(職務上の)提案件数等が使われる。

また領域ごとの監査を行う細部監査方式として,安全監査,雇用監査,厚生

監査，教育訓練監査等が挙げられ，人的資源管理の多くの領域と対応している。

その他，効果基準として満足度調査を活用する方法や，企業内で職能別の望ましい人材配置を分析する人材ポートフォリオによる監査等が提唱されている。

参考文献

淡路円治郎（1960）『労務監査ハンドブック』ダイヤモンド社。

経済産業省（2022）『人的資本経営の実現に向けた検討会 報告書～人材版伊藤レポート2.0～』経済産業省。

守島博（2001）内部労働市場論に基づく21世紀型人材マネジメントモデルの概要『組織科学』vol.34, No.4, pp.39-52.

日本労務管理研究センター（2006）『経営労務監査の方法 これからの新人事労務システム』中央経済社。

山本寛（2009）『人材定着のマネジメント－経営組織のリテンション研究』中央経済社。

Taylor, F. W. (1997) *The Principles of Scientific Management*, Dover Publications.（有賀裕子訳（2009）『[新訳] 科学的管理法 マネジメントの原点』ダイヤモンド社）

第 2 章

採用管理

　本章のテーマは「採用」である。ここで用いる「採用」は英語の「staffing」と近く,「応募者の引き付け (attraction)」「選考 (selection)」「定着 (retention)」の3つの要素を含む。「定着」については,特に選考に関連が強い採用オファーの受け入れについて扱う。また,staffingは社内人材の異動・配置も含むが,ここでは主に社外からの採用について話を進める。

1　採用を取り巻く環境変化

　日本企業において,近年の新卒採用のあり方は大きく変化している。採用選考におけるテクノロジーの活用もさることながら,若年層の人口減少に伴い,企業は若手の採用に危機感を持ちつつあるし,またジョブ型雇用といった企業側の人的資源管理に対する考え方や若年就労者の就労観の変化も後押しして,新卒採用の変化のスピードや程度は増している。
　考えてみれば,新卒採用が学生からの自由応募に始まり,適性検査や面接を経て,最終的に大学生の間に内定が出て,卒業を迎える形になったのもさほど前のことではない。企業や組織は,今後も徐々に環境変化に適応していくと推測される。しかし,変化のスピードや程度を考えると,適応の遅れは必要な人材の不足や長期的な人員計画への影響,ひいては事業の存続にかかわる問題になる可能性すらある。従って,後追いではなく,先に変化を予測し対応するこ

とが求められる。

　本章では，学術知見をベースに採用選考に関する一般性の高い情報を提供する。一般性の高い情報は，上記のような環境変化への対応を考える際にも役立つ。

2　採用戦略

　環境変化に対応する際には，やみくもに新しい方法を試すのではなく，これまでの採用環境下で分かってきたことを活用することが有効である。ただし，一般化された知見を用いる際には，自組織が置かれた環境や，組織目標を考慮する必要があることは言うまでもない。組織目標の実現に向け，どのように採用を行えばよいかを考える際に有用なのが，「採用戦略」の策定である。
　ここでは「採用戦略」とは，①組織のビジネス戦略を念頭に，戦略性を持った採用計画を策定することと，②人員計画実現のための選考プロセスのデザインの両方を含むものと考える。

(1)　組織戦略と採用計画

　組織目標を成功に導くための人的資源管理は「戦略的人的資源管理」と呼ばれる。採用も戦略的人的資源管理の重要な機能である。採用が戦略的であるためには垂直的適合と呼ばれる組織戦略との適合と，水平的適合と呼ばれる採用以外の人事施策との適合が問題になる。採用と入社後の配置や育成との接続は，採用が効果を上げるために重要であるが，それ以上に環境変化への対応のためには，組織戦略に合う人材獲得の重要性は高い。そこで，ここでは垂直的適合を念頭に話を進める。
　図表2－1は，企業の戦略タイプと人的資源管理の関係性を表した一例である。「保守型」の戦力タイプが，旧来の日本企業のイメージに近い。例からも分かるように，組織戦略をベースに採用戦略を考える場合は，比較的長期の視点を伴うことが多く，直近の人材獲得の実現可能性を考慮することはあまりない。しかし，具体的な採用計画を作る段になると，人材獲得の可能性をどう見積もるかは重大な関心事になる。長期的な採用戦略と短期的な採用計画とは，

図表2-1　企業戦略と採用戦略の関係

企業戦略タイプ	保守型	投機型	分析型
基本的戦略	人的資源の蓄積	人的資源の確保	人的資源の配分
採用・選抜・配置	重点；育成 中途採用人数は少ない 不適合社員の排除による選抜	重点；外部からの導入 全レベルにおいて採用 テストによる選抜	重点；育成と外部からの導入 様々な採用と選抜

出所：守島（1996）p.7の表の一部。

どのように折り合いを付けるのだろうか。

　例えばあるメーカーが，今後3年間で現場のDX化を進めることを計画する。そのために，ITと自社の製造現場の両方に詳しい人材と，DX化に向けて従業員教育を企画・実行するスタッフが必要だと考える。これらの人材を，内部調達でまかなえるかをまず検討する。なぜなら，一般に内部調達のほうがコストやリスクが低いからである。しかし，IT関連の技術の進歩の速さや複雑性を考えると，3年間で内部の人材を，十分な知識・スキルを持つように教育することは難しい。一方で，社外からの調達を考えた場合，ITに詳しく，しかも自社の製造が分かる人材を見つけることも現実的ではないだろう。そこで，少なくとも類似の製造ラインに関わるIT開発の経験のある人材を数名，中途採用することを計画する。加えて，採用した人材とともに業務に携わることが出来そうな製造ラインの人材を選び，彼らの教育もあわせて計画する。DX化が終了した後も，運用やアップデートのための人材の必要性が長期的に増すと考えられるため，大学や専門学校でIT関連の勉強をした学生を，新卒採用で少なくとも7名ほど確保することを考える。

　従業員教育については，今までその役割を担っていた部署があることから，いったん既存のスタッフで実施することを考える。より具体的な教育の中身ができたときに，改めて中途採用で外部市場からの調達の必要性を検討する。

　採用計画を立てる際には，ビジネス戦略を念頭に置きつつも，調達にかかるコストやリスクを考慮しながら，実現可能性を考慮することが必要になる。具体的には，内部調達か外部調達か，あるいは採用後の長期雇用を想定するか否か，などによって適切な人材確保のあり方を考えることができる（**図表2-**

図表2-2 日本企業における採用戦略と採用計画

```
                        職務本位
                          │
    ┌─────────────┐      │      ┌─────────────┐
    │ 期限付きプロ │      │      │ 期限付きプロ │
    │ ジェクトへの │      │      │ ジェクトへの │
    │ 社内異動     │      │      │ 直接雇用     │
    └─────────────┘      │      └─────────────┘
                          │
  内部調達 ───────────────┼─────────────── 外部調達
                          │
    ┌─────────────┐      │      ┌─────────────┐
    │ 新卒採用     │      │      │ 長期雇用を念 │
    │ 育成を視野に入│      │      │ 頭に置いた中 │
    │ れた社内異動 │      │      │ 途採用       │
    └─────────────┘      │      └─────────────┘
                          │
                        人本位
```

┌ ┐内は採用計画の例
└ ┘

2)。あわせて，ターゲットとなる人材がどこにいるか，採用に適した時期はいつか，なども考える必要がある。

採用計画は，予算の関係もあり，1年単位で立てられることが一般的である。その際，目前のニーズを満たすことが優先されるあまり，長期的な対応が後回しになることがある。一度採用すると長期雇用が前提となるため，余剰の人材を抱えないようにとの考えも，逆に長期的な視点をとりづらくする。

しかし，仮に長期的な対応を後回しにしたとしても，いったん検討の俎上に上げることは有効である。なぜならば，意思決定に際して優先順位を下げたものは何か，その根拠は何で，どのようなメリット・デメリットが考えられたか，などを明らかにしておくことで，振り返りの重要な視点となり，次の採用計画のヒントを与えてくれるからである。

(2) 選考プロセスのデザイン

どのような人材を何名採用するかが決まれば，次は具体的な選考プロセスについて考える。選考プロセスは，エントリーがあった応募者集団からはじまり，通常は複数の選考ステップを通して，徐々に進む。**図表2-3**は1つの選考プロセスをイメージで表したものである。同じ新規学卒採用でも，1社で複数

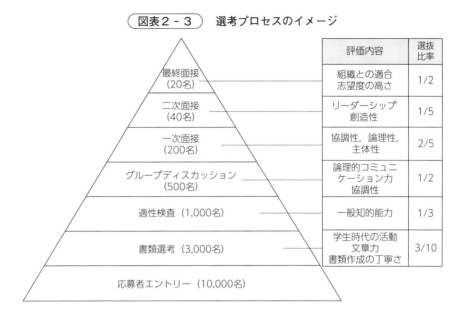

図表2-3　選考プロセスのイメージ

の選考プロセスを併用する場合もある。例えば，インターンシップ経験者とそうでない応募者の選考プロセスが異なる場合などが考えられる。

　選考プロセスを作成する際の意思決定のポイントが2つある。1つは，プロセスの各段階で何を評価するかを決めることである。選考で評価したいものは複数あるが，そのうち何を初期で見るのか，内定を出す直前に見るべきものは何か，といったことを決めるトップダウンのアプローチである。もう1つが，選考に用いる具体的な評価方法とその基準を検討することで，評価ツールの性質に応じた適切な活用のタイミングを考えるボトムアップのアプローチである。具体的には，実施の容易さや実施コストを考慮する。

　トップダウンの一般的な考え方として，選考プロセスで徐々に応募者が絞り込まれるため，初期には高業績者になる可能性ではなく，業績が期待以下になる可能性を考慮することが多い。いわゆるスクリーニングと呼ばれるものである。また，内定前には，組織との適合性や入社の意思を評価することが多い。

　ボトムアップの考え方は，測定対象人数，測定の実施方法，選抜比率（測定対象者のうち，次の段階に進む応募者の比率）等によって決まる。採用選考で

よく用いられる適性検査や採用面接の詳細は,「5　採用選考に用いられる測定ツール」を参照いただければと思うが,例えば一度に大人数に実施をすることが難しい面接は,選考プロセスの後半に用いることが多い。一方で,選考プロセスの最初に用いられることが多い書類審査や適性検査は,大人数に対して同時に実施が可能である。また序列がつけやすいものは,選抜比率を低く設定できるため,相対的に初期に実施されることが多い。

　トップダウンで見たときに適切なプロセスと,ボトムアップで見たときに適切なプロセスは,時に折り合わないことがある。例えば,「対人コミュニケーション力」でスクリーニングを行いたいと思っているが,それを評価するのに適している採用面接は,多くの応募者に実施できない。そういった場合は,どちらを優先するかの意思決定が必要になる。

3　採用時に評価すべき人材要件の明確化

　採用戦略によって,採用したい人物の特徴が明らかになった後,具体的な選考プロセスの設計にあたって,「人材要件」と呼ばれる評価のための人物特徴を定義することが必要になる。似たものに,採用のHPにある「求める人物像」があるが,評価を念頭に置いたものではないため表現が抽象的で,採用広報の目的もあってか上振れした表現も見受けられる。ここでは,改めて採用時の評価に用いることを想定した人材要件を考える。

(1)　職務分析

　欧米では,入社後の職務に応じた採用が行われる。このような採用をここでは職務本位の採用と呼ぶことにする。職務本位の採用では,採用選考で評価する人物特徴とそのレベルを決定するための職務分析が行われる。職務分析とは「職務において求められる活動,ゴール,要件などに関する理解を進めるためのプロセス」である（Sanchez & Levine, 2012, p.398）。職務本位の採用の場合,職務分析によって当該職務の特徴を明らかにすることが採用選考の精度を高めることがわかっている。職務分析では,職務の特徴や職務遂行時の手続きに加えて,その職務を遂行するために必要な知識,スキル,能力など

図表2-4　O*NETの職務分析の枠組み

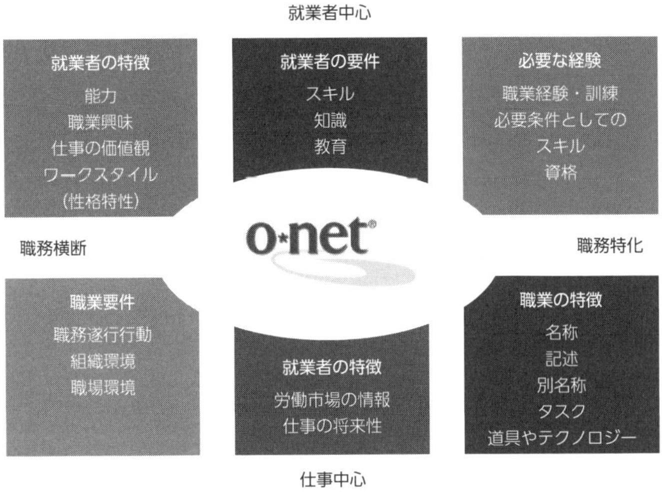

就業者中心

- **就業者の特徴**
  - 能力
  - 職業興味
  - 仕事の価値観
  - ワークスタイル
  - （性格特性）

- **就業者の要件**
  - スキル
  - 知識
  - 教育

- **必要な経験**
  - 職業経験・訓練
  - 必要条件としての
  - スキル
  - 資格

職務横断　　　　　　　　　　　　　　　　職務特化

- **職業要件**
  - 職務遂行行動
  - 組織環境
  - 職場環境

- **就業者の特徴**
  - 労働市場の情報
  - 仕事の将来性

- **職業の特徴**
  - 名称
  - 記述
  - 別名称
  - タスク
  - 道具やテクノロジー

仕事中心

出所：The O*NET® Content Model（https://www.onetcenter.org/content.html）をもとに筆者作成。

（Knowledge, Skills, Abilities, and Others; KSAOs）を特定する。これが人材要件のベースとなる。

米国の労働省が職務分析を取りまとめてデータベース化したものが、職業情報システムO*NET（Occupational Information Network）で、1998年に最初の開発が行われ、1100を超える職業に関する情報がまとめられている（https://www.onetonline.org/）。O*NETでは、情報は**図表2-4**のモデルに従って収集、整理されている。日本でも、米国版を参考にO*NET日本版が開発されている（https://www.onetonline.org/）。これらの情報は、主に職務本位の採用における人材要件設定に援用することができる。

(2) ポテンシャル評価

日本でも中途採用は職務本位であるが、それでも長期雇用を意識するため、当該職務での活躍予測に加えて、職場や組織の風土との適合も重視する。一方、新卒採用では入社後の職務が確定していないことも多く、不特定職務での将来の活躍可能性、いわゆるポテンシャルをもとに採用が決まる。このような採用

を，職務本位の採用に対して人本位の採用と呼ぶ。人本位の採用では，仕事での活躍に寄与する潜在能力だけでなく，組織になじんで長期的にメンバーシップを発揮するかの観点がより重視される。

図表2-5は職務本位の採用と人本位の採用で，人材要件になる人物特徴の違いを簡単にまとめたものである。これは**図表2-3**上部の「就業者中心」に該当する。人本位の要件は性格特性や価値観といった心理的特徴から構成され，定義や求めるレベルを言語化することが難しいが，職務経験のほとんどない学生を対象とする新卒採用で主に用いられる。職務本位の要件は観察可能なものも多く，評価も相対的に容易である。

ちなみにコンピテンシーは，性格特性のような比較的変わりにくい一般的な人物特徴とも，経験を通して身につける職業スキルとも異なり，仕事で発揮される行動特徴を指す。新卒採用の場合のコンピテンシー評価では，仕事での発揮ではなく，たとえば学生時代の活動で高いレベルの対人関係構築を発揮していたかを代替的に評価することになる。

図表2-5　職務本位と人本位の採用における評価内容

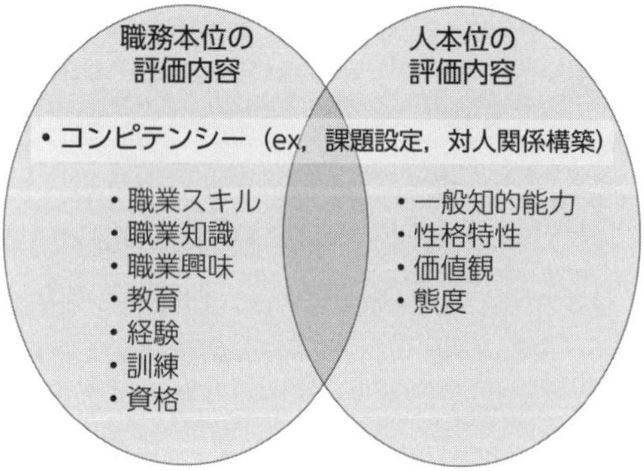

職務本位の評価内容	人本位の評価内容
・職業スキル ・職業知識 ・職業興味 ・教育 ・経験 ・訓練 ・資格	・一般知的能力 ・性格特性 ・価値観 ・態度

・コンピテンシー（ex，課題設定，対人関係構築）

出所：今城（2019）p.25。

4　リクルーティング

　リクルーティングは,「①現在その組織で働いていない潜在的な求職者に求人情報を知らせ,②求人に応募するかどうかに影響を与え,③内定が出るまでそのポジションへの関心を維持するかどうかに影響を与えることを意図した雇用主の行動」と定義されている（Breaugh, 2008, pp.103-104）。ポイントは,内定が出るまで求職者を引き付けることであり,最初に良い情報のみを伝えても,その後の選考段階でがっかりして応募を取りやめることのないように,設計することが重要である。

　この定義に従うと,リクルーティングを考える際には,潜在求職者に情報を届けるにはどうしたらよいか,また応募者に"自分の行う仕事として"魅力的だと思ってもらうためには,どのような情報を提供すべきか,などを考えることになる。以下,「潜在的な応募者にアプローチする」「応募者のオファーの受け入れを促進する」について述べる。

(1)　潜在的な応募者にアプローチする

　テクノロジーの進展が最も大きく影響しているのが,潜在的な応募者へのアプローチであることは間違いないだろう。個人は自分たちの意思で,組織が意図しない組織に関する情報にアクセスできるようなっている。組織が良いイメージを売り込もうとしても,様々な口コミがそれに反する情報を流していれば,あまり効果は望めない。組織は,自分たちがソーシャル・メディアでどのように取り上げられているのかをモニタリングするとともに,ネガティブな情報への対処法などを考えておく必要がある。

　皮肉なことに,アクセス可能な情報があふれているため,応募者が興味のない企業の情報にアクセスすることはより難しくなっている。応募者は自分で選ばない企業の情報には触れず,取得情報に偏りが生じる一種の「フィルター・バブル」が生じていると言えるかもしれない。この場合,組織側から積極的に情報を届ける工夫が必要になる。例えば大学の就職課を通じて,自社の情報をPRすることも,1つの方法かもしれない。また,テクノロジーの活用によっ

て，応募者に合わせた個別の情報提供を試行する動きも見られる。いずれにしても，これまで行ってきたリクルーティング以外の方法に目を向ける必要があるかもしれない。

多くの研究で，求人に応募するかどうかはその求人が魅力的だと感じる程度と関係していることが示されている（Ehrhart & Ziegert, 2005）。仕事や組織のもつ特性は，求人の魅力を決定する重要な要素である。リクルーティングに関係する組織特徴には，慣れ親しんだ程度（familiarity），ブランドや評判（reputation），一般に認知される組織のイメージ（image）がある（Cable & Turban, 2001）。企業が採用広報を行う際には，いずれの特徴においても，プラス評価を得るための工夫がなされる。

一方で，入社後の定着を考えると，応募者に伝える仕事や組織の情報は，realistic job previewと呼ばれる現実的なものが良いと考えられる。この場合，情報にはネガティブなものも含まれる。リクルーティング場面でのネガティブな情報が応募者に及ぼす影響は，仕事や業界，労働市場のほかに，応募者自身の特徴や情報の性質によっても異なるが，それによって応募を見合わせる人もいるだろう。ただし，初期のポジティブな情報で応募を増やしても，後の興味・関心の維持，内定の承諾，そして入社後の定着などで，伏せていた情報の影響は避けられない。それらも考慮しつつ，どの程度現実的な情報を出すかを判断することになる。

(2) オファーの受け入れを促進する

応募者が自分と組織が合っている（組織との適合）と感じることは，いずれの採用プロセスにおいても，組織への魅力を感じることに最も寄与する（Uggerslev et al., 2012）。短期的な意思決定では，給与水準の影響のほうが大きいことを指摘する研究もあるが，それでも長期的な意思決定には組織との適合感の影響が大きい。重要なことは，どうすれば応募者の適合の感覚を上げることができるかである。

その要素の1つが，リクルーターである。応募者は，自分によく対応してくれて，多くの情報を与えてくれるリクルーターに好意を持つ（Rynes & Cable, 2003）。また，応募者は自分に自己アピールの機会を提供してくれたり，敬意

を示してくれたりする組織のオファーを受け入れる（Swider et al, 2015）。誰をリクルーターにするか，また場合によってリクルーターのトレーニングを行うことが必要になる。

5　採用選考に用いられる測定ツール

　採用選考では様々な測定ツールが用いられるが，ここでは用いられることの多い一般知的能力検査，性格特性検査，面接，また今後出現することが予想されるテクノロジーを用いた測定手法について述べる。

　測定ツールを評価する際の品質基準として，「信頼性（reliability）」と「妥当性（validity）」がある。信頼性は，尺度の測定数値の安定性や一貫性を表す概念で，慣習的に$α$係数が用いられることが多い（$α$係数解釈の注意点は，岡田（2015）を参照）。妥当性とは，一言で言うと測りたいものが測られている程度であるが，さらに基準関連妥当性，内容的妥当性，構成概念妥当性といった下位概念に分かれる（詳細は，村山（2012）を参照）。産業組織場面でよく使われるのが基準関連妥当性で，上司評価や業績評価，トレーニング評価を基準として，測定結果の予測力を検討する。基準関連妥当性が高いということは，測りたいものが測れた結果，期待する効果が得られたことを示唆する。

　測定ツールを用いる場合，さらに考慮すべき2つの視点がある。1つは「実施の利便性」で，もう1つは「表面的妥当性」とよばれるものである。表面的妥当性は，測定ツールが採用選考に用いられることを応募者が妥当であると思う程度を指す。利便性は実務で重要な視点であり，信頼性や妥当性がまったく変わらない場合はもちろん，時には実施のコストを鑑みて，妥当性の相対的に低い方法を選択することもある。

　Web面接や，SNS上での発言を用いたパーソナリティ測定などのテクノロジーの利用は，利便性の向上に寄与するものが多い。これらの利用によって，企業はコストの低減や，その結果としてより広範に応募者にアクセスすることが可能になる。また，応募者は測定に参加する時間や場所の制約が緩和されたり，異動にかかるコストを軽減できたりするメリットがある。

　一方でコストをかけない評価は，表面的妥当性を下げる可能性がある。表面

図表2-6　新卒採用場面でよく使われる測定ツールの特徴

	信頼性	妥当性	実施の利便性	表面的妥当性
エントリーシート	—	—	◎	○
一般知的能力検査	◎	◎	◎	○
性格検査	◎	○	◎	×
グループディスカッション	—	—	○	○
採用面接（個人面接）	○	◎	×	◎

◎ 相対的に高い　　○ 相対的に中程度　　× 相対的に低い　　— 不明

的妥当性は測定の質には直接関係しないが，良い人材を獲得するためには考慮すべき観点である。表面的妥当性の低い測定ツールを使うことで，企業の評判を落としたり，欲しい人材から入社を断られたりする危険性がある。

　採用面接は，他の測定ツールと比較しても応募者から相対的に望ましい選考手法だと思われている（Anderson et al., 2010）。しかし，直接会って話をする伝統的な面接ではなく，電話やインターネットを通しての面接になると，満足感が低下することもあるようだ（Chapman et al., 2003）。また，表面的妥当性は採用慣習や文化の影響を受けることがある。たとえば日本では，学生がテストで選抜されることに慣れているため，一般知的能力検査に対する納得感は高いと予想されるが，欧米では必ずしもそうではない。

　図表2-6は，新卒採用で用いられる測定ツールの特徴をまとめたものである。測定ツール間での相対的な高低に基づいて作成したものであって，絶対的な高低ではないことに注意が必要である。また，エントリーシートとグループディスカッションについては残念ながらほとんど研究がなく，わかっていないことが多い。以降では，各測定ツールの基準関連妥当性やその他の特徴について述べる。

(1) 一般知的能力検査

　日本は，新卒採用で適性検査を課す企業は85％を超えるとの調査報告がある。他国に比べて使用頻度は高く，新卒一括採用で短期間に多くの応募者を選考す

る必要があることが、理由の1つと考えられる。

　これまでの北米やヨーロッパを中心とした先行研究では，一般知的能力検査は採用選考場面で最も妥当性の高い測定ツールの1つとされている（Schmidt & Hunter, 1998）。515の個別研究を統計的にまとめた結果では，パフォーマンス評価を基準とした場合，中からやや強い程度の関係性があった。スペインとイギリスで行われた研究を同様の方法でまとめた結果でも，トレーニング成果を基準とした場合は0.65，パフォーマンス評価で0.44の相関の推定値が報告されている（Salgado & Anderson, 2002）。

　なぜ，一般知的能力はパフォーマンスを妥当に予測するのだろうか。理由の1つは，一般知的能力が高いほど職務遂行に必要な知識の獲得がされやすいというものである。もう1つは，一般知的能力が高いと複雑な情報処理をうまく行うことができることによると考えるものである。たとえば職務の複雑性が増すほど，一般知的能力の妥当性が高くなることが研究で示されている。

　一方で日本では，新卒採用時のデータを用いた42の個別研究を分析した結果，上司評価を中心とした基準との相関は0.09と低い水準にとどまった（持主ら，2004）。欧米の研究との違いが生じた理由として，大卒応募者のデータが用いられたため能力のばらつきが小さい，基準となる上司評価までに知識獲得の時間が十分にあって能力差が出にくい，社内異動により知的能力に合った複雑性の職務に就いている，などが考えられる。

　会社ごとに結果を見ると，知的能力検査の妥当性は高い場合も，低い場合もある。自社で知的能力がパフォーマンスにどのように関連するかの個別諸事情を理解することも，重要である。例えば，スクリーニング基準を応募者集団のレベルの上下動によって変更する必要が生じたときに，パフォーマンスへの影響の理由や程度を知ることは，意思決定に役立つだろう。

　一般知的能力検査の採用時の使用における課題の1つが，属性による違いである。一般知的能力検査の妥当性が高い米国で，活用頻度がさほど高まらない理由の1つが，人種による得点差が見られることである。今後，日本企業が留学生や外国籍の人の採用を行う際には，日本の受検者と比較して不当に得点が低くなっていないかを確認することが望ましい。もう1つの課題が，オンライン受検に際しての成り代わり受検である。こちらについては，オンライン受検

であっても試験官の監視下にある状態を確保するなどの対応が，テスト事業者によって進められている。しかし今後，新たなテクノロジーが導入されると，また新たな問題が生じる可能性がある。採用場面での意思決定に使われる検査においては，不正のない環境を整えるための不断の努力が必要である。

(2) 性格検査

性格検査の利用も国による違いがあるものの，平均すると20％〜50％ほどの組織がたまに使うと答えている（Ryan et al. 1999）。注目すべきは利用が増えるトレンドがあることである。アメリカの調査では，1983年には回答企業の4％が性格検査を利用していると回答したのに対して，1990年には20％が利用していると回答している。古くは性格検査の妥当性に関する悲観的な見方があったが，研究の手法が進んで性格検査の妥当性が確認されるようになったことも，利用を後押ししていると考えられる。加えて，人となりをとらえる方法としては，面接と比べるとコストが圧倒的に低いことがメリットだろう。

米国の研究では，最も妥当性が高かった性格特性は「誠実性」で，パフォーマンス評価との相関の推定値0.20が報告されている（Barrick & Mount, 1991）。ただし，誠実性は規則遵守行動との関連性が強いが，異なる基準変数を用いた場合は，必ずしもそうならないことを示す研究もある。また，ヨーロッパの研究では，パフォーマンス評価を基準とした際に，誠実性に加えて，情緒の安定性との間にも有意な関係が報告されている（Salgado, 1997）。日本では，外向性に該当する要素で有意な妥当性が得られている（都澤ら，2005）。

一般知的能力検査と同様に，基準とするパフォーマンス評価や応募者母集団によって，妥当性の水準は異なる可能性があるため，改めて自社データを用いた妥当性の検証が望ましい。

採用時の性格検査利用の課題は，「フェイキング」と呼ばれる，自分を良く見せようとして，偽りのある回答を行う現象である。フェイキングの影響は，妥当性の観点からは問題にならない，との指摘がある一方で，フェイキングを行う程度に大きな個人差がある場合には，影響は無視できないとの指摘もある（Burns et al., 2017）。実際の採用時の実施において，フェイキングの程度にどの程度の個人差があるかが特定できておらず，この問題はまだ決着していない。

フェイキングへの対処方法として，回答時に受検者に対して警告を行う，フェイキングの程度を測定し，得点調整を行う，などが検討されてきたが，実務上の活用にはいたっていない。近年新たな試みとして，例えば回答時間や回答パターンを用いたフェイキングの検出なども検討されている。今後の展開に期待しつつも，フェイキングを完全になくすことはおそらく難しく，自己申告式の性格検査の限界を理解したうえで，例えば人物評価については，面接評価結果と併用するなど，よりよい活用の道を模索するべきだろう。

(3) 採用面接

日本に限らず多くの国で，採用時の評価や意思決定では，面接が重視される。日本では90％を超える企業で新卒採用時には面接が実施されるし，米国でも同様である。

採用面接に期待される機能には次の4点がある（Guion, 1976; pp.347-348）；①企業の広報活動（採用広報や動機付けなど）②応募者に関する情報収集（職歴や経済状況など）③面接以外では評価の難しい個人特性の評価（親しみやすさや会話の流暢さなど）④応募者を次の選考段階に進めるか，あるいは採用するかといった意思決定。以降で紹介する知見は③の評価の機能に関するものが中心である。①に関連する応募者の反応に着目したものについては，「4　リクルーティング」を見ていただきたい。

採用面接研究の歴史は古く，1915年にスコット（Scott）が営業職の採用面接に関する研究を行っている。妥当性に関するこれまでの研究では，入社後のパフォーマンスを基準としてやや弱〜中程度の相関が得られること，構造化面接は非構造化面接よりも妥当性の水準が高く（McDaniel et al., 1994; Huffcutt & Arthur, 1994），評価手法の中で比較的妥当性が高いと言われる。一般知的能力検査と比較しても，遜色がない（Schmidt & Hunter, 1998）。

構造化面接とは，事前に面接で評価する人物特徴を特定・記述した上で，評価のための情報収集に必要な質問と，回答を評価するための評定項目を準備したうえで実施する面接のことである。構造化面接には，大きく2つの種類がある。1つは，Behavioral Description Interviewで，予測したい行動に類似した応募者の過去の行動の様子を尋ねるものである。もう1つはSituational

Interviewで、こちらは仮想場面での行動意図を尋ねる。

構造化面接の妥当性は高いものの、一般知的能力検査と単純に比較できない。前者は一般知的能力と呼ばれる心理概念のレベルを測定しており評価内容を特定できるが、採用面接は評価手法の呼称であり、何が評価されるかは特定されていない。米国の産業・組織心理学会も、面接は評価手法の1つで、様々な人物特徴を評価できるため、妥当性に関する知見の一般化は差し控えるべきとしている（Society for Industrial Organizational Psychology, 2003）。

面接の評価内容を考える際に参考になるものとして、**図表2-7**の枠組みが提案されている（今城、2016）。評価内容を決める際には、限られた面接時間で、何を、なぜ評価すべきかについて、明確に意識することが求められる。例えば、「職務との適合」で積極性を見たいと思ったときに、それは仕事を行う上でどのように、またどの程度必要か、職務遂行のどのような場面で必要か、などを考える。あるいは、積極的であることは、自律性が高いメンバーで構成される組織の中で、周囲とうまく協働するために欠かせないという、「組織との適合」の要件かもしれない。なぜ積極性を評価することが必要なのかが意識できると、より具体的な行動レベルで評価内容を定義できる。

また採用面接は、初対面の相手とのコミュニケーションの場であるといった特徴から、外向的であったり、自信を持った振る舞いをしたりすることは、意

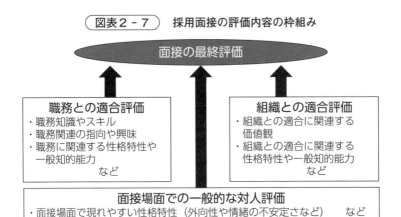

図表2-7　採用面接の評価内容の枠組み

出所：今城（2016）p.27をもとに筆者作成。

識されることなく評価に影響する可能性がある。これらの特徴は職務遂行の予測にプラスに働くことが多いが，それ以上に重要な専門性を評価したい場合には，注意が必要である。例えば，専門の知識・スキルが非常に高いが，面接が苦手な応募者がいる場合などである。

　面接の課題は，いかにうまく構造化を行うかであろう。構造化面接のほうがそうでない面接よりも妥当性が優れている半面，これまでの研究は職務経験やスキルの評価がほとんどで，人本位の評価，しかも学生時代の経験を尋ねる場合の構造化の仕方は十分に検討されていない。しかし，後者の場合でも，有意な妥当性が報告されている（今城，2016）。新卒採用であっても，一連の手続きを踏んで面接を構造化することが望ましい。

(4)　テクノロジーを活用した新たな測定ツール

　テクノロジーの発展によって，採用時の測定ツールにも変化が生じている。すでに行われているものとして，適性検査のWeb実施や適応型の検査（個人の能力や特性に合わせて出題項目を最適化する）がある。もう少し進んだものとして，エントリーシートや面接の自動採点，音や映像を使ったシミュレーションやゲームの反応による測定，などの試みがなされている。

　こうしたテクノロジーは，テスト実施の場所や時間を選ばない利便性，人が関与する手間を減らすことによるコスト削減のほかに，たとえば人の評価にあるバイアスを取り除くことで評価の質を向上させたり，ゲームのような共通の経験刺激を与えることで，測定の難しかったものを測定できるようになったりするなど，測定の質向上の可能性を有している。例えばワークシミュレーションテストは，技術的な判断やスキルを現実に近しい仮想世界で用いる様子を直接測定できるものとして，期待が高い（Tippins, 2015）。

　ただし残念ながら，新しい測定ツールの利用によって測定精度が向上したとの実証研究は現時点ではあまり無く，これまでのテストと同レベルの精度実現をまずは目指している段階である。一方で，アジアに進出している欧米の企業で，現地の人を採用する際に，言語を用いないテストや，モバイル機器によるテストの実施によって，応募者プールを増やすことに成功したといった実務上のメリットが報告されている。実務上の利点を考えると，テクノロジーの活用

に期待するところは大きい．ただし，測定精度が向上しないまでも，低下することのないように，検証は求められる．

6　環境変化に対応する

　近年着目されている「ジョブ型雇用」と「職場のダイバーシティ」を取り上げて，これらの文脈で採用を考える際に，本章の内容がどのように関係してくるかを例示する．

　ジョブ型雇用は，採用時にジョブや職種を限定する雇用形態で，日本ではIT関連企業を中心に使われ始めている．しかし，ジョブの定義が比較的緩やかなものであったり，少なくとも現在はジョブがなくなってもその仕事に従事していた人を解雇したりすることはないため，異なる仕事に就く可能性がないとは言い切れない．

　長期雇用されている既存の組織メンバーとの仕事では，組織固有のスキルや知識も必要になるため，社内からの人材調達が優先される．一方で，決まった仕事やポストでの「即戦略」を期待する程度が高まると，組織への適合よりも仕事への適合が重視されて，社外からの採用が増える．このような場合も，社内での協働や長期的な人材活用の柔軟性の優先度を下げていることを認識しておくべきだろう．現在のジョブ型雇用では，考えている仕事の特徴や受入れ組織の特徴，雇用のあり方を考慮して採用計画が決まるのであって，技術職何名採用，といった単純なものではない．

　職場のダイバーシティに関しては，政策の後押しもあって，子育て中の母親，高齢者，障害を抱えた人と働く機会はすでに増えている．時短や副業，リモートワークなどの働き方の多様化も進む．転職の増加によって，多様な背景や経験を持つ人が共に働く機会が増える．増大する職場の多様性は，職場の人との関わりや協働の仕方に影響を及ぼす．

　採用では，多様性の高い職場で問題なく働くことが求められるようになると，異なる価値観や考え方に対して寛容な程度を評価することがあるかもしれない．たとえばこれまでに多様な人間関係を経験した程度を評価することができるだろう．

ちなみに，多様性の確保・拡大を目指す採用は，これまでの研究ではほとんど扱われていない。人材要件を明確にすることは，採用精度の向上に重要であるが，多様性の確保に反する危険性がある。1つの解決策として，人材要件は，組織メンバー全員が有するべき特徴（eg. 協調性）にとどめておいて，そこに特筆すべき経験・知識の評価を加点評価することも考えられる。

採用は組織内外の境界に位置するため，組織内の環境変化（たとえばジョブ型雇用）と，組織外の環境変化（たとえば人口減少）のどちらからも影響を受ける。その中で，組織を特定の方向に推進するための重要な役割を，採用は担う。今後は特に，環境の変化に目を配りながら，その時々で自組織にとっての適切な採用を考え，実行することが求められる。

参考文献

今城志保（2016）『採用面接評価の科学：何が評価されているのか』白桃書房。
今城志保（2019）．「第2章 募集・採用と処遇 人を活かす心理学：仕事・職場の豊かな働き方を探る」（『産業・組織心理学講座』第2巻）北大路書房。
岡田謙介（2015）「心理学と心理測定における信頼性について」『教育心理学年報』, 54, 71-83。
都澤真智子・二村英幸・今城志保・内藤淳（2005）「一般企業人を対象とした性格検査の妥当性のメタ分析と一般化」『経営行動科学』第18巻21-30。
村山 航（2012）「妥当性概念の歴史的変遷と心理測定学的観点からの考察」『教育心理学年報』51, 118-130。
持主弓子・今城志保・内藤淳・二村英幸（2004）「適性検査の予測的妥当性—適性検査と職務遂行能力評価の収集時期のひらきからの分析」産業・組織心理学会20回大会。
守島基博（1996）「人的資源管理と産業・組織心理学—戦略的人的資源管理論のフロンティア」『産業・組織心理学研究』10(1), 3-14。
Anderson, N., Salgado, J. F., & Hülsheger, U. R. (2010) Applicant Reactions in Selection: Comprehensive meta-analysis into reaction generalization versus situational specificity. *International Journal of Selection and Assessment, 18*(3), pp.291-304.
Barrick, M. R., & Mount, M. K. (1991) The Big Five Personality Dimensions and Job Performance: A Meta-Analysis. *Personnel Psychology, 44*, pp.1-26.
Breaugh J. A. (2008) Employee recruitment: current knowledge and important areas for future research. *Human Resource Management Review. 18*, pp.103–18.
Burns, G. N., Shoda, E. A., & Roebke, M. A. (2017) Putting applicant faking effects on personality tests into context. *Journal of Managerial Psychology, 32*(6), pp.460-468.
Cable, D. M., & Turban, D. B. (2001) Establishing the dimensions, sources and value of job seekers' employer knowledge during recruitment. In Research in personnel and human resources management (pp. 115-163). Emerald Group Publishing Limited.

Chapman, D. S., Uggerslev, K. L., & Webster, J. (2003) Applicant reactions to face-to face and technology-mediated interviews: A field investigation. *Journal of Applied Psychology, 88,* pp.944-953.

Ehrhart, K. H., & Ziegert, J. C. (2005) Why are individuals attracted to organizations? *Journal of Management, 31*(6), pp.901-919.

Guion, R. M. (1976). Recruiting, selection, and job placement. In M. D. Dunnette (Ed.), *Handbook of Industrial and Organizational Psychology,* pp.347-348. Chicago: Rand-McNally.

Huffcutt, A. I., & Arthur, W. A. (1994). Hunter and Hunter (1984) revisited: Interview validity for entry-level jobs. *Journal of Applied Psychology, 79,* pp.184–190.

McDaniel, M. A., Whetzel, D. L., Schmidt, F. L., & Maurer, S. D. (1994) The validity of employment interviews: A comprehensive review and meta-analysis. *Journal of Applied Psychology, 79,* pp.599–616.

Ryan, A. M., McFarland, L., & SHL, H. B. (1999) An international look at selection practices: Nation and culture as explanations for variability in practice. *Personnel Psychology, 52*(2), pp.359-392.

Rynes, S. L., & Cable, D. M. (2003) Recruitment research in the twenty-first century. *Handbook of psychology,* pp.55-76.

Salgado, J. F. (1997) The five factor model of personality and job performance in the European Community. *Journal of Applied Psychology, 82,* pp.30-43.

Salgado, J., & Anderson, N. (2002) Cognitive and GMA testing in the European Community: Issues and evidence. *Human Performance, 15*(1-2), pp.75-96.

Sanchez, J. I., & Levine, E. L. (2012) The rise and fall of job analysis and the future of work analysis. *Annual Review of Psychology, 63,* pp.397-425.

Schmidt, F. L., & Hunter, J. E. (1998) The validity and utility of selection methods in personnel psychology: Practical and theoretical implications of 85 years of research findings. *Psychological Bulletin, 124*(2), p.262.

Society for Industrial and Organizational Psychology (2003) Principles for the Validation and Use of Personnel Selection Procedure. http://www.siop.org/_Principles/principles.pdf

Swider, B. W., Zimmerman, R. D., & Barrick, M. R. (2015) Searching for the right fit: Development of applicant person-organization fit perceptions during the recruitment process. *Journal of Applied Psychology, 100*(3), p.880.

Tippins, N. T. (2015) Technology and assessment in selection. *Annual Review of Organizational Psychology and Organizational Behavior, 2*(1), pp.551-582.

Uggerslev, K. L., Fassina, N. E. & Kraichy, D. (2012) Recruting through the stages: A meta-analytic test of predictors of applicant attraction at different stages of the recruiting process. *Personnel Psychology,* 65(3), pp.597-660.

第 3 章

配置・異動管理

1　配置・異動管理の意義

(1)　配置・異動管理とは何か

　企業が雇った従業員に対し仕事（職務）を割り当てること，ないし職務を遂行するポジションに付けることを配置という。従業員の職務を変更すること，ないし職務を遂行するポジションを変更することを異動（配置転換）という。異動には，企業内での従業員の地位（役職・職位）や格付の変更を伴うものと，変更を伴わないものがある（なお，企業内での地位（役職・職位）の上昇は「昇進」という。第4章参照）。

　配置・異動管理は，企業における仕事と従業員のマッチングである。企業が自らの目的を達成するためには，このマッチングを適切に行うことがきわめて重要である。そこでは，どのように仕事を組み合わせ，誰にどのような仕事を担当させるか，そしてそれを誰が主導し，どのような方針や情報に基づいて決めるのか，またなぜ異動が行われるのか，異動には何らかのパターンが存在するのか，といったことがポイントとなる。

(2) 日本企業の配置・異動管理の特徴

① 企業主導の配置・異動

　日本企業で一般的とされるメンバーシップ型雇用では，正社員であれば職務や勤務場所が雇用契約であらかじめ限定されていないことが多く，入社時に企業主導で決定され，その後従業員の合意を得ることなく変更される（異動）。これに対しジョブ型雇用の場合，職務や勤務場所が雇用契約で限定され，原則として変更されることはなく，変更する場合には従業員本人の同意が必要になる。

　ただし近年では，メンバーシップ型雇用の企業でも職務や勤務場所をあらかじめ限定して採用する正社員形態（限定正社員）を採用する企業が増えている。これは，ワーク・ライフ・バランスへの配慮，従業員の多様なニーズへの対応，従業員募集上の理由が背景にある。また，企業主導の配置・異動が従業員の士気の低下や企業へのコミットメントの低下につながることから，後述のとおり従業員の主体性を尊重した配置・異動管理を行う企業も増えてきている。

② 「人に仕事をつける」

　上述のとおり，日本企業では，特に正社員の場合職務を限定せずに採用することが少なくない。この場合，採用後に個々の従業員の適性や能力を考慮して職務を決める。これは「人に仕事を付ける」と表現され，メンバーシップ型雇用の特徴とされる。これは特に新卒従業員の場合に顕著である。日本では新卒就職は，「就職（ある仕事に就く）」ではなく「就社」といわれることがある。日本企業の場合，技術・資格等を重視する一部の専門職や研究職は別として，新卒者の募集で仕事上の能力や経験を厳格に問われることは少ない。能力として重視されるとすれば，入社後の企業内教育訓練を経て"一人前"の従業員となりうる能力（訓練可能性）であろう。そして，企業で与えられた仕事に就き（初任配属），その後同じ企業で異動してキャリアを積み重ね，仕事経験（それが企業内教育訓練の一部となる）による能力向上を見込むということになる。

　これに対し，欧米などの企業では，特定職務を担当させるために採用するのが原則である。これは「仕事に人を付ける」と表現される。そもそも担当する

仕事の遂行能力があって初めて採用される。その前提として，個々の従業員の仕事（職務）の範囲は明確であって，職務記述書に記載される。そして採用時や異動時には職務記述書が企業から従業員に渡されるのである。これはジョブ型雇用の特徴とされる。日本でもこのような考え方の企業は存在するが，逆に外資系でも日本での社歴が長い企業には「人に仕事を付ける」という考え方の企業もみられる。

③ 職務範囲の不明確さ

日本企業では，職務の概念があいまいで個々の従業員の仕事（職務）の範囲が不明確なことが多かった。これは上述のとおりメンバーシップ型雇用ゆえにみられる特徴である。従って，与えられる仕事の範囲の拡大や縮小がしばしば起こる。これは，恒常的・臨時的の両方がありうる。業務の繁閑などへの柔軟な対応には有効だが，長時間労働など過重労働の蔓延の原因にもなりうる。

2　日本企業の従業員格付制度

(1) 従業員格付制度の意義

企業ではいろいろな種類の従業員が働いている。従業員の配置・異動をはじめとした人的資源管理を効率的に行うために，従業員をグループに分けて管理するのが一般的である。グループ分けの方法には，仕事の中身や要求される水準，雇い方・働き方，報酬（賃金など）の決め方などがある。このように，従業員の区分・格付は，人的資源管理の基本を成すものである。

人的資源管理上の格付には，各々の従業員を格付けする方法と，企業内の仕事を格付けし，その仕事に従業員を割り当てて従業員の格付とする方法がある。

上述のとおり，「人に仕事を付ける」といわれる日本企業では，特に新卒採用の場合に特徴的だが，入社の前に仕事を決めず，入社後に仕事を割り当てることが多い。従って格付は仕事と厳密に対応していない。これに対し欧米などの企業では「仕事に人を付ける」といわれる，特定の仕事（ないし仕事ポジション）のために採用される。その仕事（ないし仕事ポジション）に格付が行

われ，従業員は自らの能力に見合った仕事に付き，その仕事の等級に格付けられる。

従業員の格付は，企業における従業員の重要度を示す。人そのものの格付と人が付く仕事による格付は，企業にとって従業員の重要度を示す指標として何が重要かを表している。このうち，人を格付けする場合，例えば従業員の年齢や勤続年数で格付けする方法や，従業員の能力で格付けする方法があり，現在の日本企業では能力による格付制度が普及している。

(2) 職能資格制度

職能資格制度は，日本オリジナルの従業員格付の制度で，従業員の職務遂行能力をもとにした，人中心の格付制度である。日本の大企業・中小企業で1970年代から2000年ごろまで最もポピュラーな制度で，現在でも採用企業が多い。

職能資格制度とは，仕事をする能力（職務遂行能力）によって企業内で資格（実際には等級）を設定して，企業内での従業員の序列を決める。資格数（ランク数）は企業によって異なるが，8〜10くらいが一般的である。

ある資格（ランク）に見合う職務遂行能力の水準を職能要件という。この要件を満たした場合にその資格に位置づけられる（昇格する）のが原則である。同一企業内では職能要件は共通であることが多い（デスクワークの事務職と工場現場の技能職などの明らかに異なる職種では，別の職能要件を置くこともある）。

この制度のもとでは，基本給のうち相当部分を職能資格による「職能給」が占める。また，企業内教育訓練は職能要件を満たすことが1つの目的となる。

職能資格が上がることを「昇格」という。これに対して企業内での地位（役職・職位）が上がることを「昇進」という（昇進については第4章参照）。職能資格と地位（役職・職位）の関係は，厳密でなく，緩やかなつながりであることが多い。例えば，「部長」に対応する職能資格があっても，それより上の職能資格の部長もありうる。昇格と昇進の関係は「昇格先行，昇進追随」といわれる。昇格して上位役職の"候補者"になるのであり，昇格してすぐ昇進するとは限らない。この制度のもとでは抜擢は難しく，日本企業の役員・上位管理者への抜擢が少ない理由の1つとされる。

では，昇格はどう決まるか。入社時には通常，あらかじめ決まった資格になる。新卒入社の場合は通常学歴別に決まる。その後，企業内での教育訓練（実際の仕事を通して行う教育訓練＝OJTが含まれる）を経て，上位の資格の職能要件が満たされれば昇格する。ただし，下位レベルの職能資格の場合，一定年数で自動昇格とされている場合もある。この職能要件は通常，社内では公開されている（社外には非公開が多い）。職能要件を充足しているかどうかは，人事考課（とりわけ能力考課）で判断される。このほか，テスト（社内のテストや業界でのテストなどがある）や検定試験（英語など）を要件に含むことがある。なお，職能要件が充足されても，現在の資格に一定期間の滞留を要件とすることもある（この一定期間を必要滞留年数という）。また「標準滞留年数」が設定され，それに従った昇格が多く事実上勤続年数に応じた昇格になっている企業もある。さらに，この制度ではいったん昇格すると原則として降格はない。このように職能資格制度は年功的になりやすいといわれる。

職能資格制度のメリットとしては，第1に企業内の異動（配置転換）が容易になり，柔軟な組織運営が可能なことがあげられる。賃金の大部分が職能給であるから，異動で職務が変わっても賃金は下がらない。その意味ではポスト争いも起きにくいとされる。また，企業内で特定の仕事がなくなった場合も，異動させて雇用を維持することが容易であり，従業員にとっても意味のある制度である。第2に，従業員の能力向上の意欲が高まることがあげられる。そもそもこの制度は人材育成を重視した制度といわれている。

これに対してデメリットとしては，第1に，いったん昇格した場合降格がない企業が多いため，上位資格での滞留者が出てしまい，人件費の高止まりや，能力に見合った職務に付けることが難しくなるという問題がある。第2に，若くても能力の高い従業員や中途採用者をどう扱うかが問題になる。この制度は基本的に積み上げ型の制度で，蓄積された能力による格付制度である。従って，若年者の抜擢や外部人材への魅力的な労働条件の提示が困難になる恐れがある。第3に，全社横断的に能力要件を設定することが多いことから，能力要件が抽象的になったり，とりわけ上位資格の場合，管理職としての能力に偏重して非管理職のスペシャリストには不向きの要件になったりといった問題もある。特定分野のエキスパートの能力の評価や処遇の面では，この制度の限界は大きい。

このようなデメリットのため，この制度から後述の職務等級制度や役割等級制度に移行したり，一定以上の資格や地位（役職・職位）に昇格・昇進した場合に別の格付制度に移したりする企業が現れている。

(3) 職務等級制度

　職務等級制度は，いわば世界標準といえる制度で，日本には1950年代ごろから導入され，当時は経営者団体が熱心に拡大を図ったが，結局あまり定着しなかった。ただ近年，職能資格制度をやめてこの制度を導入する動きが見られる。
　この制度は，基本的には職務（仕事）に基づいた等級制度である。職務の価値の大きさを評価し，それに応じた格付を設定する。具体的には「職務分析」「職務評価」「等級設定」のプロセスを経ることになる。
　職務分析とは，自社の各職務について，職責・任務・職務行動・成果の基準などの職務内容，危険度・従業員の裁量度・必要となる労働時間などの作業特性，職務遂行に必要とされる知識・技能・技術といった能力要件などの情報を収集することである。そしてこれによって得られた職務情報に基づいて，職務の名称や職務の概要，職責と任務，権限や責任などを「職務記述書」にまとめ，その職務遂行に必要とされる能力要件を「職務明細書」にまとめる。
　職務評価とは，上述の職務記述書と職務明細書にもとづいて，必要とされる能力，精神的・肉体的負荷，責任度などからその職務の難易度を評価し点数化することである。
　そして職務評価の点数スコアに応じて職務等級を設定することになる。この制度のもとでは，賃金の中心部分である基本給のうち相当部分が職務等級に基づく「職務給」になる。
　従って，個々の従業員の配置は，その従業員がその職務に見合った能力があることを前提に行われ，他の職務への異動（配置転換）は，従業員がその職務に見合った能力を持ち，かつその従業員の希望（少なくとも合意）があって初めて行われる。昇進は，上の職務に見合った能力を持ち，より等級の高い職務に付くことで行われる。
　この制度に基づく人的資源管理は，一般的な日本のものとはかなり異なる。例えば人材育成（企業内教育訓練）があまり行われない可能性がある。現在の

職務に見合った能力は既に持っていることが前提だからである。昇進のための能力開発は，従業員が仕事外で自主的に行うのが原則となる。個々の従業員の仕事の範囲は職務記述書どおりであるから，そこにない仕事を手伝うようなことは考えにくい（むしろ禁止されていることもある）。もし職務の範囲や難易度が変わった場合，職務評価を経て職務等級が変更されるのが原則である。同じ職務等級にいる限り，原則として賃金は変わらない。もっとも実際には，「範囲職務給」という制度があることが多く，この場合同じ職務でも若干の昇給がある。もし大幅な昇給を望む場合，自ら能力開発を行って上位の職務に移してもらうしかない。それが不可能であれば，他社に移るしかないのである。

職務等級制度のメリットとしては，第1に，職務内容や職務と賃金との関係が明確なことがあげられる。第2に，長期勤続を経なくても高い地位に付けられるため，抜擢や中途採用が容易になることがあげられる。第3に年功的な処遇が回避でき，長期勤続者の賃金の高止まりを防いで人件費を抑制できることがあげられる。第4に従業員の専門性が重視され，スペシャリストの育成や処遇が可能なこと，などがあげられる。

デメリットとしては，第1に，職務分析や職務評価の手間があげられる。第2に，柔軟な異動（配置転換）が難しくなり，組織の柔軟性が損なわれることがあげられる。第3に，上述のとおり同じ職務の場合昇給があまり期待できないことや，上の職務に空きが出ない限り昇進も期待できないことから，従業員のモチベーションが上がらない可能性があること，などがあげられる。

(4) 役割等級制度

役割等級制度は，1980年代ごろ生まれた制度で，1990年代ころから本格的に導入されるようになった。ほぼ日本オリジナルといえる制度である。ベースは職務等級制度であるが，職務遂行そのものにも増して経営戦略上期待される役割を果たすことを重視する。具体的には，あるポジションで期待される役割で格付をつくり，そのポジションに付く従業員の格付を決定する。そしてその役割に基づき個々の従業員が目標を設定し，その達成度で評価を受ける。

この制度でいう「役割」は，職務等級制度の「職務」に比べて括りが大きくゆるやかで，柔軟な設定が可能で，それほど厳密ではない。また，昇級には従

業員の職務遂行能力が加味でき，職能資格制度のような運用も可能である。

　役割等級制度のメリットとしては，年功的な運用をする必要がなく，従業員の賃金の高止まりを抑えられることができる。また，経営戦略との整合性を得やすく，環境の変化にも対応しやすいなどといった点があげられる。

　デメリットとしては，役割が変わったときの等級設定の手間や，役割を超えた従業員間の協力が難しいこと，役割と職務が一致しなかった場合の対応が難しいことなどがあげられる。

　今日，日本企業では上記3つの格付制度のいずれかを採用しているのがほとんどである。また，複数の格付制度を併用している企業もある。例えば，役職昇進前は育成重視の観点から職能資格制度を適用し，役職昇進後は職務遂行重視の観点から職能等級制度や役割等級制度を適用する，といった形である。格付制度の採用や変更には，企業を取り巻く環境の変化や人的資源の状況，経営者の考え方など，多様な要素が反映している。そしてどの制度にもメリット・デメリットがあり，それらを加味したうえで制度を運用しているのである。

3　配置・異動の目的とキャリア形成

(1)　異動（配置転換）の目的

　配置・異動とりわけ異動（配置転換）が行われるのはなぜであろうか。上述のとおり，配置は仕事と従業員のマッチングである。そして異動はこのマッチングの変更ないし修正である。

　異動の目的としては，第1に人員の過不足の企業内での調整がある。企業戦略の変更，業務量の変化，従業員の退職や休業などにより人員の過不足が起こった場合，その調整のために異動が行われる。第2に従業員の能力開発（教育訓練）がある。従業員の仕事経験の幅の拡大などを通して，能力開発を図るのである。第3に適材適所や従業員の適性の発見がある。適切な従業員を適切な仕事に配置できるようにするために異動が行われる。短期的には企業業績の向上や企業風土の活性化が，長期的には将来の企業業績向上のための技能形成が期待される。従業員にとっても仕事による自己実現の可能性がある。このほ

か，従業員相互の人的交流を深めることにより，その後の企業内での調整や協力を行いやすくすることや，同一職務への長期滞留による不適切な業務遂行や不正を防ぐといった目的もある。

(2) 配置・異動と企業の人事権

　企業が個々の従業員の配置や異動，評価や賃金などを決められる権利を「人事権」という。日本企業では，この人事権が強く，企業主導の配置・異動が行われてきたといわれる。逆に言えば，従業員の希望が通りにくいとされてきた。これは日本企業にメンバーシップ型雇用の慣行があるためと考えられている。また，従業員側の希望や主張を通すためのしくみの1つである労働組合の力が弱いことも，人事権の強さの背景にあるといわれる。

　企業の中で配置・異動を誰が（どの部署が）主導するかは大きな問題である。企業によっては，人事部門が全面的に主導したり，経営者の意向が強く反映されたりすることもある。グループ企業の場合，グループの本社の方針に従わなければならないこともありうる。例えば，新卒者や若年者は人事部門主導で，中堅の従業員は各所属部署と人事部門が協議して，管理職や幹部候補従業員の場合は経営者や企画部門と人事部門が協議して，といった形が考えられる。工場や店舗の現場の従業員の配置・異動は，その現場の意向が強く反映され，実質的に配置・異動の権限が現場に与えられていることも少なくない。

　上述のとおり，日本企業の正社員の多くは，職務や勤務場所の限定なく採用されているため，企業の命令による異動（配置転換）とりわけ転勤を拒否できない。これは判例でも認められている（「東亜ペイント事件」最高裁第2小法廷判決 昭和61.7.14）。この判例によれば，転勤の命令が認められるのは「企業の業務上の必要性がある」「その命令に不当な動機・目的がない」「その命令で従業員が著しい不利益を負うことがない」ことをすべて満たした場合に限られるが，それでも企業の自由度は高いといえる。他方，少なくとも正社員の場合，簡単には解雇はできない。具体的には，整理解雇における企業の解雇回避努力の義務が法的に定められている。つまり，企業による従業員の異動の自由度の高さと従業員に対する雇用保障が事実上対応関係にあったのである。

　ただ，企業が経営不振などによる雇用調整を行ったり，戦略上の理由で従業

員を削減したりすることはありうる。こういったことがしばしば行われれば，企業と従業員の信頼関係が揺らぐこともありうるのであって，企業が人的資源管理上相当の配慮を行う必要がある。

なお，2024年の法改正で雇用契約の締結・更新時に「就業場所・業務の変更の範囲」の明示が必要になった。これは企業による従業員の配置・異動の自由度への制約となる可能性があると思われる。

(3) 仕事間移動の3類型

個々の従業員のキャリアは仕事経験の蓄積によって形成される以上，異動（特に仕事間の移動）がキャリア形成上重要な意味を持つ。企業の中での仕事間の移動には，次の3つの方向の移動（およびこれらの組み向わせ）が考えられる。

第1に，垂直方向への移動がある。これは企業内の階層（例えば企業内の職能資格，職務等級，役割等級，地位）に沿った移動であり，その典型が昇進・昇格である（昇進については第4章参照）。これには仕事に適した人の配置，より優れた人をより重要なポジション（地位・仕事）に付けるための選抜，インセンティブ，とりわけ長期の技術・能力形成の促進といった意義がある。

第2に，水平方向への移動がある。企業内の階層上の位置が変わらないままで，異なった仕事に移動することで，昇進・昇格を伴わない異動（配置転換）である。これには仕事経験の幅の拡大や企業内の人的交流，仕事に適した人の配置といった意義がある。

第3に，中心方向への移動がある。企業内での責任の増大などに伴い，組織の核に向かう移動とされる。これは水平方向への移動の一類型ともいえるが，その企業における実質的な地位の上昇となること，企業にとってより重要なところに関わるので，その従業員に対する信頼が高まるとともに，従業員本人の責任感も高まって，成長が促されるといった意義がある。

4　初任配属と組織社会化

(1)　初任配属の意義

　配置のうち，新しく入社した従業員の配置を初任配属という。中途採用や非正社員の場合は，あらかじめ職務や勤務場所を決めて採用することが多いため，初任配属は特に問題にはならない。もっとも，中途採用でも勤務場所が変更になる場合がありうるほか，企業の経営上の理由で職務や勤務場所が変更となることはありうる。ジョブ型雇用の企業や，職種や勤務地限定で採用された正社員の場合も，初任配属の問題は起こりにくい。

　初任配属が最も問題になるのは，メンバーシップ型雇用の企業で採用された正社員である。通常，採用時に従業員の能力・適性，企業の各部署の事情などを考慮して決める。従って本人の希望が通るとは限らない。日本企業では，最近でこそインターンシップや入社前アルバイトを経験させることも増えているものの，入社時に必ずしも仕事経験を問わずに採用する企業がなお多い。その意味で初任配属は，入社後の企業内教育訓練（とりわけOJT）の一環として位置づけられることが多い。例えば「現場重視」ということで，初任配属で現場（販売，製造など）の仕事を経験させることが少なくないのはその一例である。なお，初任配属がその後のキャリアに影響を及ぼすことも多く，最初に経験した分野を中心に異動していくことも少なくないといわれる。

(2)　組織社会化

　新規入社の従業員が，職場になじみ定着するかどうかは大きな問題である。これは組織社会化の問題といわれる。組織社会化とは，組織への参加者が組織の一員となるために組織の規範・価値・行動様式を受け入れ，職務遂行に必要な技能を習得し，組織に適応していく過程をいう。つまり，新メンバーがその組織の組織文化（組織メンバーにとって当然とされる思考・行動のパターン）を理解してメンバーらしくなり，"組織に必要な人間"になることである。

　組織社会化には，組織文化の面での社会化（文化的社会化）と仕事に関する

知識・技能などの習得とその発揮の面での社会化（職業的社会化）がある。また組織社会化には3つの特徴がある。第1は成員性の獲得であり，その組織のメンバーらしくなり，組織の一員として認められることである。第2は学習の過程であり，組織文化を吸収することである。第3は他者との相互作用を通じてパーソナリティを組織体に結びつける過程であり，他のメンバーと交流することによって，その組織のメンバーらしくなっていくことである。

組織社会化の方法としては，組織内の経験や他のメンバーとの交流などから学ぶこと（経験による学習）と他のメンバーのやり方や考え方を観察したり真似たりすること（観察による学習）があるとされる。

組織社会化の過程でも起きる問題としてリアリティ・ショックがある。これは，入社前の期待と現実とのギャップから起きるショック現象である。これにより，組織への適応がしにくくなる，会社や仲間への一体感が失われる，仕事へのモチベーションが低くなる，ひいては会社を辞めてしまうという問題が起きる恐れがある。これに対しては，上述した入社後の学習のほか，採用活動のときに本当の会社の姿を伝えること（RJP＝realistic job previewといわれる）や，インターンシップなどが有効であるとされている。

5　転勤の問題

異動（配置転換）のうち，現在の勤務場所から離れた場所に移ることを転勤という。日本企業（特に大企業や官庁）では，転勤ありが当然の前提とされ，転勤経験が昇進・昇格の要件とされていた企業もあった。しかし転勤は転居を伴うことが多く，生活拠点の変化を伴うため，家庭などの社会生活への影響の大きさ，すなわちワーク・ライフ・バランスの問題が議論されるようになってきた。

近年，それまで転勤が前提となっていた総合職正社員でも，勤務地を限定できる制度を採用する企業が増えている（勤務地限定正社員）。ところが，勤務地限定正社員は昇進や人材育成制度上不利になるといった事例がみられる。こういったキャリア形成上の障害をどう克服するかが人的資源管理上の問題である。

現在，男女雇用機会均等法および同法施行規則等で，労働者の募集もしくは採用，昇進または職種の変更に当たって，転居を伴う転勤に応じられることを要件としたり，労働者の募集，採用，昇進または職種の変更に当たって，転居を伴う転勤に応じられることを要件とすることは，いわゆる間接差別となる。これら間接差別は，業務の遂行上特に必要である場合や合理的な理由がある場合でなければ禁止されている。上記の勤務地限定正社員の処遇も，間接差別に当たる可能性があり，留意が必要である。

　厚生労働省は，「転勤に関する雇用管理のヒントと手法」(2017年)で，転勤について以下のとおり指摘している。

- 企業と労働者との間の雇用関係が継続的性質を持つことを踏まえれば，転勤については，企業としての成長や競争力の向上も当然念頭に置いた上で，その有無や態様について労働者がある程度の中長期的な見通しを持てること，また他方では，労働者が就業を続ける中で遭遇するライフイベントなどの変化に対応できるものであることが望ましい。

- なお，上記の観点は，効果的な人材の育成と能力発揮に向けて，労働者に自身のキャリアの道筋や，そのために必要な知識・経験の習得機会を主体的に選択させる人事管理の考え方とも密接に関連しうるものであり，労働者が自身のキャリア形成の中に転勤を積極的に位置づけられるよう支援することも有効である。

- 転勤に関する企業内の仕組みの設計や運用は，企業における人的資源管理の一環として集団的・組織的に行うことが要請されるが，同時に，可能な限り，個々の労働者の納得感を得られるようなものであることが望ましい。

- 以上を考慮しつつ，転勤についてバランスのとれた雇用管理のあり方を選択しようとすれば，まず，自社にとって不可欠な転勤とは何かを見極めることが有効と考えられる。また，転勤に関する管理は，異動管理の全体のあり方と不可分であると考えられるため，転勤について見直すためには，人事異動全般の現状を把握することが有効であり，転勤を見直すために人事異動全般の見直しが必要となる場合もある。

6　日本企業の配置・異動管理の慣行

(1)　ジョブローテーション

　日本企業の配置・異動の慣行として知られているのがジョブローテーションである。主に大企業・中堅企業や官庁などでみられる慣行で，従業員にいろいろな仕事を経験させることによって，職務遂行能力を向上させたり，特定の従業員に業務を集中させるリスクの回避を図るものである。

　例えば最初の3年にA業務を担当させ，次の3年にB業務を担当させ，その次は…という形が考えられる。製造業の場合，もっと短期間で業務を移動させる場合もある。また，新卒入社者に何らかの必須業務を経験させる企業もある。特定の従業員に業務を集中させるリスクとは，その従業員に事故があったりした場合や，業務量の急増した場合への対応のための備えとされる。

　ジョブローテーションはしばしば人材育成・教育訓練の手段といわれるが，上述のとおりそれだけではない。この慣行は，従業員の専門性を育むのを妨げ，専門性の乏しいいわゆるゼネラリストの輩出につながるという批判がある。そういった企業や官庁があるのも事実であるが，多くの研究によれば，日本ではむしろ従業員に「専門の中の幅広さ」（特定の専門分野を持たせつつ，その周辺の分野もある程度仕事経験がある）を持たせるキャリア形成を行っている企業が少なくないとされ，上記の批判の妥当性には疑問もある。

　なお，いわゆるタレントマネジメントの一環として，特定の優秀な従業員を対象に，短期間に多くの部署で難しい仕事を経験させ，幹部候補生として鍛え上げるジョブローテーションも存在する。

(2)　定期異動

　日本では，企業内での従業員の昇進や配置転換を特定の時期に集中して行う慣行がある。これを定期異動の慣行という。特定の時期としては年度初め，新年などのキリのよい時期のほか，経営者の交代がある株主総会の時期があげられる。企業の経営計画に合わせた管理として意味のある慣行であるが，特定の

時期に大量の異動者が生じるため，混乱が生じるという問題もある。

　企業や官庁によっては，それぞれのポジションにとどまる期間が事実上定まっている，例えば，2～3年で相当数が異動するという慣行をもつところがある。これは，ジョブローテーションとしての意味合いのほか，特定業務への長期滞留による弊害の未然防止があると思われる。この場合，業務の継続性の問題が生じうるが，すべての従業員を異動させるのではなく，例えば総合職など幹部候補となる従業員などに限定して異動させていることが多いようである。

　なお，定期異動の慣行を持つ企業などであっても，随時ないし不定期の異動も併用するところが多い。

(3)　年次管理

　日本では，小学校・中学校・高等学校・大学といった学校で，いつ入学したか（どの学年か）という意識（いわゆる同期意識）が高いといわれる。企業においても入社年次が重視され，同期入社者間の仲間意識の高さがしばしば強調される。これは「新卒定期一括採用」や「終身雇用」「年功序列」の慣行と密接にかかわる一種の組織文化で，組織内の慣行に結びついているものである。

　こういった文化のある企業や組織では，入社〇年目までにどういった仕事経験を積ませ，どういった地位や等級に昇進・昇格させていくという人的資源管理がしばしば行われる。これは官庁で非常に強い慣行とされ，民間でも歴史のある企業でよく見られる慣行である。

　この慣行は計画的な人材育成や異動には寄与する可能性があるが，従業員の適性や能力，意思に沿わない管理になる可能性があるほか，能力の特に高い従業員，特に低い従業員や中途入社者の配置・処遇上の問題が生じやすい。このため，この慣行を積極的に維持しようとする企業は近年では多いとは言えない。

(4)　内部昇進

　既存のポジションに空きが生じた場合，企業外部から採用して充足するよりも，企業内で異動（配置転換）させて充足することが多く，とりわけ企業内で下の地位から上の地位に昇進させてしていくことが多い。いわば内部労働市場の活用というべきものである。これを内部昇進の慣行という。日本では，管理

職のみならず経営者（取締役）でも内部昇進者が多いことが知られている。

7 従業員の主体性を尊重した配置・異動管理

(1) 企業主導の配置・異動管理の限界

　企業主導の配置・異動管理が可能であったのは，従業員に対して企業が優位な立場にあること，いわゆる終身雇用慣行のもとで企業が従業員の雇用保障を重視してきたこと，転職が容易でなく外部労働市場が十分に機能しているとは言えなかった状況などが前提にあった。しかし，近年こういった状況は大きく変容を遂げつつあり，企業の人事権をもとにしたいわば企業丸抱えの配置・異動管理やキャリア形成政策の維持は困難になりつつある。

　このため，従業員のニーズに応えモチベーションの向上を図るとともに，キャリア形成に関するリスク分散の観点からも，従業員の主体性を尊重した配置・異動管理が進められるようになっている。その代表的なしくみが自己申告制度と社内公募制度である。

(2) 自己申告制度

　従業員に対して，担当する職務や職種，勤務場所や将来のキャリアなどに関する現状や将来の希望，職務遂行に関わる個人的事情，自分のスキル（仕事以外で得た知識・資格なども含む）などを定期的に申告させる制度である。年1回程度申告させる企業が多く，上司との面談も行わせる企業も少なくない。従業員の動機づけを図るとともに，企業が把握していない従業員の事情や意思などを把握するという意義があるとされる。申告内容を人的資源管理の諸施策に活用することが期待されるが，従業員の希望に応えられないこともありうるため，その場合のフォローが問題になる。希望に応えないのが当然になってしまうと，従業員が申告に消極的になり，制度が機能しなくなる恐れもある。また，企業内の不正行為やハラスメント行為などの内部告発が申告されることもありうるため，対応が難しくなる可能性もある。

(3) 社内公募制度

　企業が必要としているポストや職種の要件を，あらかじめ従業員に公開し，応募者の中から必要な人材を登用する制度である。応募者の中から選考が行われて異動対象者が決定される。従業員の動機づけ，意欲の向上や，上司・人事部門が持っていないような従業員の能力や志向を引き出したり，特定の部門や上司に抱え込まれた人材の活性化を図ったりといった効果が期待される。応募にあたって所属部門の上司の推薦を求める場合と求めない場合があるが，後者は上司による人材抱え込み防止の観点によるものである。新規事業，新商品開発などといったプロジェクトの立ち上げなどの際に利用されることが多いほか，企業によっては通常の配置転換も社内公募で実施している例もある。この制度は，応募したが希望がかなわなかった従業員へのフォローの難しさや，希望者のほとんど出ない仕事をどう扱うか，応募の事実をどこまでオープンにするか（特に上司に応募の情報を知らせるか）といった問題がある。

8　企業の枠を超えた異動管理

　企業の配置・異動管理は，1つの企業内のみで行われているとは限らない。子会社などを含む企業グループを一体のものとして管理することはしばしば見られる。さらに企業や企業グループの枠を超えて実質的な管理が行われていることもある。企業グループ全体としての管理が行われている場合，「準内部労働市場」といわれこともある。この場合，個々の企業で，プロパー（その企業で雇われた従業員）のほか，グループ内の他企業（特にグループの中心企業）からの出向・転籍で異動してきた従業員が所属していることもある。以下，出向・転籍について説明する。

(1) 出向

　ある企業（出向元）の従業員の身分を維持しながら，その企業の指示で，他の企業（出向先）で仕事をすることをいう。従業員は出向元と出向先の両方に所属するが，仕事の指揮命令は出向先で受けることになる。

出向が行われる理由としては，以下のものがある。第1に出向先企業への支援で，技術や経営面での指導などが考えられる。第2に従業員の能力開発で，これにはキャリア形成の一環としての意味を持たせていることもある。学校や研究機関での研修のための出向もある。第3に中高年従業員の雇用保障がある。これは出向者の雇用を保障する一方で，出向によって出向元企業のポストを空けて若い従業員のためのポストを確保し，人事の停滞を防ぐという意味がある。メガバンクなどでは，50歳代総合職従業員の7割以上はグループ会社などへの出向といわれる。

　なお，出向は一見「労働者派遣」と似ている面があるが，人的資源管理上も法律上も全く異なることに留意する必要がある。

(2) 転籍

　ある企業の指示で，他の企業（転籍先）に移籍して仕事をすることをいう。所属企業を退職し，転籍先に入社することになり，所属も，仕事の指揮命令を受けるのも転籍先のみとなる。グループ企業のほか，取引先・資本提携先・合弁会社など，自社と親密な関係のある企業も転籍の対象になることがある。

　転籍のタイプとしては，当初は出向だが，出向先が移籍を希望した場合転籍となるもの（セレクション型）や，移籍が目的だが，出向先に慣れるまで出向扱いとして，一定期間後に転籍とするもの（試用移籍型）がある。

　出向・転籍は定年ないし定年後の年齢までの雇用保障のために行われることが少なくない。特定企業の特定ポストが出向・転籍の"指定席化"していることもある。いわゆる天下りもこの一種とされる。特に中高年従業員に対しては，この出向・転籍が当然の前提としてキャリア形成が行われていることが多い。

参考文献

平野光俊・江夏幾多郎（2018）『人事管理』有斐閣。
今野浩一郎・佐藤博樹（2020）『人事管理入門（第3版）』日本経済新聞出版。
守島基博・島貫智行（2023）『グラフィック　ヒューマン・リソース・マネジメント』新世社・サイエンス社。
西村孝史・島貫智行・西岡由美編著（2022）『1からの人的資源管理』碩学舎。
白木三秀編著（2024）『新版　人的資源管理の力』文眞堂。

第 4 章

昇進・昇格管理

　第3章の配置・異動管理では，主にヨコへの異動をみてきたが，本章ではタテへの異動である昇進・昇格管理をみていくこととする。

1　昇進と昇格

(1)　格付け制度と昇格

①　格付け制度

　格付け制度とは，企業が重視する基準に基づいて従業員を序列付けするものである。企業が何を重視するかによって，序列付けの基準として何が選ばれるかが決まってくる。企業は，その重視する力をもった従業員を高く評価し，高い給与を与え，またそうした力をもつように能力開発を行っていく。それゆえ，格付け制度は，「コンピュータにたとえれば，人事管理のOS（オペレーティング・システム）に当たる部分であり，そのうえに賃金にとどまらず採用，配置，教育訓練，評価，昇進などのサブ・システム（コンピュータのアプリケーション・ソフトに当たる）が載る構造になっている」[1]（今野・佐藤, 2020, p.49）。
　わが国では格付け制度として，主に職能資格制度，職務等級制度，役割等級制度があることは第3章でみてきたとおりである。職務等級制度や役割等級制度を導入する企業が増えてきてはいるものの，職能資格制度は格付け制度の中

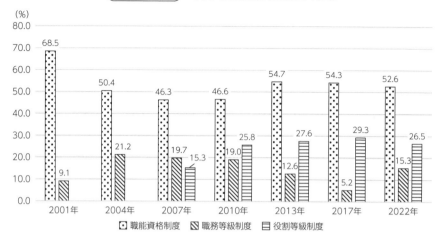

注1　役割等級制度は2007年から調査。
  2　非管理職層には職能資格制度，管理職層には職務等級制度あるいは役割等級制度を適用するケースは重複掲載されている。
  3　2022年は一般社員と管理職に分けられているため，グラフは一般社員のもの。管理職の数値は，職能資格制度40.3％，職務等級制度15.8％，役割等級制度35.7％。
出所：労務行政研究所「人事労務諸制度実施状況調査」（2017年，2021年は別名称）（各年版）をもとに筆者作成。

で今でも最も多く運用されている（**図表4－1**）。それゆえ，以下では職能資格制度を中心にみていくことにする。

②　昇格とその考え方

　本章のタイトルにもなっているように，昇進・昇格とひとまとまりの言葉としてよく用いられるが，昇進と昇格は人的資源管理上，違いがある。従業員の職務遂行能力に応じて格付けしていく職能資格制度においては，職務遂行能力が向上したと認められれば，それに該当する上位の資格に新たに格付けられることになる。また，職務等級制度や役割等級制度においても，上位の等級に求められる要件を満たしていると判断されれば，そこに新たに格付けられる。このように上位の資格や等級に格付けられて異動することが昇格である。

　なお，先ほど，「職務遂行能力が向上したと認められれば」と記したが，何

をもって認めるかについて，「入学方式」と「卒業方式」という2つの考え方がある。「入学方式」は，上位資格に求められる能力を満たしているとされた場合に昇格させるというものである。「卒業方式」は，現在の資格に求められる能力を満たしたとされた場合に昇格させるというものである。労務行政研究所（2022）によると，「入学方式」を行っている企業の割合は，一般社員層で65.4％，管理職層で77.3％であるのに対して，「卒業方式」はそれぞれ34.6％，22.7％となっている（pp.39-40）。

(2) 昇進と役職

一方，昇進は上位の役職に就く異動のことである。職能資格制度は，資格と役職が分離された仕組みであることも第3章で確認したが，ある資格に格付けられていれば必ずある役職に就けるわけではないし，役職に就いているときに昇格すれば必ず上位の役職に就けるわけでもない。昇格することと上位の役職に就くことは異なる原理で機能しているからである。

また，当然のことではあるが，課長や部長といった役職に空きがなければ新たな人を昇進させることはできない。したがって，それぞれの資格に昇格した人たちは，役職に空きができたり新設されたりして就ける役職ポストが生じるのを待つことになる場合が多い。もちろん，昇格と同時に昇進する場合もあるが，多くの場合は，「昇格先行，昇進追随」（佐藤・藤村・八代，2023, p.73）の形で役職に昇進するものが選ばれることになる。

2　昇進・昇格がなぜ行われるのか

では，昇進や昇格はなぜ行われるのだろうか。そこには理由があることを確認していきたい。

(1) 会社が求めるもの

昇進や昇格は，会社が従業員に対して行うものであるが，昇進や昇格を行った結果として求めるものの1つ目は，労働力の質的・量的な調整をすることである。ある役職に1人の空きができたとき，その役職に新しい人を就けるため

に，その役職を担う能力を備えた人（質的）が1名（量的）必要となる。誰かれ構わずにそのポジションに就けるわけにはいかない。なぜなら，質的にも量的にも最適な従業員の配置を行わないと，組織の効率が高まらないからである。

　2つ目として，能力開発や人材育成を行うことである。従業員はいろいろな仕事を，そしてより困難な仕事を順に経験することで成長していく。権限や責任がより大きな仕事を経験させるには，そうした仕事を経験できる資格や役職に従業員を就けることが必要となる。

　第3に，モチベーション向上という面も会社は意識している。より大きな仕事ができるポジションに従業員を就かせることは人材育成の機能のみならず，モチベーション向上の機能も果たすことになる。仕事そのものがモチベーションの源泉になるだけではなく，昇格や昇進に伴う昇給もその源泉となりえる。

　かつて，年功的労務管理の下では，昇進がモチベーションの源泉であると言われていたが，今日では管理職に就きたがらなかったり，出世を望まなかったりする若者が増えてきているようではある[2]。とはいえ，より上位の資格や役職に就いて大きな仕事に取り組み，より高い給与を得ることにやる気を感じる従業員もまだまだ多い。

(2) 従業員が求めるもの

　従業員にも，昇進・昇格に求めるものがある。まず，昇進・昇格によって得られる報酬である。報酬には外的報酬と内的報酬があることは，後ほど第8章でみることになるが，昇進・昇格によって得られる，より高い給与や地位は外的報酬となる。同時に，昇進・昇格によって，これまでよりも大きな仕事をすることから得られるやりがいや達成感，満足感は内的報酬となる。

　次に，キャリアの形成である。従業員は，どのような職業人生を送りたいか，どのように生きていきたいかという自身のキャリアを描いているものである。本章でも後ほど触れるように，また第12章で詳しく見るように，昨今キャリア自律が注目されてきており，自分が責任をもってキャリア形成に取り組む意識は益々高まってきている。

　自分が描くキャリアが，今の会社の中だけで完結する場合もあれば，他社に転職することにより達成される場合もある。いずれにしても，従業員の多くは，

自分の描くキャリアを実現していくために，この仕事をやってみたいというものを心に抱いているものである。そして，その仕事をするには上位の資格や役職に就くことが必要な場合，従業員はキャリアの形成のために昇進・昇格を求めることになる。自己申告制度や社内公募制度は，こうした従業員の希望に応える機能を有していることは第3章でみてきたとおりである。

(3) 会社主導から会社支援へ

このように昇進・昇格に対して会社が求めるものと従業員が求めるものをみてきたが，昇進・昇格管理の主導権について確認しておくことも必要である。経営者からすれば，「会社（経営者）が主導権をもっているのが当たり前だろう」との思いかもしれない。管理を行うのは会社である以上，会社が主導権をもつのは当然ではあるが，現在においてもそうした捉え方を続けることがよいのかを考えてみよう。

第4節でもみるように，これまでは会社主導の昇進競争が行われていたが，従業員がそれを受け入れられたのは，たとえ昇進競争に敗れても雇用は守られるという労使間の暗黙の合意があったからである。また，そもそも従業員のキャリア意識も組織の敷いたレール上の昇進競争をいかに早く勝ち抜いていくかに重点が置かれており，自分の働き方やキャリア形成に自分が責任を持って取り組んでいくというキャリア自律の意識はそれほど醸成されてはいなかった。

しかし，現在は様相を異にしてきている。そのため，格付け要件，昇進・昇格の基準，職務記述書（ジョブ・ディスクリプション）といった情報を公開することがまず必要である。そして，どのような要件を満たせば社内でどんな仕事に就けるのかを従業員が理解，把握して，自分のキャリア形成に役立てられるように，従業員のキャリア自律を支援する形での昇進・昇格管理が求められるようになってきている。

(4) 昇進・昇格管理の着目点

昇進・昇格管理では，昇進スピード，昇進格差，昇進基準の3つに着目し検討することが必要とされる（慶應義塾大学ビジネススクール編，2004）。これらに加えて，本項では降格についてもみておくことにする。

① 昇進スピード

　昇進スピードは，従業員をいつ頃，どの資格や役職に就かせるかという問題である。早く上位の資格や役職に就くことができれば従業員のモチベーションは高まるだろうが，そこに就くために必要な能力を身につけるための能力開発や育成の体制も整えておかなければならない。

　また，昇進の場合，就かせるべき上位の役職を確保しなければならないため，配置の問題や組織構造をどうするかという大きな問題にかかわってくる場合もある。

② 昇進格差

　昇進格差は，資格等級を何段階に設計するかという等級間の格差の問題と，主に同期入社の従業員間でどれくらいの格差をつけるかという問題とがある。後者に関して，採用のあり方も変わりつつあるが，まだまだ新規学卒一括採用がなされている現状では，従業員の同期意識を無視した昇進管理を徹底できる状況ではないと言えるだろう。

　第4節でみるように，日本企業の多くでは入社後かなりの期間に渡って同期入社の従業員間に大きな格差をつけない昇進・昇格管理が行われてきた。その結果，組織によって異同はあるものの，管理職に就くのは30代後半くらいというのが一般的であった。最近では，早い時期から同期入社の従業員間の昇進格差がつくようになってきてはいるが，あまりに大きな格差がつくと，昇進できなかった従業員のモチベーションが低下してしまう可能性がある。一方，格差が少なすぎても優秀な従業員のやる気が削がれ，退職につながる危険もある。

　それゆえ，どの程度を「適度な格差」とするか，さらには，格差はついても取り戻せる機会をどのように制度化するかを検討する必要がある。

③ 昇進基準

　昇進基準は，何に基づいて昇進・昇格を決定するかという問題であり，②の資格等級を何段階に設計するかという問題ともかかわってくる。一般には，人事考課に基づく能力評価や業績評価に加えて，在職年数，人柄，上司の推薦など複数の基準が取り入れられている。また，どの役職や資格に昇進・昇格する

かによって基準は異なっており，一般職層よりも管理職層の基準のほうが，能力評価や業績評価など仕事の結果と結びつきやすい要素が重視される傾向にある。

何をもって昇進させるかという問題は，社内の業務を遂行するためには何が必要かという問題につながっている。それゆえ，社内の職務にはどのようなものがあり，それぞれどのような能力や経験が必要なのかがきちんと把握されていなければならない。

特に職務等級制度の場合，職務記述書が作成されていることが望ましいが，職務等級制度導入企業での作成率は一般社員40.7％，管理職46.9％となっており，役割等級制度の導入企業における一般社員20.6％，管理職19.1％よりは多いとはいえ，半数には満たない現状である（労務行政研究所，2022，p.45）。

④ 降格

本項の最後に，降格についてもみておくことにする。一般に，職能資格制度では，一度身につけた職務遂行能力は低下することはない，という前提で制度が設計されているため，制度設計の理論上，降格は起こらないことになっている。しかし，実際には，職能資格制度を導入している企業で降格制度が「ある」割合は62.9％と過半数を超えている（労務行政研究所，2022，p.41）。また，その降格基準は「一定期間における人事評価の累積」がほとんどであり，実際に「降格者がいる」企業の割合は33.3％である（同上，p.42）。

一方，一般に職務等級制度では「就いている職務価値の大きさ」で，役割等級制度では「期待役割の大きさ」で等級が設定されているので，異動によって担当する職務や役割が小さくなれば等級も下がることになる。これらの制度では，理論上も降格はあるものとして制度設計されている。

これらの制度を導入している企業に過去3年間に「等級が下がる（ダウングレードを伴う）異動」の有無を尋ねたところ，職務等級制度においては一般社員で32.1％，管理職で31.3％の企業が，役割等級制度では一般社員で48.6％，管理職で52.0％の企業が「ある」と回答している（労務行政研究所，2022，pp.43-44）。

降格は賃金の減額を伴うことになるので，従業員が納得して異動に応じられ

るように，普段から制度の仕組みや運用について丁寧な説明を行って従業員の理解を得ておくことや，降格の際には，異動の理由を明らかにすることなどが必要となる。また，職能資格制度における降格に関しては，原則として，降格について就業規則等に明確に規定しておかなければ資格の引下げはできないことに注意しなければならない（アーク証券事件 東京地判平成12年1月31日）。

3 従来の昇進管理

(1) キャリア・ツリーから見る遅い選抜

本節では，年功的労務管理の頃から行われている従来の昇進管理についてみていくことにする。

① 遅い選抜

日本における従来の昇進のあり方として「遅い選抜」がその特徴と言われてきたが，それは具体的にどのようなものであったのかを確認してみよう。**図表4-2**は，同期入社した従業員67人が，いつ，何人，どの役職に就いていったのかという昇進のパターンを可視化したキャリア・ツリーである（竹内, 2016）。

同期入社の67人は入社後3年目に全員，同時に主任に昇進している。下に示された昇進比率が100％となっているのは67人全員が主任に昇進しているからであり，昇進時間が0となっているのは，67人全員が同時に昇進しており67人の間に昇進の時間差がないからである。全員が同時に主任に昇進した2年後（入社5年後）には，66人が係長職に昇進し，残った1人も1年遅れて入社後6年目に係長職に昇進している。結果として，67人全員が係長職に就いているので昇進比率は100％だが，昇進が1年遅れた人が1人いるので昇進時間は1となっている。

その先もみていくと，最初の5人が入社12年後に課長職Iに昇進し，22年後にその職に昇進した最後の3人まで昇進時期には10年の差はあるものの，同期入社67人の約8割が20年程度をかけて課長職Iにまで昇進していることがわかる。しかし，課長職IIに昇進した人は全体の39％，さらに次長職にまで昇進し

第４章 昇進・昇格管理 67

図表４-２ キャリア・ツリー

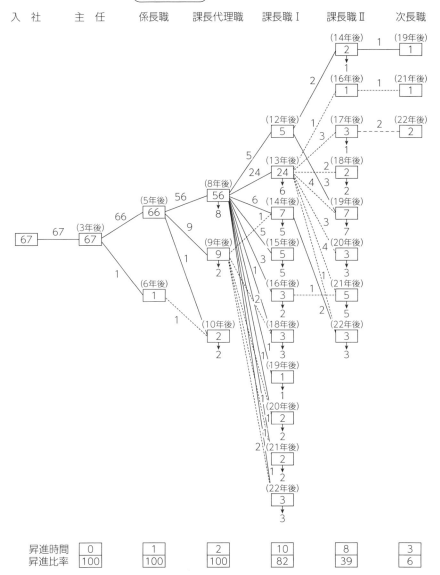

出所：竹内（2016）p.159。

た人は同期67人のわずか6％の4人に過ぎないことも確認できる。

　つまり，ある程度の役職（課長職Ⅰ）まではゆっくりと時間をかけて同期入社のかなりの人が昇進していき選抜はほとんど行われていない。しかし，その先（課長職Ⅱ以降）への昇進において，ようやく本格的な選抜が始まり絞り込みが行われているのである。このように，課長職Ⅱに一番早い昇進者が出るのは入社14年後と遅い選抜が行われている。

②　仕切り直し

　さらに，昇進速度差と職位の関係についても興味深いものがある。主任から係長職への昇進過程において，同期入社の1人だけが1年遅れていたが，遅れた1人がみんなに追いついた入社7年目，8年目は67人全員が係長職に就いている。そして，全員が係長職を2年間勤めた入社8年後に，56人が課長代理職に昇進している。課長代理職から課長職Ⅰへの昇進でも同様に，全員が課長代理職として入社11年目と12年目を過ごした後に，5人が課長職Ⅰに昇進している。

　つまり，同期入社の67人の間で1つ上の職位への昇進速度に差はつけるものの，同期の1人がまだ主任なのに，係長に昇進している同期の中から誰かをさらに課長代理職に昇進させるといった，2つ以上の職位の差をつけることはしていないのである。これによって，1つ上の職位への昇進速度に差があっても，一度その職位で全員が揃うのを待ってから，その上の職位への昇進競争を再び始めるという「仕切り直し」（竹内，2016）が行われていることになる。

③　敗者復活の可能性

　最後に，昇進の遅れを取り戻すことが実際になされていることも確認できる。**図表4－2**で，各職位における2番目以降の四角囲みは，その職位への昇進競争で1年以上の遅れがあった人たちである。それらの四角囲みから伸びている点線が，その四角囲みより上の四角囲みから右下に伸びている線と交わっていれば，その職位に先に昇進した人（実線）よりも早く次の職位に昇進したことを示している。

　「仕切り直し」は，今就いている職位より上の職位への昇進競争は全員横並

びでもう一度やり直しということを意味しており，昇進の遅れを取り戻せる「敗者復活」の可能性を保障しているのである。線と交わる点線が少ないことから，遅れを取り戻すことが頻繁に起こるものではないことも分かるが，こうした昇進のあり方が長期間にわたる昇進競争からの脱落者を少なくすることに寄与してきたことは間違いないだろう。

(2) 様々な昇進競争

① 将棋の駒型競争

竹内（2016）以外にも，昇進競争のあり方を取り上げた研究は多い。たとえば，小池（1981）は，年功的労務管理が行われていた時期の昇進パターンを「将棋の駒型競争」と捉えている（**図表4－3**）。

図表4－3では，縦軸に入社以降の就業年数を，横軸に同期入社の従業員X人を置いている。従来の昇進パターンでは，図中Aで示される，入社後かなりの年数を経るまで同期入社の従業員のほとんど全員を昇進させており，この時

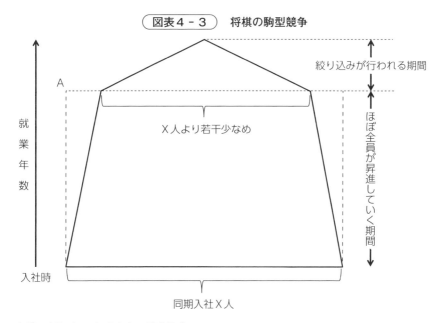

図表4－3　将棋の駒型競争

出所：小池（1981）をもとに筆者作成。

点ではX人より若干少なめの人数が昇進競争に残っていた。これは**図表4-2**では，課長職Ⅰまでは同期の約8割が昇進していたことと整合的である。

しかし，Aの時点から，ようやく本格的な選抜が始まり，昇進できる人材の絞り込みが厳しく行われていることが示されている。こうした昇進競争のあり方は，**図表4-3**に示されているように，将棋の駒のような型で表されることになる。

② 重層型昇進構造

また，今田・平田（1995）は，昇進競争のあり方が時期によってそれぞれ異なるところに着目して，こうした昇進競争のあり方を「重層型昇進構造」と名づけている（**図表4-4**）。

まず，入社からしばらくの間の昇進パターンは「一律年功型」と名付けられており，同期入社の従業員は全員そろって昇進していく。**図表4-2**のキャリア・ツリーでは，入社から主任に昇進するところだけであるが，全員が同時に昇進していた。

次にくるパターンは「昇進スピード競争型」と名付けられており，そこでの

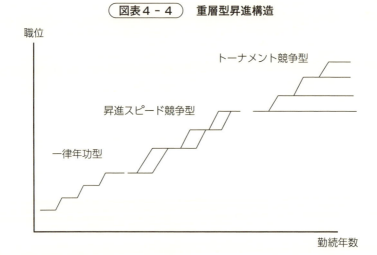

図表4-4　重層型昇進構造

出所：今田・平田（1995）をもとに筆者作成。

競争は，同期入社の従業員の間で1つ上のポジションへの昇進時期に差はつくものの，同期入社のほぼ全員が同じポジションに到達する形となっている。同じく**図表4-2**のキャリア・ツリーで見ると，「昇進スピード競争型」は主任から課長職Ⅰに至るまでの競争にあたる。課長代理職に誰が早く昇進するか，課長職Ⅰに誰が早く昇進するかを競っているが，最終的には同期入社のかなりの従業員が課長職Ⅰに到達できている。

ここまでを**図表4-3**の将棋の駒型競争に当てはめてみると，同期入社X人がX人より若干少なめまで減ったAの時点までの競争が，「一律年功型」と「昇進スピード競争型」になる。

最後のパターンが「トーナメント競争型」と名づけられている競争である。これは文字通り，勝ち抜き競争であり，**図表4-2**では課長職Ⅱから次長職への昇進がこれに当たる。また，**図表4-3**ではAの時点より先の昇進競争のことであり，この競争下では，昇進できた人だけが上位の職位に就けるが，昇進できなかった人は今の職位のままとどまらざるを得ないということになる。

ここまでみてきたように，従来の昇進のあり方は，同期入社の従業員のかなりの人数を一定のポジションまで昇進させていき，本格的な選抜を行うのは入社後15年程度経った時点からという遅い選抜にその特徴が見いだされた。では，こうした遅い選抜を行う昇進にはどういう長所や短所があったのかを項を改めてみていくことにしよう。

(3) 遅い選抜の強みと弱み

① 遅い選抜の強み

遅い選抜には，いくつかの強みが認められてきた。まず，従業員のモチベーション維持である。入社後10年以上にもわたり同期入社のほぼ全員が大きな差もつかずに昇進していくことは，全員に自分の昇進可能性を期待させ続け，それをモチベーションの源泉として業務に従事させることができる。

次に，従業員が学習し続ける点である。従業員のモチベーションが維持されることによって，従業員はさらなる昇進のためにも仕事に熱心に取り組み，継続的に学習することになる。従業員が学習し続けることは組織にとって望ましいことであり，そうした従業員から構成される組織は競争優位性をもつことに

なる。

　最後に，評価の確実性を高めることがあげられる。昇進競争の結果がおおよそ分かるまで10年以上にわたって競争を続ける過程で，従業員はいろいろな異動を経験する。その異動によって従業員は様々な上司と接することになるが，複数の上司が長期間をかけて従業員を評価することで，評価の恣意性が排除され，評価の確実性が高められる。評価の確実性が高まることは，昇進に値する人材を確実に選抜するだけでなく，昇進管理に対する従業員の不満を減少させるようにも機能する。

② 遅い選抜の弱み

　しかし，遅い選抜には弱みともいえる負の側面もある。1つは，竹内（2016）が「煽りの構造」と名付けたものである。先ほど1つ目，2つ目の強みとして，従業員のモチベーションが維持され，自分の昇進可能性を信じる従業員が努力し，学習し続けることをあげた。しかし，それは，従業員の側からすれば，いつも組織から，「がんばれ，がんばれ」と煽られ続けているという捉え方もできる。仕事に就いている以上，いつも全力を尽くすことが当然であるという見方は正しいが，自らが進んで競争に参加することと，自分の意思はさておいて組織が敷いたレールの上での競争を強いられるということは，競争の参加者が受ける影響はかなり違うはずである。煽られ続けて働くことを負担に感じた従業員は少なからず存在したと言えるだろう。

　さらに，こうした組織主導のキャリア形成は従業員のキャリア意識を弱めたという負の側面の2つ目につながっている。組織が主導する昇進競争に邁進してしまった結果，自分自身の生き方や働き方を確立できない従業員が生まれてしまったことも否めないだろう。

　図表4－2で，係長職への昇進で1年遅れた人は，課長代理職への昇進でも，もう1人とともに同期で一番遅れての昇進となっているが，結局そこから先には昇進していない。この人たちが在職し続けたのかどうかは定かではないが，もし仮に課長職Iへの昇進を信じて努力を続けていたとするならば，組織主導のキャリア形成の負の側面を強く感じざるを得ない。

　ただし，従来型の昇進のあり方にはこのような弱みも認められるものの，終

身雇用を前提とした年功型労務管理のもとでは広く行われていた。そして，組織に煽られ，キャリア形成の主導権は組織にあったとしても，雇用の保障は暗黙にではあるものの約束されていたのであり，従業員も雇用の保障と引き換えに，こうした昇進のあり方を受け入れてきたのである。

③ 昇進スピードは速くなったのか

それでは，年功的労務管理の終焉が言われる現在，昇進スピードは速くなっているのだろうか。

2022年に5年前（2017年）と比較した昇格（昇進）スピードの変化を尋ねたところ，一般社員層内での昇格（昇進）が「速くなっている」とする企業の割合は17.3％という結果である。課長クラスへの昇格（昇進）が17.8％，部長クラスへの昇格（昇進）は16.0％となっている。また，それぞれの層内での昇格（昇進）が「変わらない」とする企業の割合は，順に76.0％，73.1％，75.3％となっており，昇格（昇進）のスピードが速くなった企業は約2割弱という状況である（労務行政研究所, 2022, p.32）。

一般的には，昇格（昇進）スピードが速くなれば選抜の時期も早くなると考えられるので，速くなった企業が2割弱とはいえ，昇進競争のあり方も少しずつ変わってきていると言えるだろう。遅い選抜が一概に悪いと言えるわけではないが，雇用保障を約束できない今，またキャリア自律が言われる中で従来型の昇進・昇格管理を続けることは従業員の不満を高める危険性が高い。2(3)でみたように，会社主導から会社支援にいかにして変えていくかは，多くの企業にとって重要な課題である。

4　戦略上の課題と昇進管理

人的資源管理制度は，全社的な戦略に従い，各制度が整合的に連携する人事制度の束として機能するように設計，運用されることが望ましい。それゆえ，格付け制度や昇進管理のあり方も全社的な戦略目標達成に寄与するために，他の人的資源管理制度と相互に関連する形で設計，運用することが目指されている。本章の最後に，経営幹部候補の育成，女性管理職の育成，キャリア自律の

支援という3つの戦略上の課題と昇進管理の関係性についてみていくことにする。

(1) 経営幹部候補の育成とファスト・トラック

　経営幹部候補の人材をどのように育成していくかは，どの組織にとっても大きな課題である。特に近年は企業統治の点からも重要視されており，「コーポレート・ガバナンス・システムに関する実務指針（CGSガイドライン）」においても，「将来の幹部候補となる人材プールを作り，意識的に育成していくことが重要である」（経済産業省, 2022, p.49）とされている。これは会社経営を担う後継者を戦略的に育成していくサクセッション・プランに関わることがらであり，昇進管理の領域ではファスト・トラックに関する問題となる。

　ファスト・トラックとは，将来，経営幹部になることを期待されている人材を早期選抜して育成する抜擢人事の仕組みである。ファスト・トラックでは，経営幹部の候補者たちを対象に，経営幹部になるために必要な業務を早い時期から経験できるように，他の従業員とは異なった昇進経路が提供されることになる。ファスト・トラックはこれまで日本ではあまり取り入れられてこなかったし，最近でも，ファスト・トラックを「制度として導入・実施している」会社は12.9％，「試験的に導入・実施している」会社は9.3％程度であり，広く導入されているとはまだまだ言えない状況ではある（労務行政研究所, 2021）。

　しかし，ファスト・トラックを導入する背景には，これまでのような長期的な昇進競争を経た遅い選抜では，現在の経営を担う人材を育成できないのではないかという問題意識がある。その問題意識が生まれた要因の1つは，経営陣の若返りの必要性である。従来の昇進管理のあり方では，経営陣の一角を担えるのは早くても40代後半の年齢になってしまい，多くは50代になってからという状況にある。社長の就任年齢ではなく社長の平均年齢ではあるが，2023年のそれは60.5歳で，上場企業に限っても58.6歳となっている（帝国データバンク, 2024）。世界に目を向けると40代の経営者はたくさん活躍しており，そうした相手と競っていくためにも経営者の若返りが求められている。

　もう1つは，長期の昇進競争の中から自然な形で経営者が育つことへの疑念である。本節冒頭でみたように，企業統治の観点からも，意識的に経営幹部候

補者を育成していくことが現在求められている。経営を担う人材は，早くからそのための訓練を受けて育てられなければならないという考え方へと発想の転換がなされるようになってきている。

　もちろん，ファスト・トラックは万能薬ではなく，ごく少数の経営幹部候補者のモチベーションを高める一方で，その他多くの従業員のモチベーションを下げる危険性はある。また，若年時の候補者の選定が正しくできるのかという懸念も存在する。とはいえ，遅い選抜による昇進競争の勝者を経営者に就けることだけをこの先も続けていくことの危険性は大きいと言わざるを得ないであろう。

(2) 女性管理職の登用とポジティブ・アクション

　女性管理職や女性役員の登用を増やしていくことは，国を挙げて取り組んでいる課題であり，多くの企業にとっても，それはまだ解決されていない大きな課題として認識されているところである。内閣府「第5次男女共同参画基本計画」(2020年12月25日閣議決定) における，民間企業の雇用者の係長相当職に占める女性の割合の成果目標は30%（期限2025年）とされているが，現在のところ，係長相当職以上（役員含む）の管理職等に占める女性の割合は15.1%に留まっている（厚生労働省「令和5年度雇用均等基本調査」）。

　この問題は第18章でも触れられるが，ここではポジティブ・アクション（積極的差別是正措置）を昇進管理の視点からみておきたい。ポジティブ・アクションは，性差や人種などを理由に差別的な扱いを受けてきた人たちに対して，その状況を是正するために講じられる措置である。昇進管理という観点からすると，特定の人たち（女性）に特別な昇進の機会を与えたり，昇進を認めたりするものと捉えることができる。ただし，ファスト・トラックのように長期間にわたって別の昇進経路や支援を提供するわけではなく，昇進という節目において，男女労働者間の格差を解消する目的で，不利な状況を是正するための特別な措置を講じるというものである。

　男女労働者間の格差が存在する場合には，昇進・昇格の試験の対象を女性のみとしたり，昇進に必要な要件を同等に満たしている男性と女性の候補者がいるときに女性を登用したりするといった形の措置がとられている。女性である

ことで昇進できることは「逆差別」ではないかといった声もよく聞かれるが，男女間にある事実上の格差を解消するための「女性のみを対象にした取り組み」や「女性を有利に取り扱う取り組み」は，それにはあたらない（男女雇用機会均等法，第8条）。

　ただし，昇進の節目においてこうした措置を講じるだけでは，この措置は有効に機能しない。普段から，経営トップが女性管理職の登用に積極的に取り組む，特に管理職のアンコンシャス・バイアス（無意識な思い込み）を解消する，男女の処遇格差を人事制度から廃止するといったことに努め，女性社員自身が管理職を目指したいような制度設計や環境整備を行っておくことが必要となる。

(3)　キャリア自律支援とキャリア・プラトー

　会社主導の昇進・昇格管理から，会社が従業員を支援する形での昇進・昇格管理を目指すのが望ましいことは第2節(3)で確認したところである。継続的に学習する従業員が自分のキャリアを開発する責任を持ち，それを会社が義務として支援していくことが，キャリア自律の時代に求められる会社と従業員の新しいあり方である。

　昇進管理においては，前述したとおり，格付け要件，昇進・昇格の基準，職務記述書といった情報を開示し，自分が経験したい職務に就くには何をどうすればよいのかを従業員が十分に把握できるようにする必要がある。また1 on 1ミーティングなどを通じて上司が部下のキャリア形成を支援することも重要となる。1 on 1ミーティングは能力開発や人材育成の施策として取り上げられることが多いが，昇進・昇格管理にも大きな影響を与えるものである。

　しかし，キャリア自律が盛んに言われる一方，誰しもが継続的に学習して自分が望むキャリアを形成するために昇進，昇格していけるわけではない。それは個人の資質や能力の問題もあるが，人基準で制度上，昇進・昇格という上への異動を基本とした職能資格制度から，仕事基準で制度上，降格もある職務等級制度や役割等級制度へと格付け制度が変わりつつあることも大いに関連してくるであろう。

　多くの人には，キャリア・プラトーと呼ばれる，昇進におけるキャリアが停滞する時期がどこかでやってくる。キャリア・プラトーへの対応はこれまでも

必要とされてきたが，今後はこれまで以上に重要になってくるであろう。キャリア・プラトーに陥った従業員はモチベーションや業務のパフォーマンスが低下することも多く，それは従業員自身にとっても組織にとっても望ましくないことである。

解決策としては，専門職制度などの複線型人事制度（デュアル・ラダー），早期退職優遇制度，昇進目標の設定などがあげられてきた（山本, 2014）。組織に留まって，組織が提供する方策を利用してキャリア・プラトーの解消を目指すだけではなく，キャリア自律が進めば，早期退職優遇制度の利用も含めて，会社を辞めたり副業したりというように，組織を離れることによるキャリア・プラトーの解消を目指す人も増えてくるかもしれない。

キャリア・プラトーの解消を目指す人を組織に留めようとリテンション・マネジメントも織り込んだ昇進・昇格管理に取り組むだけではなく，組織を離れる人が出てくることを前提とした昇進・昇格管理のあり方を考案していくことも，今後の課題となってくるであろう。

注

1 なお，今野・佐藤（2020）は，社員区分制度と社員格付け制度の両制度がOSに当たる，としている。
2 例えば，東晶貿易株式会社が運営する転職メディア「転職サイト比較plus」による，全国の20代に対する「出世欲に関するアンケート」（2022年6月）では，20代のうち今後出世したいと考えているのは22.4%となっている。(https://prtimes.jp/main/html/rd/p/000000067.000005088.html）2024年8月20日閲覧。

参考文献

今田幸子・平田周一（1995）『ホワイトカラーの昇進構造』日本労働研究機構。
今野浩一郎・佐藤博樹（2020）『人事管理入門（第3版）』日経BP日本経済新聞出版本部。
慶應義塾大学ビジネススクール編・高木晴夫 監修（2004）『ビジネススクール・テキスト 人的資源マネジメント戦略』有斐閣。
経済産業省（2022）「コーポレート・ガバナンス・システムに関する実務指針（CGS ガイドライン）」（2022年7月19日）(https://www.meti.go.jp/shingikai/economy/cgs_kenkyukai/pdf/20220719_02.pdf）2024年9月10日閲覧。
小池和男（1981）『日本の熟練』有斐閣。
佐藤博樹・藤村博之・八代充史（2023）『新しい人事労務管理（第7版）』有斐閣。

竹内 洋（2016）『日本のメリトクラシー ── 構造と心性（増補版）』東京大学出版会。
帝国データバンク（2024）「全国「社長年齢」分析調査（2023年）」2024年4月12日（https://www.tdb.co.jp/report/watching/press/pdf/p240406.pdf）2024年8月10日閲覧。
山本 寛（2014）『昇進の研究（増補改訂版）－キャリア・プラトー現象の観点から』創成社。
労務行政研究所（2022）「等級制度と昇格・昇進，降格の最新実態」『労政時報』4036号，2022年6月10日, pp.14-46。
労務行政研究所（2021）「人事マネジャー140人に聞く 人事労務領域の注目テーマへの対応状況」『労政時報』4018号, 2021年7月23日, pp.12-39。

第 5 章

退職管理

1 退職管理とは

(1) 職務と人のマッチング

　第2章から採用管理，配置・異動管理，昇進・昇格管理という順に，組織はどのように人を雇うか，どのように人を仕事に就けていくかをみてきたが，いよいよ本章では組織はどのように人を組織から切り離すかという退職管理をみていくことになる。採用から退職に至るこれらのすべては職務と人のマッチングのあり方を管理するものであり，雇用管理と総称される領域である。

　退職とマッチングという言葉には違和感を覚えるかもしれない。だが，職務と人のマッチングで成立している雇用関係を終えるためには，マッチングしている職務と人をきちんと切り離すことが必要である，と考えれば，退職管理も職務と人のマッチングを扱う雇用管理の一領域であることにうなずけるのではないだろうか。

　また，後ほどみるように，定年制の廃止や定年年齢の引き上げなど高年齢者の70歳までの就業機会の確保が求められている現在，いつ退職してもらうかという問題は，いつまで働いてもらうか，そこまで働ける人材となるように能力開発・人材育成をどのように行っていくかという問題と切り離せなくなってきている。その意味では，退職管理は職務と人をどのように切り離すかという点

に着目するだけではなく，切り離しに至る過程にまで射程を広げなければならなくなってきると言えるだろう。

(2) 高まる退職管理の必要性

働いていた人が組織を離れる際には，雇用主との間に様々な問題が生じることがある。退職管理は，こうした摩擦をできる限り少なくして円滑に雇用関係を終えられるようにするための管理である。後述するように，定年による退職においては，労使間の軋轢が生じることはほとんどない。終身雇用が社会規範的な労使間の暗黙の前提であるとみられていた年功的な労務管理のもとでは，1つの組織で定年まで働く人も多く，退職管理のあり方を考える必要はそれほどなかったのである。

有期契約の場合をみても，かつては雇用者全体に占める非正規労働者の割合が少ない[1]だけではなく，非正規労働者に求められる役割も現在ほど大きくはなかったことや彼（彼女）らの意識も現在とは異なっていたために，契約満了時の対応に策をこらす必要もほとんどなかったのである。

しかし，現在は状況が大きく変わってきている。2019年には経団連の中西宏明会長（当時）が，企業が今後も終身雇用を守っていくのは難しいと表明するなど，終身雇用に対する労使間の心理的契約は破綻しつつある。それは必然的に，定年を待たずに退職する人が増えることを意味しており，組織とすれば，雇用関係の終わらせ方としての退職管理をこれまで以上に考えなければならなくなってきている。

また，定年年齢の引き上げとあいまった高年齢者の働き方の多様化や有期契約で働く非正規労働者の増加，加えて転職希望者の増加，といった変化も起こってきている。このように，組織の出口をいかに管理するかという退職管理の重要性は，人的資源管理を行ううえでますます高まってきているのである。

(3) 退職のあり方

退職のあり方をどのように分類するかは論者によって分かれるところであるが，ここでは，期限の定めによる退職，労働者の自発的な退職，組織が主導する退職と大きく3つに分けて考えていく。

期限の定めによる退職は，期間の定めのある労働契約（労働基準法第14条，労働契約法 第4章（第17条〜第19条））の満了による退職と就業規則等により定められている定年による退職である。労働者の自発的な退職は，文字通り，労働者が申し出ることによって行われる退職である。一般に，辞職や中途退職と言われるものはこの退職である。組織が主導する退職は，退職希望者を募ることによって行われる退職と解雇である。

以下においては，期限の定めによる退職のうち定年による退職を次節で，期限の定めによる退職のうち労働契約の満了による退職と組織が主導する退職を第3節で，そして労働者の自発的な退職を第4節でみていくことにする。

2　定年退職

(1)　定年制とその機能

①　定年制とその歴史

定年制とは，従業員が一定の年齢に達したら退職することを定めた制度である。その歴史を振り返ると，海軍火薬製造所が1887（明治20）年4月に施行した「職工規程」の中に，退職年齢を定めた最初のものがみられるといわれている。その後，官営工場や民営企業に拡がった定年制は昭和初期に確立し，戦時中の中断の後に昭和20年代から30年代前半に復活，定着したとされている（荻原，1984）。

当時の定年年齢は55歳が一般的であったが，それは50歳をすぎると肉体的にも衰え，仕事を続けることが難しいと考えられたからである。それゆえ，企業を退職すると同時に労働市場からも退出して，それ以上働かない人が多かった。男性の平均寿命をみても，1955年（昭和30年）の平均寿命は63.60歳で，2022年の81.05歳よりも20年近く短かった（厚生労働省「令和4年簡易生命表」）。なお，戦前は「停年」という漢字も使われており，上述した「職工規程」にも「停年」が用いられている。戦後，法令用語が「定年」に統一されたことにより，現在では定年という表記が通常用いられるようになっている。

② 定年制の機能

　そのような歴史を持つ定年制であるが，人的資源管理上，4つの機能があるとされている（上林ほか，2025，第11章）。それらは，労働力の新陳代謝機能，昇進管理に寄与する機能，離職時の紛争を抑制する機能，労務費増大を抑制する機能である。

　まず，企業内の労働力の新陳代謝機能である。定年年齢に達した従業員が退職することによって，従業員の一定年齢以上への高齢化を防ぐとともに，退職した従業員に代わる新しい従業員を採用することができる。こうした人材の入れ替わりは組織を活性化させる新陳代謝として機能する。人員管理にあたって新卒採用者数を決定する際には，事業を取り巻く環境などとともに定年退職者分の補充数も勘案して必要採用人数を決めている。

　次に，昇進管理に寄与する機能である。年功的労務管理の終焉は言われてはいるものの，年長者がより高いポストに就いている傾向はまだまだ認められている。また役職定年制などにより，一定の年齢以上になると役職を外れることで後進に早く道を譲ることも行われているが，人事院「令和5年度 民間企業の勤務条件制度」によると役職定年制導入企業の割合は16.8%となっており，広く導入されているとはいいがたい。定年退職者が出ることは，その人が就いていたポジションに下位の人が就くことができるようになることを意味しており，これは昇進管理がスムーズに進むことに寄与していると言える。

　第3の機能は，離職時の紛争を抑制する機能である。上でも少し触れたように，退職時には問題が生じることが往々にしてあり，後ほど詳しくみる解雇による退職となると労使間に大きな軋轢が生じる場合もある。しかし，定年退職はほとんどの場合，問題なく雇用関係を終えることになる。定年で職を辞すことが喜ばしいこととして社会的に認知されていることや，年齢という誰にも平等な基準によっていること，また74.9%と約4分の3の企業には退職給付（一時金・年金）があり金銭的な支給がなされることなどが関係しているだろう（厚生労働省「令和5年就労条件総合調査」）。

　最後に，労務費増大を抑制する機能である。年功的な賃金（賃金体系に占める年功要素の割合が大きい賃金）が減りつつある現在，この機能は以前より弱まってきているかもしれない。かつて，年功的な賃金制度のもとでは，定年は

右肩上がりの賃金カーブの上昇を止める時点であり，年功賃金を構成する要素の1つとして定年制があげられていた。右肩上がりの年功的な賃金制度は，ある時点で終わりがくるからこそ賃金コストの予測が可能となり，成り立っていたのである。

定年制はこうした機能をもっているが，高齢化の進展や定年に関する法律の改正が行われ，それに対応するための人的資源管理のあり方にも変化が起こってきている。次項で，これらをみていくことにしよう。

(2) 定年年齢の引き上げと人的資源管理

① 高年齢者雇用安定法

戦後長い間，多くの企業では55歳を定年年齢としてきたが，高齢化が見通される中，公的年金の支給開始年齢の引き上げに対応するためにも，定年年齢を引き上げ，65歳までの雇用の場を確保することを政府は検討してきた。1986年には高年齢者等の雇用の安定等に関する法律（高年齢者雇用安定法）が制定され，60歳定年制が企業の努力義務とされた。その後，1990年の改正では65歳までの継続雇用が企業の努力義務とされ，1994年の改正において定年を定める場合は60歳を下回ってはならない（同法第8条）こととなり，1998年4月1日から施行された。

さらに法改正は進められ，2004年の改正で65歳までの安定した雇用確保への取り組みが義務づけられた。その内容は，65歳未満の定年を定めている事業主は，①65歳までの定年の引き上げ，②継続雇用制度の導入，③定年の廃止，のいずれかの措置（高年齢者雇用確保措置）を講じなければならない（同法第9条1項）というものである（2006年4月1日施行）。ただし，この改正では，60歳を超える従業員を必ず継続雇用しなければならないわけではなく，労使協定において継続雇用制度の対象者を定めることは認められていた。

しかし，労使協定において継続雇用制度の対象者を定めることができることは，2012年の同法の改正で廃止され（2013年4月1日施行），継続雇用を希望する者は全員，原則継続雇用されることとなった。こうした一連の改正の背後には，2013年度から特別支給の老齢厚生年金の報酬比例部分の支給開始年齢が60歳から65歳へと段階的に引き上げられることにより，無年金・無収入となる

人が出てくることを避けるという社会的な課題があった。この時点において，希望者を65歳まで継続雇用することが企業の義務となったのである。

さらに，2020年の同法の改正で，70歳までの就業機会の確保が努力義務となり，①定年引き上げ，②継続雇用制度（再雇用制度・勤務延長制度）の導入，③定年制廃止，④継続的に業務委託契約をする制度の導入，⑤社会貢献活動に継続的に従事できる制度の導入，のいずれかの措置を講ずることが必要となった（2021年4月1日施行）。なお，「70歳までの雇用機会の確保」ではなく，「70歳までの就業機会の確保」となっているのは，①～③は継続雇用措置であるが，④，⑤は雇用によらない創業支援等措置だからである。

② **法改正と人的資源管理**

現在，「70歳までの就業機会の確保」が法により求められているが，現時点で定年や退職管理のあり方がどのような状況にあるのかを**図表5－1**を参照しながらみてみよう。

高年齢者雇用確保措置の①～③は，60歳以上の従業員に対する措置なので，**図表5－1**の中央上部にある「定年退職」のボックスとその下にある「60歳」

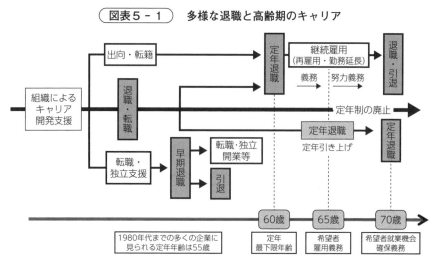

図表5－1　多様な退職と高齢期のキャリア

出所：上林ほか（2025）p.255，図11－2を一部修正。

とを結ぶ点線の右側のこととなる。①定年引き上げは，図表の中では真ん中を左右に貫く「定年制の廃止」と書かれた太い矢印の下にある，「定年退職」のボックスの下に「定年引き上げ」と書かれた矢印で示している。これによって70歳までのいずれかの年齢まで定年年齢を引き上げることを表している。この場合，定年年齢そのものを引き上げて雇用関係を継続させるため，賃金カーブをどのように再設定するかなど処遇に関する制度の再設計が大きな課題となる。

　②継続雇用制度の導入は，定年年齢は維持したままでも，65歳以降の継続雇用措置を講じるもので，**図表5－1**中央上部にある「定年退職」のボックスから伸びる「継続雇用（再雇用・勤務延長）」と書かれた矢印がそれを示している。65歳までは希望者を継続雇用することは義務であり，その後70歳までの継続雇用は努力義務である。

　一律定年制を定めている企業における勤務延長制度，再雇用制度の有無別企業割合をみてみると，「勤務延長制度のみ」が10.5％，「再雇用制度のみ」が63.9％，「勤務延長制度（両制度併用を含む）」が30.3％「再雇用制度（両制度併用を含む）」が83.7％となっており，再雇用制度を導入している企業の割合が高くなっている（厚生労働省「令和4年就労条件総合調査」）。

　この調査において勤務延長制度とは「定年年齢が設定されたまま，その定年年齢に到達した者を退職させることなく引き続き雇用する制度」，再雇用制度とは「定年年齢に到達した者をいったん退職させた後，再び雇用する制度」となっている。再雇用制度では，退職によってこれまでの雇用関係を一度終了させ，新たな労働条件で再び雇用関係を構築することにより，現状に見合った処遇を行うことができる。ここでは先ほどみた，定年延長の場合のような課題は発生しない。企業はこの点を重視したいために，勤務延長制度よりも再雇用制度を導入する企業が多いものと考えられる。

　2012年の法改正前は，継続雇用対象者の基準を労使協定で定めることができたので，組織が求める基準を設定することで，職務と人との適切なマッチングが行えた。それができない現在，今後を見据えると，60歳を超えて65歳さらには70歳に至るまでも職務を遂行する能力を持ち続ける従業員となるように能力開発・人材育成をしていくことが重要になってきている。

　③定年制廃止は，**図表5－1**では「定年制の廃止」と書かれた真ん中の太い

矢印で示されている。現在，定年制を定めていない企業は全体で5.6％とかなり少ない。企業規模別にみると1,000人以上規模の企業では0.7％，30〜99人規模の企業では7.0％となっている（厚生労働省「令和4年 就労条件総合調査」）。

　従業員にとっては，定年年齢がないことで働きたいだけ働けることは理想的な働き方であるかもしれない。また，日本は世界でも例をみない高齢社会であり，かつ就労意識も高いので，年齢に関わりなく働ける人には働いてもらうことが望ましいこともその通りであろう。しかし，企業にとっては，体力や能力の個人差が大きくなる高齢の従業員に適合する職務を選定して配置すること，定年年齢がないのに退職してもらうときの交渉コストなど，定年制がある場合に比べて管理上の労力を要することになる。

　このようにみると，定年制を廃止している企業は，年齢に関わりなく社内の職務に適合する能力を持ち続ける従業員を育成して雇用し，適切な管理ができている企業であるといえるかもしれない。高年齢者の雇用や就業機会を確保するために定年制を廃止することが一番望ましいわけではないが，いずれの措置を講じるにしても，60歳を超えても職務に適合する能力を持ち続けている従業員となるように能力開発・人材育成をしていくことが人的資源管理上必要となることは間違いない。企業にとって居てほしい人材を育成し，従業員も納得した形で退職まで働けるようにする管理のあり方を構築することが，円滑な退職につながることになる。

3　雇用調整と退職

　本節では，雇用調整という枠組みを通して，定年退職と労働者の自発的な退職以外の退職についてみていくことにする。

(1)　雇用調整

　雇用調整とは，労働需要の変化に応じて，労働供給の質や量を変えて対応することである。労働需要が増大した場合に，人を新しく雇ったり，配置転換で増員を行ったりして供給量や質的構成を変えることも含まるが，一般的には，景気の悪化などで労働需要が減少したときに供給の質量を変化させて対応する

第 5 章　退職管理　87

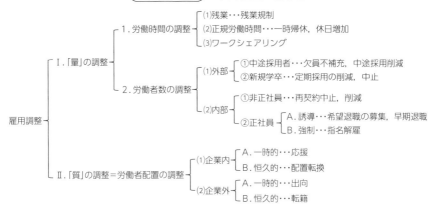

図表 5 - 2　雇用調整の諸形態

出所：上林ほか（2025）p.258，図11 - 4 。

ときに雇用調整という用語は使われている。

　図表 5 - 2 は雇用調整の全体像を示したものである。この図からもわかるように，雇用調整の諸施策すべてが退職と関わっているわけではなく，退職に関連するものは希望退職，早期退職と解雇だけではある。しかし，労働慣行として，景気が悪くなったからといって一足飛びに人を減らすことはせずに，退職や解雇に至るまでに様々に手を尽くすプロセスが雇用調整の諸施策である。そして，そうした努力が摩擦のない退職につながることになる。

　図表 5 - 2 では，量の調整と質の調整とに分けて図示されているが，実際の雇用調整では量の調整を経て質の調整という順序で行われるわけではなく，概ね次のような順に行われるのが一般的である。

　まず第 1 段階として，残業規制や時間外労働の削減といった労働時間の調整が行われる。次の段階として，有期契約の雇止め，中途採用や新規採用の削減，中止といった労働者数の調整が行われる。第 3 段階は，配置転換や出向・転籍といった労働者配置の調整となる。最後の第 4 段階で，一時帰休，希望退職・早期退職の募集，解雇といった労働時間と労働者数の調整が行われる。こうした中，退職管理が必要となるのは，第 2 段階の有期契約の雇止め，第 3 段階の転籍，第 4 段階の希望退職・早期退職の募集と解雇ということになる。これら

を順にみていくことにしよう。

(2) 雇止め

　パートタイマーや派遣労働者などの非正規労働者は，基本的に有期の雇用契約のもとで仕事に就いている。こうした有期の雇用契約の期間が満了した際に使用者が再契約を行わず退職に至ることが雇止め（更新拒絶）である。

　人的資源管理においては，環境変化（労働需要の変動）に対応するためにも，自社の人材をどういう雇用者で構成するかという人材ポートフォリオの中に有期契約の非正規労働者を組み込んでいる。人員を減らさなければならない際に，契約期間の満了を待てば必ず人員が削減されるから，彼（彼女）らを雇うことは，リスク管理上も有効な手段の1つと考えられてきたからである。それゆえ，雇用調整の過程で雇止めを行うことは，人的資源管理上の施策とすれば当然のことでもある。

　ただし，契約期間が満了したからと言って雇止めすることがいつでも認められるわけではない，ということには注意が必要である。労働者保護の観点から，雇止めについての判例の積み重ねが雇止めの法理として確立していたが，その雇止めの法理が労働契約法の第19条に法定化され，2012年8月から施行されている。

　法的には，この後にみる解雇権濫用の法理をあてはめて考えられている（類推適用）が，どのような場合に類推適用されるかは確定されていない。紙幅の都合上，法律面にはこれ以上立ち入らないが，退職管理を行う上では，雇止めの有効性は「更新の回数や手続，雇用期間の長さ，仕事の内容・性質，企業内での位置付け，採用時の事情などの諸要素を総合的に考慮して，ケース・バイ・ケースで決定せざるをえない」（中窪・野田，2017，p.80）ことに留意しておかなければならない。

　また，退職にかかわる事柄に対しては，私たち一般市民の意識も敏感であることにも注意しておく必要がある。労働契約法の改正以前のことではあるが，2008年秋のリーマンショック後には多くの派遣労働者が職を失うことになり，「派遣切り」という言葉がマスコミを賑わせ，「派遣村」という社会運動にまで広がった。当時のほとんどの論調は企業に対して批判的であり，批判を受けた

ある会社の労務担当役員は，雇止めについても「単に法律に則っていても社会から理解されない。経済合理性だけの追求は今，社会から期待されていない」と述べていた（『朝日新聞』2009年1月21日）。

　雇止めにおける企業の雇用責任をどこまで求めるかは容易に答えが出せる問題ではない。しかし，景気変動への衝撃緩和機能として非正規労働者を雇うことに対する社会的な批判は，この先高まることはあれ低まることは考えにくい。人的資源管理が担う環境適応機能として非正規労働者を雇用することを，企業にとっての合理性だけから行うことは難しくなるかもしれない。問題を起こすことなく雇止めを行っていくことも退職管理に求められている役割である。

(3)　転籍

　図表5－2においては，労働者配置の調整として，対象者を企業外に恒久的に配置することとして転籍は位置付けられている。企業外に恒久的に配置するとは，自社を退職してもらい，他社でずっと働いてもらうということである。
　様々な形で転籍は行われるが，ここでみているように雇用調整の一環として他社においてではあるが雇用を確保するために行われる場合や，ある事業を分社化する場合に行われることが多い。現在いる会社を辞めて他社で働くことは労働条件が変わることを意味しており，労働条件が悪化する場合もある。それゆえ，過去の判例からみても，転籍を行う場合は，労働協約や就業規則に謳われていることだけでは不十分であり，労働者の個別的同意が必要とされている。退職管理としては，労働者の同意をいかにして得るかが課題となる。

(4)　早期退職

　雇用調整の過程で正社員を削減しなければならなくなった場合，「希望退職」や「早期退職優遇制度」などの形で，組織からの申し出に応じる自発的な退職者を募ることがある。これらの制度では，退職金の割増や再就職支援の提供など，通常の退職よりも優遇された条件で退職できるように設計されていることが多い。図表5－2で，「②正社員，A．誘導」と書かれていることが示しているように，最終的には従業員自身が退職の意思決定をすることになるものの，会社が人員削減をしたいときにこの制度を実施する以上，従業員が退職を決断

するように会社が導いていくことになる。

　一方，会社の業績は好調であるにもかかわらず，人材の新陳代謝を進め，人材ポートフォリオの見直しを加速するために対象を限定して早期退職の募集が行われる場合もでてきている。塩野義製薬は，2023年3月期に最高益を記録したが，同年7月10日に単体社員数の8％にあたる200人程度の早期退職希望者を募ると発表している。対象は，一部の幹部職を除いた，2024年3月31日時点で50歳以上かつ勤続年数5年以上の社員とされている。優遇策として，通常の退職金に特別転身支援金を加算し，希望者には再就職支援サービスも提供している（『日本経済新聞』2023年7月11日）。

　退職管理の視点からは，早期退職優遇制度を実施する際には，退職希望者数と募集人員に差がないかという量的な面だけではなく，誰が希望するかという質的な面にも留意する必要がある。塩野義が50歳以上に限定しているのは，その一例である。希望者数が募集人員を大きく上回ったり，まったく足りなかったりすれば，量的な面で制度の実施は失敗したと評価せざるをえなくなる。また，募集人員と希望者数が一致したとしても，会社に残ってほしい人が希望者に多く含まれている場合も同様である。いかにして，量的にも質的にも望んだとおりの退職希望者を集めるかが退職管理の課題となる。

(5) 解雇

① 解雇に伴うコスト

　解雇（整理解雇）は最後まで回避すべき雇用調整の手段である，というのが日本での暗黙の合意である。年功的な労務管理における終身雇用も，明文化された規定ではなく社会的な規範であって，法律上も解雇の自由は認められている。しかし，戦後の人員整理をめぐる数々の労働争議を経てきた日本の労使が，雇用保障を核に協調的な労使関係を築いてきた中で，できる限りの手を尽くして解雇は避けるという社会的な合意が出来上がってきた。

　解雇には様々なコストが発生するために，組織はできる限り解雇を回避しようとする（上林ほか，2025，第11章）。第1に，技能流出のコストである。第6章でみるように，企業は従業員に教育訓練を行い，能力を開発するために多くの時間とお金をかけている。それを通じて，従業員はその組織ならでは活かせ

る企業特殊技能を身に付けていく。こうして獲得した技能を身に付けた従業員を退職させてしまうと，これまでの教育訓練投資が無駄になってしまうだけでなく，再び同じ技能を持った人材が社内で必要になったとしても，そうした人材を労働市場からすぐに調達することは難しい。

　第2は，モラール維持コストである。職場の同僚が解雇されたとき，多くの人は「次は自分が解雇されるのではないか」と不安になり，仕事に集中できなくなったりする。解雇されずに組織に残った人のこうした心理的・肉体的状態はサバイバー・シンドロームと呼ばれている（ヘクシャー，1995）。解雇を行うと，残された人が精神的な苦悩からモラールが下がってしまい，これまで同様の仕事の成果をあげられなくなってしまう危険がある。

　第3のコストは紛争コストである。解雇反対の動きが労働争議にまで発展すると，操業停止や社会からの批判など経営にも大きな影響が生じてくる。労働争議の総数に占める解雇反対争議の比率をみても，労働争議総数そのものは1991年の1292件から2021年の297件へと減少している一方で，解雇関連の争議が占める比率は1991年の3.5％から2021年には20.0％へと増加している（各年版厚生労働省「労働争議統計調査」）。これは，解雇に関する事項は現在でも労働争議にまで発展する可能性が高いことを示している。

　このように解雇には多大なコストが生じる可能性があることや，これまでの労働慣行から，企業はできる限り解雇は避けるようにしてきている。しかし，企業が存続していくためには，従業員を解雇せざるをえないことがあるのもまた事実である。では，その場合は，企業の思うままに解雇が行えるのかというと，決してそうではない。

② 解雇権濫用の法理

　1975年に最高裁判決において「使用者の解雇権の行使も，それが客観的に合理的な理由を欠き社会通念上相当として是認することができない場合には，権利の濫用として無効になる」と示され，解雇権濫用の法理が生まれた。客観的に合理的であり，社会通念上相当として是認できるかどうかを判断する4要件は，①人員削減の必要性が経営上，本当にあるのか，②解雇回避措置を尽くしたか，③対象者の選定が合理的になされているか，④労組や労働者と誠実な協

議を行ったか，である。これらを総合的に検討して，有効な解雇か解雇権の濫用かが判断される。

　2003年の労基法改正で，この法理が明文化（第18条の2）されたが，2007年の労働契約法の制定によって，解雇権濫用に関する規定は労働契約法（第16条）に移されて現在に至っている。

　法律上は解雇権の濫用とならなければ解雇は可能ではあるが，組織としての人的資源管理の基本的な考え方が，濫用さえ気をつければ解雇はいつでもできるというものであるか，出来る限り解雇という手段を選ばないというものであるかは非常に大きな違いである。前者は，必要な人材は必要なときに流動的な労働市場から調達できるし，解雇された人たちも労働市場を通じて新たな職に就くことができると想定している。後者は，人材は簡単に代わりの利く単なる労働力ではなく，職場を離れれば自分の生活を営んでいる労働力の持ち主であるという捉え方に基づいている。

　どちらの人的資源管理の基本的な考え方が正しいとはいえるものではないが，ひとつ退職管理にとどまらず，すべての人的資源管理施策は組織としての基本的な考え方によって大きく変わってくることは強く意識しておくべきである。

4　労働者の自発的な退職とアルムナイ制度

(1)　労働者の自発的な退職

　最後に残された，労働者の自発的な退職についてもみておこう。どの組織においても様々な理由で退職する人はいるものであり，自発的な退職者数ゼロというのは考えにくい。自発的な退職者数だけから導かれた数値ではないが，厚生労働省「令和5年　雇用動向調査結果の概況」によると2023年の離職率は15.4%，パートタイマーを除いた一般労働者だけの数値は12.1%となっており，一定数の自発的退職者がいることがうかがえる。

　また，同調査で転職入職者が前職を辞めた理由のうち個人的理由をみてみると，男女ともに「職場の人間関係が好ましくなかった」（男性9.1%，女性13.0%）が一番多く，次に男女で順位は異なるが「給料等収入が少なかった」

（男性8.2％，女性7.1％），「労働時間，休日等の労働条件が悪かった」（男性8.1％，女性11.1％）が続いている。

　転職意識の高まりや転職支援サービスの普及状況を鑑みると，今後も自発的な退職者は増えていきそうである。これまでは，そうした退職者をいかに少なくしていくかが考えられてきたが，現在では，それも継続しつつ，辞めても将来また復職してもらえるような関係を築く退職管理の必要性が生まれてきている。

(2) アルムナイ制度

　アルムナイ（alumni）とは卒業生や同窓生を意味する英単語であるが，アルムナイ制度とは，自社を退職した元社員をその会社がもう一度採用する制度である。リクルートが運営するアルムナイ採用支援サービスAlumy（アルミー）のホームページにはサービス導入企業の一部が掲載されているが，そこには良く知られた企業名が並んでおり，アルムナイ採用への関心の高さがうかがえる（Alumyホームページ，「導入企業」https://service.alumy.jp/customer/#person）。

　採用制度であるアルムナイ制度をここで取り上げたのは，アルムナイ採用を成功させるためには円満な退職が重要な条件となるからである。終身雇用の意識が強かったかつての日本社会では，他社へ転職した人材を裏切り者呼ばわりするようなところがあり，中途退職者への風当たりは強く，中途退職者と前にいた会社との縁は切れることが多かった。しかし，アルムナイ採用を考えた場合，中途退職者とできる限り良好な関係を保った退職が行われることが求められる。

　組織とすれば，まず目指すべきなのは(1)でみた自発的な退職をする労働者を増やさないことであるが，やむを得ず退職者が出た場合にも，復職希望者リストに登録してもらうなど，アルムナイ採用の可能性を見越した対応が求められるようになってきている。

5　出口だけではない退職管理

(1) キャリア開発支援と退職管理

　ここまでみてきた中でも触れてきたように，退職管理とは退職する際に職務と人を切り離すことへの対応だけを指しているのではない。第1節(1)で述べたように，切り離しに至る過程にまで射程を広げることで最後の切り離しが上手くいくようになることも多い。ありふれた言葉で表現すれば，退職管理は出口だけの問題ではないのである。

　当然のことではあるが，組織が従業員に教育訓練や能力開発，キャリア開発支援を行うのは，成長した能力を自社において発揮してもらうためであるが，キャリア開発支援は退職管理とも強く関係している。そして，その関係性は，若年者よりも高年齢者の退職において強くなる傾向にある。

　図表5-1でみた多様化する退職パターンの中から，高年齢者が自分の働き方にあった退職を選択するためには，退職の直前になってから，どのような形で退職するかを決めていては遅すぎる。自分はどのような生き方や働き方をして，どのような高齢期を過ごすのかを従業員が描けるように支援して，60歳を超えても職務を遂行する力を持ち続けている従業員となるように育成・支援していくことが，組織に求められるようになってきている。キャリア自律が言われる現在，組織が従業員のキャリア開発支援を行う必要性はますます高まってきている。

　退職管理は，円滑に雇用関係を終えるために必要であることを述べてきたが，そのための1つの方法は，厳しいかもしれないが，従業員に「自分に適した職務はこの組織にはない」ことや，「自分の能力はこの組織の職務を満たすに十分ではない」ことを自覚し納得してもらうことである（高木，2008）。キャリア開発支援は，60歳を超えても職務を遂行する力を持ち続けている従業員を育成する機能だけでなく，その力をもたない従業員にそれを自覚し，納得してもらい，結果として円滑な退職に導く機能も併せもっている。

　人事考課や評価のフィードバックを通じて，あるいはキャリア開発支援の面

談を通じて，部下が望むキャリアを実現するために，現在何が足りなくて，何が必要かなどをアドバイスすることが上司には求められている。本書では，第7章で業績評価や人事考課を，第12章でキャリア開発を詳しくみていくが，それらは時間軸を長くとれば退職管理ともかかわっているのである。退職管理というと，雇用関係の出口の時点でどう対処するかということに目が向けられがちだが，実際にはそこに至る過程での日々のマネジメントとも密接に関連しているのである。

ここまで本章では，円滑な退職に導くためにはどうするかという視点で論じてきたが，円滑な退職を重視した結果，組織に残ってもらいたい従業員までが退職をしてしまうということは，組織としては絶対に避けたいことである。組織は円滑な退職が進むように管理をしていく一方で，組織に残ってほしい人を組織に留める管理も行わなければならないのである。このことを次項でみていくことにしよう。

(2) リテンション・マネジメント

この先も組織に居続けてほしい必要人材との雇用関係を終わらせない，退職させないための管理も忘れてはならない。それは組織にとっての必要人材を組織に留めるための管理であり，リテンション・マネジメントと呼ばれている。山本（2009）によれば，リテンション・マネジメントとは「高業績を挙げる（または挙げることが予想される）従業員が，長期間組織にとどまってその能力を発揮することができるようにするための，人的資源管理施策全体」（p.14）である。

これまでみてきたように，キャリア自律が言われ，転職に対する意識も高まってきている中，どの従業員でも突然退職を申し出るかもしれないことを組織は常に意識しておかなければならない。その中でも特に，必要人材が突然退職するような事態は避けなければならないのであり，そのための施策を講じておくことが求められている。

先ほど見たリテンション・マネジメントの定義では，「～ 人的資源管理施策全体」となっており，具体的な施策は示されていないが，それは引き留めたい人材や引き留めのために打てる施策が，それぞれの会社が置かれた状況で異な

るからである。第3節(4)のところで，会社に残ってほしい人が早期退職希望者に多く含まれていることは望ましくないことに触れたが，早期退職優遇制度の場合，組織に今後絶対に必要な部門を対象者の範囲から外すというのも，積極的な引き留め策ではないが，1つの方法である。また第4節(1)では，転職入職者が前職を辞めた理由をみてきたが，そうした日々の不満要因に丁寧に対応していくことが，残ってほしい人を組織に留めることにつながることもある。

　従業員は雇われ続けるためにもエンプロイアビリティ（employability）を高めなければならないと言われている（山本, 2014）。一方，組織も組織の魅力度あるいは雇用能力ともいわれるエンプロイメンタビリティ（employmentability）を高めていく必要がある。何がわが社のエンプロイメンタビリティであるかを明確に定めることが，ひとつリテンション・マネジメントにとどまらず，あらゆる人的資源管理施策を行うにあたって有効であることは言うまでもない。

注

1　1986年には16.6％であった非正社員の割合は，2023年には37.1％となっている（1986年の数値は「労働力調査特別調査」，2023年の数値は「労働力調査（詳細集計）」による）。

参考文献

荻原　勝（1984）『定年制の歴史』日本労働協会．
上林憲雄・厨子直之・森田雅也（2025）『経験から学ぶ人的資源管理（第3版）』有斐閣．
高木朋代（2008）『高年齢者雇用のマネジメント ── 必要とされ続ける人材の育成と活用』日本経済新聞社．
中窪裕也・野田　進（2017）『労働法の世界（第12版）』有斐閣．
ヘクシャー, C.著，飯田雅美訳（1995）『ホワイトカラー・ブルース』日経BP出版センター．
山本　寛（2009）『人材定着のマネジメント──経営組織のリテンション研究』中央経済社．
山本　寛（2014）『働く人のためのエンプロイアビリティ』創成社．

第6章

能力開発管理[1]

1 能力開発の定義と人的資源管理における位置づけ

(1) 能力開発の目的と定義

　人口の高齢化，商品の普及率の向上などにより国内市場は縮小傾向を示す一方で，サービスの多様化・高度化，グローバルレベルでのナレッジ競争が激化する中で，企業は熾烈な競争に打ち勝っていかなければならない。こうした厳しい競争環境下において，企業が生存競争に生き残っていくには，付加価値の高いサービスや製品を生み出していく必要がある。付加価値の高いサービスや製品を生み出すのは，われわれ人間の知恵と技術，すなわち知の集積であり，企業の競争優位の源泉ともいうべきものである。

　こうした企業の競争優位の源泉ともいうべき知や技術，技能を生み出すために必要となるものが能力開発で，最も重要な経営課題である。最近では，従業員の高齢化に伴う能力の陳腐化やAIなどに象徴される急速な技術革新，DXの推進などへの対応の観点から，従業員に対するリスキリングに大きな関心が寄せられており，これまでとは異なる新たな視点から能力開発に取り組む企業が出始めている。

　ところで，能力開発には，時間とコスト（投資）が必要となる反面，その効果がすぐには現れにくいため，人材に対する積極的な投資に踏み切れない企業

や景気後退期には能力開発に対する投資をやめてしまう企業があるのも事実である。あるいは経営の即効性を重視する観点から，能力開発よりも高度専門人材を外部調達する企業もある。

しかし，大切なことは，企業が生み出すナレッジや技術といったものは，能力開発を通じて洗練化・高度化した技術やこうした技術を修得した専門家集団から成る職場，いわゆる「場」における組織学習を通じて生み出されるということをよく理解することである。人材を外部調達するだけではこうした場の形成は極めて難しい。能力開発を通じて，必要とされる能力や行動様式が醸成され，イノベーションを生み出す強い企業文化や集団（場）が構築される。ここに，能力開発が必要とされる最大の理由がある。

以上，能力開発の目的や意義について解説してきたが，最後に本書における能力開発管理の定義をまとめてみると，能力開発管理とは「企業活動に必要となる能力や技能，行動様式を修得ないしは向上させるために行う一連の教育的諸活動を企画・管理・運営する」ことであると定義できよう。

(2) 能力開発の人的資源管理における位置づけ

人的資源管理とは，事業展開に必要な人材を調達（確保）し，人材育成を施し，適材・適所に人材を配置（能力活用）するとともに，個人の労働成果を適正に評価し，公正に処遇に反映し，労働者満足を高める一連の管理活動である。人的資源管理を効果的に展開していくためには，骨格ともいうべき人事制度を構築し，それをベースに，4つのサブシステムを効果的に連動させなければならない（**図表6-1**参照）。人事制度とは，いわば従業員に求められる能力のガイドラインであり，組織内における従業員の位置付けを明らかにするものである。

図表6-1からも分かるように，能力開発は人的資源管理の骨格である人事制度を支える4つのサブシステムの1つであり，その中でも人的資源管理の展開において極めて重要な役割・機能を果たしている。

図表6－1　人的資源管理における能力開発の位置づけ

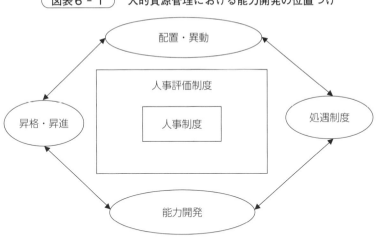

出所：筆者作成。

(3) 能力開発と教育訓練の違い

　企業における人材育成には，教育訓練，能力開発など，さまざまな専門用語が混在して使われている。しかし，それぞれの意味するところは若干の違いがある。人材育成に関しては，よく教育訓練という用語が多用されるが，教育と訓練とでは意味するところが違う。「教育」(education)とは，人間の能力を継続的に向上させることであり，ここまでやれば終わりといったように，あらかじめ限界が設定されていない。それに対し，「訓練」(training)は，ある一定の期間で所定の能力や技能を修得させることを意味しており，あらかじめ限界が設定されている。両者には，このような違いが見られるが，いずれにしても教育，訓練も企業主体で展開されるという意味では，従業員サイドからみれば受動的学習プロセスである点は共通している。

　一方，「能力開発」(development)とは，教育や訓練のように，企業に必要なものを従業員に摺り込むといったものとは異なり，リーダーシップやマネジメントスキルなど従業員が将来的なキャリア形成で必要とされるものを自らが主体的に学びとっていくことを意味している。従って，教育訓練とは異なり，

学ぶ場も企業内のみならず，企業外に及ぶこともある。そうした点から，教育，訓練が企業主体の受動的学習プロセスであるに対し，従業員の主体性を重視する能動的学習プロセスと表すことができる。これまでは，人材育成に関しては教育訓練を用いることが多かったが，最近では包括的な視点から「能力開発」や「キャリア開発」といった用語を使うことが増えている。

2　能力開発の体系と教育内容

(1)　能力開発の体系

　能力開発は，営業，生産（製造），研究開発（R&D），購買，財務，人事などの企業経営に必要な職能に対してどのような教育が必要かという側面と，経営者，上級管理者，中間管理者，職務担当者などの経営における階層ごとにどのような教育が必要かという側面の2つの視点から定式化，体系化することができる。前者の職能部門ごとに必要な能力を修得させるのが職能別教育ないしは専門別教育であり，主に各職能部門が主催するタテ割り的な教育である。後者の階層ごとに必要な能力を修得させるのが階層別教育であり，人事部ないしは教育部門が主催するヨコ割り的な教育である。これらの2つの教育は，一堂に会して行われるので，集合教育（Off-JT：Off-the Job Trainingの略で，以下ではOff-JTと表記）と位置づけられる。

　能力開発の体系を考える時にもう1つの分類の仕方がある。それは実施形態で分類するもので，職場で上司と部下が仕事を通じて行うOJT（On the Job Training：職場内訓練），職場を離れて行う集合教育（Off-JT），個人のキャリア形成を促進・支援する自己啓発（Self Development：SD）の3つの体系に区分される。こうした能力開発の体系の分類の仕方を統合し，能力開発を体系化すると，**図表6-2**のようになる。

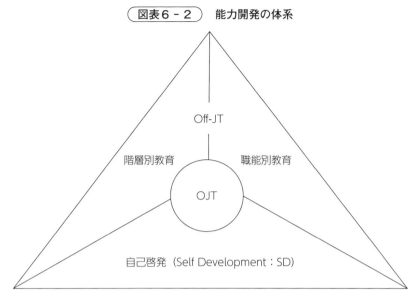

図表6-2　能力開発の体系

出所：筆者作成。

(2) 能力開発の体系とその教育内容

① OJT（職場内訓練）と教育内容

　OJTとは，前述したように，On the Job Trainingの略で，職場内で日常業務を通じて上司や先輩が職務遂行に必要な知識や技能などを部下に修得させるもので，職場内訓練とよばれている。OJTは能力開発の中核になるもので，Off-JTと比べてコストも安く，時間的なゆとりをもって，従業員の個性や能力に応じてきめ細やかな教育ができる点に大きな特徴がある。また，配置転換や新技術導入などの業務上の変化に対し，短期間のうちに業務上のスキルやノウハウを伝授できる効果も期待できる。さらに，OJTは仕事に対するスタンスや考え方などを身近で教えることができ，後継者の育成にも効果的であると考えられている。

　しかしその一方で，OJTには教える側の上司や先輩社員の能力や経験，意欲に大きく左右され，教育効果に大きな差が生じてしまう危険性がある。と同時

に，教える側の能力，経験の影響を受けるために，体系的，専門的な知識の修得が極めて難しい。また，上司と部下といった閉ざされた関係のなかで展開されるため，一度に少人数でしか実施できず，教育としての効率性が悪く，その上，組織全体の活性化につなげることが難しい点も短所である。さらに，OJTは業務に直結する知識や技能を教え込むために，部下は短期志向的で，近視眼的な思考に陥りやすくなる。

このような長所と短所を有したOJTであるが，その展開にあたっては3つの原則があると考えられている。第1原則は"set example"で，その意味するところは率先垂範である。つまり，上司が部下に手本を示すということである。山本五十六が残した言葉で，"やってみせ，言って聞かせて，させてみて，誉めてやらねば，人は動かじ"は，まさにOJTの第1原則そのものといっても過言ではない。

OJTの第2原則は，"job assignment"で，部下の適性をみて，あるいは人材育成の視点から仕事の割当てを変えることを意味している。人間は同じ仕事に長く従事するとマンネリ化しやすいため，適宜，ジョブローテーションで職務の割当てを変えたり，作業工程を変え，新たな職務負荷を与える職務拡大（job enlargement）などの対策が必要となる。OJTの第2原則の根底にある考え方は，"仕事が人を育てる"ということの実践である。

OJTの第3原則は，"personal contact"で，上司と部下が一対一で，個人的接触を通じてOJTは展開されることを意味する。すでに，上記のOJTの特徴で述べたように，OJTは部下の特性や能力に応じてきめ細やかな教育ができる点に特徴があり，こうした特徴もpersonal contactでOJTが展開されるからこそ可能となる。

ところで，こうした特徴と原則を有したOJTであるが，OJTをめぐっては様々な状況変化が発生している。まずは今般のコロナ禍の影響があげられる。上記のOJTの原則でも述べたように，OJTは上司と部下の対面によるpersonal contactで実施されるものであるが，コロナ禍の影響や働き方改革でテレワークやリモートワークが積極的に展開されるようになり，対面でのOJTの実施が極めて困難な状況にある。Zoomなどを活用したOJTの展開では，そのやり方や内容を工夫して実施するとともに，コロナ終息後に部下の生産性や業務の習

熟度などを測定し，その教育効果を診断することが求められる。

　OJTをめぐる2つ目の変化としては，マネジャーのプレイング・マネジャー化があげられる。その背景にあるのは，組織のフラット化と成果主義の浸透である。仕事の進め方においてタスク・フォースやプロジェクト・チーム方式が増えるのに伴い，組織構造もフラット化が進み，マネジャーの数が減少し，それにともないマネジャーの役割や職務が増え，部下の指導にあたるよりも自己の職務の遂行に奔走せざるを得なくなっている。そこに追い打ちをかけるのが成果主義の浸透で，マネジャー自身も自分の目標を持ち，その達成に注力せざるを得なくなっている。こうした状況下では，マネジャーは部下指導に充てる時間の確保が難しく，OJTの形骸化現象が発生しつつある。厚生労働省が行っている「能力開発基本調査」においても，教育上の課題として指導する人材不足と指導する時間がないが常に上位を占めており，OJTの現在置かれている状況を反映したものになっている。

　OJTをめぐる環境の変化の最後は，自律型人材の育成である。今，企業に求められているのは，自ら課題を設定し，その解決にむけて行動が起こせる自律型人材である。人材育成の責任が企業から個人の責任へと移行する現代において，こうした自律型人材の育成は企業にとって極めて重要な課題である。OJTは，上司と部下の垂直的関係で展開されるために，部下の自律性を阻害し，部下を指示待ち族ないしは受動的存在にしてしまう可能性がある。自律型の人材を育成していくためには，OJTのあり方も自ら能力開発できるような機会を提供し，支援するような新たなOJTの展開が必要となる。そうした意味において，OJTからOJD（On the Job Development）へと転換を図っていかなければならない。

② 集合教育（Off-JT）と教育内容

　集合教育はOff-JT，つまりOff-the Job Trainingを意味しており，仕事や職場における訓練を離れた教育で，一般的には職場外集合訓練と呼ばれている。本書ではOJTと対比する観点から集合教育を使用していきたい。集合教育は，通常，研修施設などにおいて一堂に会して行われる。OJTの長所や短所で言及したように，OJTは上司の能力や職務経験，取り組む姿勢（意欲）によって，

教育効果に大きな差が生じるとともに，体系的かつ専門的な知識や能力が修得しにくい。そうしたOJTによる教育格差を是正し，体系的，専門的な知識や能力の修得を図るべく実施されるのがOff-JTである。

　集合教育は，**図表6－2**に見られたように，組織人として求められる全社共通の能力やスキルを開発する「階層別教育」と，各職能部門に求められる専門的知識やスキルの開発をする「職能別教育」から成り立っている。階層別教育は，人事制度との連携が求められるため，人事部門が主催し，職能別教育は各職能部門が主催する。もちろん職能別教育の実施に際しては，教育会社の斡旋，教育手法の提供など人事部門が必要なサポートを実施する。階層別教育は各階層の全体的底上げを図る教育としての色彩が強い。最近では，グループ経営の効率化を目指すシェアード・サービスの観点から人事部門や教育部門を別会社化して，教育展開を図る会社も大企業を中心に増え始めている。

　次に，階層別教育，職能別教育の概要について見ていきたい。階層別教育は，新入社員から経営層まで階層ごとに求められる教育ニーズに基づき，展開される。階層別教育の主な教育内容をあげると次のようになる。

▶**新入社員教育**　新入社員教育は，わが国では最も実施率の高い教育で，業務遂行に必要な知識やスキルの修得に重点を置いて展開される。さらには，社会人への意識転換や組織文化への摺り込みなども行われる。新入社員教育で留意しなければならないのは，OJTによる教育効果のバラツキを修正するためのフォローアップ教育をOJT期間の終了に合わせて実施するということである。

▶**チームリーダー/中堅社員教育**　チームリーダー/中堅社員教育は，主に対人関係の修得に重点が置かれている。具体的には，リーダーや中堅社員として，フォロワーをうまく取りまとめて引っ張っていくリーダーシップ・スキルやコミュニケーション能力の修得や対人関係能力の向上などが教育テーマとなってくる。

▶**管理者/上級管理者教育**　管理者/上級管理者教育は，主に問題解決力，戦略策定力，論理的思考力，仮説検証力などの修得に重点が置かれた教育が実施される。リーダーシップにおいても，中堅層とは異なり，組織イノベー

ションを重視する変革型リーダーシップや部下の成熟に応じて発揮するリーダーシップが変化するSL理論，さらにはコーチングなどの新たな指導スキルも教育内容として必要になると思われる。

▶**経営者教育**　経営者教育は，主にボードメンバー，すなわち取締役以上を対象に展開されるものであるが，近年，コーポレート・ガバナンスの重要性が増大し，取締役の法的責任が厳しく問われるようになってきたため，その重要性が注目されるようになってきた。また，グローバル競争の激化，グループ経営の進展などにより，グローバル・リーダーや経営人材，次世代経営者などの必要性が叫ばれており，その育成・輩出も喫緊の教育テーマとなりつつある。

ところで，階層別教育において議論を要するのは，これまでのような全体的底上げ教育を維持していくのか，それとも経営者教育のところで指摘したように，経営人材の育成に向け選抜型教育を積極的に実施していくのかという問題である。わが国における人事管理は，集団主義を背景に，同年次管理に基づき集団を包摂した一元的な管理が展開されており，教育面でも階層別教育を中心に全体的な底上げを図る教育が重視されてきた。高度経済成長期のように，大量消費・大量生産を前提にした工業化社会では，現場を管理する監督者や管理職が必要不可欠で，その育成は企業経営における重要な経営課題であった。

しかし，地球規模でのグローバル競争が激化する現在のような環境下では，意思決定や人材育成においてもスピードが求められ，時間がかかる全体的底上げを図る階層別教育では，必要とされる経営人材やグローバル・リーダーの育成・輩出は極めて困難といわざるを得ない。

そこで，早期選抜型の人材育成が脚光をあび，多くの関心を集めている。早期選抜型人材育成については，経営人材を早期に見極めるのは難しい，エリート教育は早期に勝者と敗者の選別を行うことにより，集団の秩序やチームワークを阻害する，などの批判があるのも事実である。しかし，グローバル競争に打ち勝ち，グループ経営を効果的に展開するためには，早期選抜型教育を取り入れることも必要と思われる。

次に，集合教育のもう１つの柱である職能別教育について見ていきたい。職

能別教育は企業経営に必要な職能，すなわちR&D（研究開発），生産，営業（マーケティングを含む），経理・財務，人事の各職能部門おける仕事のプロとして求められる専門的知識や能力・スキルを修得するために展開される。ここでは各職能に求められる専門スキルの詳細については触れないが，企業の競争優位の源泉は企業の有するナレッジや高度専門性であり，こうしたものを修得するには職能別教育が極めて重要になると思われる。AI, IoT, ICTなどの普及が，営業やマーケティングのあり方，生産のあり方を大きく変えていくことが予想されるので，職能別教育の重要性はこれまで以上に高まってくると思われる。また，若年層においては，仕事志向やプロフェッショナル志向が高まっており，市場性の高い専門性が修得できるかどうかが企業選択の重要な指標となっている点から，職能別教育の充実度は良質な人材確保においても有効と思われる。

③ 自己啓発（SD）と教育内容

　能力開発体系の3つ目の柱は自己啓発の支援であり，英語でSelf Development（略記：SD，以下ではSDと表記）と表記される。人材育成の原点は，教育体系や様々な教育メソッドがあっても，あくまでも自己啓発が基本である。自己啓発に関しては，これまでOJTや階層別教育などの集合教育と比べてそれ程関心は高くなかったが，グローバル競争の激化や職務の多様化・高度化により求められる能力のレベルや範囲が拡大し，さらには若年層における仕事志向，プロフェッショナル志向の高まりなどから，自己啓発に対する関心が高まりつつある。特に，大企業を中心に，e-learningを活用した自己啓発の援助が広がりを見せている。

　本来，自己啓発とは，本人が考えて探索すべきものであるが，自己啓発を効果的に展開するためには，通信教育や資格取得などと関連付けたほうがその展開イメージが具体化しやすい。通信教育は，自社版のオリジナル教材を作成することもできるが，膨大なコストがかかり，費用対効果が悪くなるので，外部の教育・研修機関を選定して実施することが望ましい。通信教育の内容としては，一般知識や専門知識など知識に関する内容，語学やコンピュータ関連に関する内容，資格試験に関する内容が想定される。

最後に，自己啓発を展開する上での留意点について指摘しておく。自己啓発を効果的に実施・展開していくには，人事制度との連動を図ることが必要である。人事制度における昇格要件において，昇格までに通信教育のメニューのなかのある講座を修了することを昇格要件とすることで，通信教育や自己啓発に対する各自のインセンティブが高まるとともに，自己啓発の制度としての継続性が担保される。

3　教育研修の効果測定

　企業内教育，なかでも集合教育については，その教育効果が明らかにならないまま，継続されているケースが多い。そこで，集合教育に関して見落としがちな重要な点について解説をする。集合教育はOJTと異なり，研修施設費用，宿泊費，交通費，外部講師費用など，多大な経費が必要となる。集合教育は，ある意味で教育に対する投資で，当然，設備投資などその他の投資と同様にROI（Return On Investment），すなわち投資対効果が求められる。集合研修の効果測定は，多くの場合，教育受講者に対する終了後のアンケートによる方法が中心である。これは無記名か記名かでその反応が大きく異なり，記名式で人事部に提出する場合は，実態とかけ離れ，教育が効果的であったとの測定につながる危険性があり，教育効果を正しく測定することができない。その他の効果測定の方法には，試験や観察，面接による方法などがあるが，十分活用されているとは言い難い状況にある。

　教育効果の測定には，優れた2つの先行研究がある。1つはカークパトリック（Kirkpatrick, D.L.）の研究で，教育効果の測定を4つのレベルで表している[2]。

【カークパトリックの教育効果測定の評価レベル】
▶レベル1：リアクション（reaction）
　受講者が講師，講義資料，講義内容，講義方法などを含む教育プログラムをどのように受け入れたのかを測定する。

▶ レベル2：ラーニング（learning）
受講者が教育プログラムを通して何を学んだのかを試験やスキルの実践などを通して測定する。
▶ レベル3：ビヘイビア（behavior）
受講者が教育プログラムによって修得したスキルや知識などをどの程度職務や職務行動につなげられたかを測定する。本人，上司，同僚，部下などの評価を事前評価と事後評価に分けて比較することでその効果を測定する。
▶ レベル4：リザルト（result）
受講者の行動変容が仕事のアウトプットや品質などの組織的な改善にどのような影響をもたらしたかを測定する。

このようなカークパトリックの教育効果の測定では，組織的な成果や改善は測定できるが，教育研修の費用対効果，すなわちROIまでは測定することは難しい。

そこで，登場したのが2つ目のフィリップスの研究である。フィリップス（Philips, J.J.）は，カークパトリックの評価レベルに1段階を加えた5段階の評価レベルを提唱している。フィリップスは，教育効果の測定を次のような5段階のレベルで表している[3]。

【フィリップスの教育効果測定の5つのレベル】

▶ レベル1：リアクションとアクション（reaction and action）
受講者のプログラムに対する満足度を質問紙調査で測定し，修得したことをどのように職務上で応用するのかについて具体的な計画を立てたのかを測定する。
▶ レベル2：ラーニング（learning）
テスト，スキルの実践，ロールプレイ，グループ評価などのアセスメント・ツールを使って，受講者が教育プログラムを通して何を学んだのかを測定する。
▶ レベル3：ジョブ・アプリケーション（job application）
受講者が教育プログラムを通して修得したことを実際の職務にどの程度応用したのかおよび実際の職務における行動がどう変化したのかを測定する。

▶レベル4：ビジネス・リザルト（business result）
受講者が教育プログラムの内容を職務に応用し，生産高，コスト，時間，顧客満足など，ビジネス上にどのような具体的な影響をもたらしたかを測定する。

▶レベル5：ROI（Return On Investment）
教育プログラムの成果とプログラム展開に要したコストの金銭的価値をパーセントで測定する。ROIの測定は次のような公式で測定される。

- CBR（Cost Benefit Ratio）＝ $\dfrac{プログラムより得られた利益}{プログラムコスト}$

- ROI ＝ $\dfrac{（プログラムより得られた利益－プログラムコスト）}{プログラムコスト}$

フィリップスの測定モデルは，カークパトリックのモデルを精緻化したもので，測定モデルとしては完成度が高い。実際の適用にあたって困難が予想されるのは，プログラムより得られた利益をいかに金銭的価値に換算できるかという問題である。教育プログラムより得られる成果には，生産高やコストなど金銭的価値に置き換えやすいものもあるが，従業員の職務満足，組織へのコミットメント，不平不満の減少，欠勤率の減少など，金銭的価値への換算が難しいものがある。これらをどのように教育プログラムより得られた利益に取り込むことが課題といえよう。

4　わが国の能力開発の特徴と今後の方向性

(1)　わが国の能力開発の特徴と課題

まず特徴の1つ目は，集合教育は人事部が主催する階層別教育を中心としているため，次世代経営者やグローバルリーダー，プロフェッショナルが育たないような教育になっている点である。階層別教育の内容は，部下指導や仕事の管理，組織運営などに焦点が当てられた教育になりやすく，グローバルな視点から経営ビジョンを策定し，グローバル経営や本格化しつつあるグループ経営を牽引できる経営人材や次世代経営者を育成することが極めて難しい。もちろ

ん，組織を運営する管理職は必要不可欠な存在で，階層別教育はその育成に注力してきた。
　しかし，これから求められるのは，未来に向かってグローバルな市場で新たな競争優位を獲得して経営を牽引できる経営人材である。いよいよ，わが国においても，従業員の底上げ教育から脱却した"エリート教育"が必要な時代に入ってきたといえよう。
　現行の能力開発の特徴の2点目は，個人のキャリア形成の視点が欠落している点である。わが国の能力開発は，OJTを中心にそれを補う形でOff-JT，なかでも階層別教育を中心に展開される。OJTは職務遂行に必要な知識や技能の修得を中心に，階層別教育は人事制度において求められる能力や階層ごとに求められる役割を修得すべく実施される。従って，両者の教育には，職業生活における個人のキャリア形成という視点が欠落してしまいがちになる。
　バブル経済崩壊後は，われわれの生き方も企業に依存する他力本願的な生き方ではなく，自助努力で自らの手で自分の人生を切り拓くとともにキャリア形成においても個人の主体性による自律的キャリア形成へと変化しつつある。さらに，若年層中心に組織観や職業観が変化し，組織への帰属意識が低下し，仕事志向が高まりつつある。こうした仕事志向に裏打ちされた若年層は，スペシャリスト志向やプロフェッショナル志向が強く，昇進の多様化を希求するとともに，これまでのようなゼネラリスト育成に向けた単一のキャリア形成を望んでいない。今後は，個人のキャリア自律を促進させるような新たなキャリア形成のあり方が必要となってこよう。
　現行の能力開発の特徴の3点目は，教育の場が企業内に限定されている点である。現行の能力開発は，終身雇用を前提に企業固有の技能（firm-specific-skill）の修得を図るべく，定年までの長い時間をかけて展開される。修得した技能や能力は，特殊性が強く，外部の企業では応用できない非汎用的な技能，能力であるため，企業は教育した人材の外部流出を心配することなく，安心して教育投資を行うことができる。
　しかし，近年，若年層を中心に，雇用の流動化や"job hopping"が本格化しつつある。また，日経連は社外で通用する専門能力の育成に向け，エンプロイアビリティの確立を提言しており，わが国の能力開発にも，企業の枠を超え

た新たなキャリア形成や高度な専門性の修得に向けた新たな仕組みや制度が必要となっている。

　現行の能力開発の特徴の４点目は，個人の行動環境に配慮がなされていない点である。企業内教育で重要なことは，修得した知識や専門性，スキルなどを教育終了後に各職場に戻りそれらを実際の業務や職場にいかに適用し，実践していくかということである。しかし，能力開発においてよく耳にする言葉が，"教育は今日行く（きょういく）"，つまり，会社から指名され教育に参加したことを，"教育をただ受けに行く" といった消極的学習態度で受講することを意味しており，教育が終わった後に修得したものを実際に仕事や職場に適用することなく，「元の木阿弥」状態に戻ったことを表している。能力開発においては，修得したものを実際の仕事に適用すると同時に，修得したスキルを行動に転化していくことが強く求められる。そのためには，受講者が修得したものを行動転化できるような環境づくりが必要となる。われわれ人間は，動物と同様に，周囲の環境と共存しながら生きていく。行動科学者のレビン（Lewin, K.）は，人間の行動原理をB＝f（P, E）で表している。この公式の意味するところは，人間の行動（Behavior：B）は，個人（Person：P）と行動環境（Environment：E）である職場環境や組織風土との関数（function：f），つまり相乗効果で引き起こされることとなる。

　能力開発の教育効果を高めるためには，個人のディベロップメントのみならず，その行動環境ともいうべき組織風土や職場環境に対する改善も必要となってくる。組織風土や職場環境の改善は，個人に対する能力開発がHRD（Human Resource Development）と呼ばれているのに対し，組織開発（Organization Development：OD）と呼ばれており，近年その重要性が指摘されている。

　現行の能力開発の特徴の５点目は，教育のメンテナンスを軽視している点である。実施した教育効果の測定に関しては，受講者に対するアンケートを実施する形式が多い。しかも，アンケートは教育終了時に行われ，多くの場合，提出先が人事部となっており，受講者は研修内容に率直な気持ちで回答しにくくなっている。その結果，受講した教育内容を的確に評価できず，高く評価してしまう傾向に陥りやすい。教育部門のスタッフは，このような傾向に陥ったアンケート結果を鵜呑みにしてこれまでの教育を盲目的に継続してしまいがちに

なる。当然，教育内容の見直しやメンテナンスも施されることは少ない。教育効果を教育内容や生産性の向上，費用対効果などの経済的側面からも的確に評価し，その分析を踏まえると同時に，戦略達成に必要な教育ニーズを捉えて教育内容のメンテナンスを実施することが強く望まれる。

　現行の能力開発の特徴の6点目は，OJTを能力開発の実施の言い訳に使う点である。多くの企業では，"御社の能力開発はどこに力点を置いて実施していますか"といった質問に対し，異口同音，"わが社はOJTを中心に教育を展開しています"と答える。確かに，能力開発の中核はOJTであることには間違いがないが，OJTには教える側の上司や先輩社員の能力や経験，さらには教育に取り組む熱意により，教育効果が大きく左右されてしまう。その欠点を補うべく，Off-JTが必要となり，階層別教育等でOJTにより発生した教育効果の格差を埋めていく必要がある。わが国では，成果主義の傾向が強まるとともに，管理職のプレイングマネジャー化が進み，部下指導に充てる時間が大きく制約され，OJTの形骸化が発生しつつある。OJTは，その功罪を十分踏まえ，Off-JTとの効果的連動を図る形で展開することが望ましい。

(2) 能力開発の今後の方向性

① 階層別・指名方式の教育から自律型・選択型教育への転換

　個人の主体性による自律的なキャリア形成や仕事志向に裏打ちされたスペシャリスト，プロフェッショナルという働き方を希求する若年層には，これまでのような会社が必要とする能力の修得に向けた画一的で全体の底上げを図る階層別教育では，彼らの教育ニーズに応えていくことはできない。個人のキャリア形成をベースに，従業員の自律性を高め，組織の成果に貢献できる高度な専門性を修得できるような教育機会を与えていくことが必要となる。そのためには，会社から指名されて参加する階層別教育に加えて，個人主導のキャリア開発が可能となるような教育内容を選べる「選択型教育」の導入・展開が必要となる。

　こうした選択型教育を効果的に導入・展開していくためには，個人のキャリア自律を支援するキャリア・カウンセリング・システムの導入やキャリアデザイン教育の実施が必要となる。これまでの自己キャリアの棚卸を行い，有能感

を伴う自分らしさが醸成できるようなキャリア形成を図っていくには，客観的な視点からキャリア・アドバイスができる専門的なキャリア・カウンセリングが必要になる。合わせて，自らが自律的にキャリア選択できるようなコース別人事制度や仕事を選択できるフリーエージェント（FA）制度などの導入の検討も必要となってこよう。

② 企業固有技能の修得からエンプロイアビリティの修得への転換

　グローバルレベルでのナレッジ競争の激化，DXを活用した経営イノベーションの展開，さらには若年層に見られるスペシャリスト，プロフェッショナル志向の高まりなどの環境変化に応えていくためには，高度専門人材の養成に向けた教育が必要となる。

　外部でも通用する高度専門能力を表すものとしてエンプロイアビリティに関心が高まっている。エンプロイアビリティには，現在勤めている企業内で継続的に雇用されうる内的エンプロイアビリティと，外部の他の企業でも雇用されうる外的エンプロイアビリティの二面性がある。

　こうしたエンプロイアビリティを修得していくには，2つの点が重要となる。1つは，教育の場を企業内に狭く拘泥することなく，学びの場を企業の外部にも広げていくバウンダリーレス・キャリアを認めていくことである。つまり，組織を超えた越境学習を認めていくことである。高度な専門能力はこのような越境学習を通じて可能となる。

　もう1つは，エンプロイアビリティの修得のために，新たな教育機関として企業内大学（CU）を設置し，高度な専門能力修得に向けた教育を展開することが求められる点である。企業内大学の設置はグローバル企業である電気メーカーや自動車メーカーなどにおいてその設置が進んでいるが，広告代理店の博報堂や損害保険会社の損保ジャパンなど製造業以外においても設置されている。重要なポイントは，教育内容や教育コースなどを策定する際には，大学や外部の専門教育機関などと連携して進めることである。

③ 場当たり的教育からCDPに基づく長期的・系統的教育への転換

　能力開発は，本来，経営戦略や事業戦略を達成するために求められる能力や

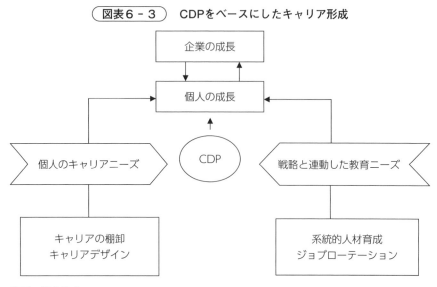

図表6-3 CDPをベースにしたキャリア形成

出所：筆者作成。

技能などを修得するために実施されるものであるが，多くの場合，人事部や教育スタッフが企業の戦略策定のプロセスに参画できていないためか，人事部や教育スタッフの思い付きや独りよがりな視点で教育が展開されてしまい，戦略との連動性に欠けた場当たり的な教育に陥りやすい。企業内教育の展開で重要なのは，経営戦略や事業戦略の展開に求められる教育ニーズと個人のキャリアニーズを**図表6-3**のようにすり合わせていくことである。そのためには，CDP（Career Development Program）に基づく長期的かつ系統的な人材育成を行っていく必要がある。

　CDPには，経験すべき職種を表す「キャリア・パス」（career path），経験すべき職種や役割の難易度を表す「キャリア・レベル」（career level），期待する人材群に必要となる職種分野を表す「キャリア・フィールド」（career field）の3つの要素が必要であり，これらを効果的に組み合わせることが重要である。

④ 個人の能力開発（HRD）から組織開発（OD）への転換

　すでに言及したように，わが国の能力開発は個人の能力向上に重点が置かれ展開されてきた。人材育成を効果的に推進する場合，レビンが主張するように，個人に対する教育と並行して個人の行動環境ともいうべき職場環境や組織風土に対する開発，いわゆる組織開発（OD）を行うことが極めて重要となる。大切なのは，個人が教育を通じて修得した知識や能力，スキル，専門性などを実際の仕事や職場に適用することであり，そのためには個人と個人の行動環境である組織風土の双方に対する開発は能力開発にとって重要なテーマとなる。組織開発は，これまで人的資源管理（HRM）や人材開発（HRD）の領域で論じられることは少なく，もっぱら組織行動論（OB：Organizational Behavior）や行動科学，組織心理学などの分野で論じられることが多かったが，今後，組織開発は人的資源管理の領域のみならず，能力開発の領域でも重要視されるものと思われる。

　教育効果を高めるべく，組織開発を組織全体の活性化につなげていくには，旗振り役としての経営トップの巻き込みや変革推進者であるミドルの意識改革，さらには変革に向けた手法，技法の修得などが必要不可欠となる。

⑤ 管理者育成から経営人材育成への転換

　わが国の人事管理は，集団主義に基づき全員を包摂した一元的な管理が展開されており，キャリア・パスも管理職になるための単一のキャリア・パスが設定されている。従って，自ずと能力開発も階層別教育を中心に管理職育成に向けた教育が積極的に展開されてきた。これからの時代において求められているのは，グローバルな視点で事業を創造し，イノベーションを通じて企業価値を高めることができる経営人材で，次世代リーダー，グローバルリーダーなど様々な呼び方がされている。

　このような経営人材を育成・輩出していくには，これまでの人材マネジメントや人材育成とは異なる新たなやり方が求められる。まず必要となるのは，経営人材の候補となる人材の「早期選抜」とその育成に向けた「選抜教育」の実施，さらには経営人材に育つような「一皮むけた経験」といったサイクルで経営人材の育成を展開することである（**図表6－4**参照）。

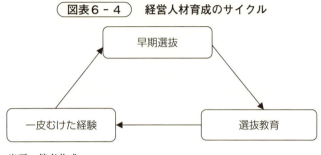

図表6-4　経営人材育成のサイクル

出所：筆者作成。

　経営人材の育成に向けた選抜研修は，エンプロイアビリティのところでも述べたように，企業内大学を設置した先進的な教育展開が必要となる。トヨタはグローバル・リーダー育成に向けた「トヨタインスティテュート」を設置し，トヨタウェイの共有を通して真のグローバル化を推進している。教育内容としては，トヨタウェイに基づく指導力の向上，経営知識，スキルの強化，グローバル人脈の形成などが盛り込まれている（詳しくはDIAMONDハーバード・ビジネス・レビュー，2002年12月号，企業内大学特集参照）。CUを通じた選抜研修の実施にあたっては，社外の研究者や専門家，国内外の大学などと連携し，教育プログラムを策定することが重要である。

　経営人材の育成においてもう1つ重要なことは，**図表6-4**における一皮むけた経験である。これは，CUで学んだことを実践する場として一皮むけた経験をさせることを意味しており，経営人材として育つための経験学習である。金井（2002）は，こうした一皮むけた経験として，全社プロジェクトへの参画，プロジェクトや新規事業の立ち上げ，海外子会社での経験，異業種交流などの他流試合への参加，社外トレーニーとしての派遣などを挙げている。選抜教育と一皮むけた経験学習により経営人材の育成が現実味を帯びてくる。

注

1　本章の執筆は，拙著『戦後企業内教育の軌跡と今後の展望』（泉文堂, 2023）を参考に記述している。
2　Philips, J.J., (1991) *Handbook of Training Evaluation and Measurement Methods.* Gulf

Publishing Company（ジャックJ.フィリップス（渡辺直登・外島裕監訳（2006）『教育研修効果測定ハンドブック』日本能率協会マネジメントセンター, pp.35-36）
3　フィリップス，同上書，pp.38-40。

参考文献

石山恒貴（2018）『越境的学習のメカニズム－実践共同体を往還し，キャリアを構築するナレッジ・ブローカーの実像』福村出版。
金井壽宏（2002）『仕事で「一皮むける」』光文社新書。
ダイヤモンド・ハーバード・ビジネス・レビュー（2002）『Harvard Business Review』December, 特集；企業内大学「Ａクラス人材」の生産工場，ダイヤモンド社。
中原淳（2010）『職場学習論』東京大学出版会。
日沖健（2012）『経営人材育成の実践』経営書院。
谷内篤博（2008）「プロフェッショナル志向の高まりとキャリア形成」『経営教育研究』vol.11, No.11, pp.29-44.
谷内篤博（2016）『個性を活かす人材マネジメント』勁草書房。
谷内篤博（2023）『戦後企業内教育の軌跡と今後の展望－新しい人材像とキャリア形成の探究－』泉文堂。
山本寛（2014）『働く人のためのエンプロイアビリティ』創成社。
McCain, D.V., *Evaluation Basics*, 2005（霜山元訳（2013）ASTDグローバルベーシックシリーズ『研修効果測定の基本』ヒューマンバリュー）
Michaels, Ed, Jones, H.H., & Axelrod, B., (2001) *The War for Talent*, Harvard Business School Press（マッキンゼー・アンド・カンパニー監訳/渡会圭子訳（2002）『ウォー・フォー・タレント』翔泳社）
Philips, J.J., (1991) *Handbook of Training Evaluation and Measurement Methods*, Gulf Publishing Company（ジャックJ.フィリップス（渡辺直登・外島裕監訳（2006）『教育研修効果測定ハンドブック』日本能率協会マネジメントセンター）

第 7 章

業績評価と人事考課

1 業績の評価と人事考課への活用

　企業等の組織では定期的に業績の評価が行われる。いうまでもなく業績評価は，組織活動の成否を判断するためにも，そして今後の組織活動を改善するためにも重要なものである。

　業績評価には長期的なものもあり短期的なものもある。また全社単位の評価もあれば，部門や個人単位の評価もある。そして個人単位の業績評価は，人事考課にも活用されることになる。

　人事考課は従業員の働きぶりを振り返り，それを評価するものであるが，そこで評価されるのは業績だけでなく，評価期間における従業員の行動や能力，働く姿勢なども含まれる。そしてその結果が従業員の処遇や能力開発計画，さらには次の仕事の内容等に反映されるのである。

　人事考課制度を詳しく定義するならば，①企業組織全体の業績向上を最終的な目的として，②それに対する従業員個々の貢献度や貢献可能性を，③公式化された科学的あるいは合理的な方法によって定期的に評価し，④その結果に基づいて従業員の処遇を改定することをはじめ，個別の選抜・配置・異動・能力開発等の決定に役立てるための制度，ということになるだろう。人事考課においても，ただ評価し，処遇を決めるだけではなく，それを個人やチームの成長につなげていくことが重要になる。

本章では，主に日本企業においてどのような業績評価や人事考課が行われ，そこにどのような意義や特徴，問題等があるのかを議論していきたい。1つはかつて日本企業に広く普及していた職能資格制度に基づく人事考課制度，そしてもう1つは，近年増加している職務（役割）等級制度に基づく人事考課制度である。そのうえで，今後の企業で取り組むべき課題を展望していきたい。

2　職能資格制度と職務（役割）等級制度の人事考課制度

(1)　制度の変遷とその背景

　他の章でも述べられている通り，近年の日本では職能資格制度から職務（役割）等級制度に移行する企業が増加している。その違いを端的に表すならば，前者では従業員の能力（熟練）や勤続年数を重視した人事考課が行われ，後者では仕事の成果や業績，専門的な能力の発揮を重視した人事考課が行われているといえるだろう。

　20世紀終盤までの工業化社会においては，丁寧なモノづくりを行い，優れた品質の製品を生み出す日本企業は高い競争力を維持していた。そこでは豊富な経験と技能を持つ多くの熟練労働者が活躍していたのだが，職能資格制度はこうした熟練を評価し，従業員の長期的な勤続や地道な努力の積み重ねを奨励するものであったため，工業化社会における企業の発展に寄与できたのだと考えられる。

　しかし，Drucker (1993) の議論にもあるように，21世紀以降の知識社会では，企業の競争力の源泉は，独創性や新規性の高い製品やサービス，あるいは個々の顧客のニーズに合致したソリューション等を生み出す創造性や提案力へと変化してしまった。そしてそこで働く人たちにも，高度な専門知識や思考力，そして自律的に学んで働く姿勢が求められるようになったのである。

　そうした能力を持つ人材を育成し，積極的に活用していくためには，経験や年功を重視する職能資格制度よりも，高度な専門性や成果を積極的に評価する職務（役割）等級制度の方が適していると考えられる。職能資格制度の意義は，従業員の組織コミットメントの強化や，長期にわたる熟練形成を促すことにあ

るのだが，それらが企業の競争力につながりにくくなってしまった。創造性や専門性は経験年数によって高められるとは限らず，経験の積み重ねを重視する制度では，若くて優秀な人材の活躍の機会を奪ってしまう可能性がある。新しい時代に活躍する人材を支援するために，多くの企業が職務（役割）等級制度へとシフトしつつあるのだと考えられる。

(2) 2つの制度の違い

　では2つの制度の内容について見ていきたい。**図表7－1**は，職能資格制度と職務（役割）等級制度における人事考課の概要を整理したものである。

　職能資格制度では，「成績」「能力」「情意」の3つが人事考課の要素となる。その中でも，成績考課よりも能力考課のほうが重視されることが，職能資格制度の大きな特徴である。日本以外の企業では，成績（業績）の評価を最重要視するのが当然と考えられており，能力の発揮と開発を最も重視して評価するのは，日本独特の考え方である。能力考課は，昇給や賞与を決めるのはもちろん，昇格の決定，さらには能力開発計画の策定など，幅広い目的のために活用される。

　また，情意考課によって，従業員の仕事に対する姿勢や組織への貢献意欲が評価される点も，この制度の大きな特徴だといえる。全般的に仕事の結果よりも，「どう働いたか」，「組織に貢献しようとしたか」に関わる仕事のプロセスを重視した人事考課制度だということができる。

　一方，職務（役割）等級制度では，職能資格制度とは異なり，業績や成果の

図表7－1 職能資格制度と職務（役割）等級制度の人事考課の概要

職能資格制度	考課要素	職務（役割）等級制度
成績（仕事の結果，出来栄え） 能力（保有能力，またその伸長） 情意（仕事への意欲，態度等）	考課要素	業績成果（主に目標達成度） コンピテンシー（発揮能力，適性） Value（企業価値）体現度　等
能力，仕事のプロセス	評価の重点	業績成果，仕事の結果
幅広い経験を重視 全員を底上げ的に育成	人材育成方針	専門性を重視 優秀者を選抜して育成

出所：筆者作成。

評価が最も重視されている。それが近年の日本企業の人事考課における決定的な変化であることは明らかである。ただ仕事のプロセスに関する評価がなくなったわけではない。「コンピテンシー評価」や「Value評価」と呼ばれる，能力や行動特性に関する評価が行われており，それらは主に人材育成やキャリア開発に活用されることが多いようである。

　これらのことからわかるように，職能資格制度と職務（役割）等級制度の最も大きな違いは，能力重視か，業績（成果）重視かという点に現れる。職能資格制度では，成績よりも能力開発を重視し，経験の蓄積や熟練を評価することに重点が置かれている。これに対して，職務（役割）等級制度では，考課期間中に達成された業績や成果が最も重視されており，その業績評価の方法も多様なものが開発されてきている。

　そしてもう1つの重要な違いとして，幅広い仕事の経験を重視するのか，専門性を重視するのかという人材育成の方針があげられる。職能資格制度を採用している企業では，定期的なジョブ・ローテーションが行われ，従業員が様々な仕事を経験する。そのため人事考課も特定の仕事への適性を見るのではなく，多くの職種に共通するような，一般的でやや曖昧な能力が評価されることになる。それに対し職務（役割）等級制度では，職務記述書に基づいた，その職務のための評価がなされ，その結果従業員の専門性が高められることになる。

　それに加えて，従業員全体の底上げ的な人材育成を目指すのか，優秀な人材の早期の選抜や育成を目指すのかという違いも見られる。職能資格制度では，人事考課の結果によって昇進昇格のスピードに大きな差がつかない。それによってすべての従業員が仕事に動機づけられ，均質な人材育成が進むことが目指される。一方，職務（役割）等級制度では，優秀な人材を早期に選抜し，計画的に育成することが重視されている。後述するコンピテンシー評価は職務や職種別に高業績者の特性を抽出し，それを基準として従業員の働きぶりを評価するものだが，それはまさに，重点的に投資すべき人材の発見のために行われているといえるだろう。

3　目標による管理（MBO）

　本節では，具体的な業績評価の方法と，その人事考課制度への活用についてみていく。先述した通り，人事考課制度における業績評価は職務（役割）等級制度でより重視されており，その方法も多様化してきている。

　まず業績考課を行う方法の代表的なものとして，目標による管理（Management by Objectives；以下MBO）があげられる。近年では個人の業績をMBOによって評価し，それを人事考課に活用する企業が多い。ただしMBOは，元々人事考課のために考案されたものではないことに注意が必要である。

　MBOとはそもそも，ドラッカー（Drucker, 1954）が「目標と自己統制による管理」として表したマネジメントの方法である。そこで重視されていたものは，①全社の目標が部門や個人にブレークダウンされることにより，目標が企業の従業員の貢献を共通の方向に向ける役割を果たすこと，②目標の設定に個々の従業員が参画することによって，従業員の自己統制が可能になることの2つである。つまり，MBOは元々企業の全般管理や従業員の経営への参画，動機づけのためのものだったのである。

　日本の企業においても，早い段階からMBOを導入した企業では，こうした意義が重視されていた。しかしながら近年になって職務（役割）等級制度のブームに乗るような形でMBOを導入した企業の中には，MBO本来の意義への関心が弱く，人事考課の手法としてのみMBOを捉えている企業も多い。MBOの運用は決して簡単なものではなく，本来の意義を意識せずに導入してしまうと，多くの問題を引き起こす恐れがある。実際に，性急にMBOを導入したものの，うまく運用できずに従業員の不満が強くなっている企業がかなりある。

　さてMBOのプロセスをごく簡単に説明するならば，①期初において上司と本人が相談の上で1年あるいは半年の仕事の目標を定め，②その目標を基準として期中の仕事の進捗を管理し，③期末において本人，上司の双方で目標の達成率を評価し，④その結果を人事考課にも利用する，というものである（**図表7-2**）。

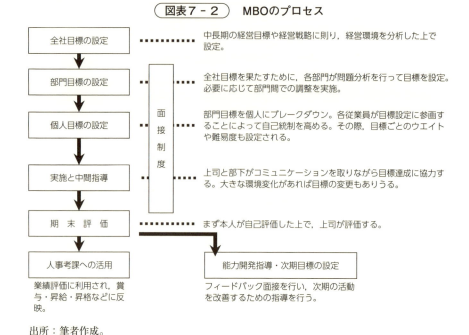

図表7-2　MBOのプロセス

出所：筆者作成。

　図表7-3はMBOを進めるために使われるシートの作成例である。こうしたシートに目標が記入され、期の終了後にそれが振り返られるのである。
　シートには、目標の内容の他に、その目標の難易度も書かれるようになっている。そして多くの企業において、難易度の高い目標については一定の加点評価がなされる。また複数の目標がある場合には、その重要度や優先度に応じたウェート（目標の配分比率）も設定されるようになっている。ここでもウェートが大きな目標のほうが高く評価されることになる。こうしたシートを用いることにより、優先度が高く、かつ難しい目標を達成した人が高く評価されるようになるのである。
　しかし先述のように、MBOの運用は簡単なものではなく、不適切な目標設定や管理者のMBOへの理解不足が原因で様々な問題が生じることがある。例えば、従業員が達成しやすい目標ばかりを設定することで挑戦的な組織活動が減少したり、個人目標ばかりが意識されて、チームワークが疎かになること等

図表7-3　MBOの評価シートの作成例

	目　標 (何を，いつまでに，どこまでやるか)	期首 難易度 (ランク)	期首 ウェート (%)
Ⅰ			
Ⅱ			
Ⅲ			
Ⅳ			
追加変更1			
追加変更2			

出所：筆者作成。

があげられる。また，管理者がMBOの本来の意義を理解せず，MBOを全般管理や従業員の参画につなげられなければ，従業員が評価結果ばかりを気にするようになったり，毎年のMBOの手続きを煩わしく思うようになってしまう。

さらに，肝心の全社目標が不明確であると，下位の目標の方向性が一致せず，個人目標がすべて達成されても全社目標が達成されないという事態を招く可能性がある。その意味で経営者や管理者が戦略性を持ち，明確な意思決定ができることが，MBOの成立要件になっているといえるのである。

4　業績評価に関する新しい動向

さてここで，業績評価やそれに関連する活動についての新しい動向を見てみたい。複雑な現代のビジネス環境において，業績評価には様々な工夫が施され，新たな仕組みやコンセプトも導入されてきている。

最初に取り上げるのは，OKR（Objectives and Key Results）である。そこでは組織全体の目標と整合性のある個人の業績の達成が志向され，それによっ

て全体の活動の統合が目指されることになる。

　まず組織内の各部門やチームが高い目標（Objectives）を設定し，それをメンバー全員で共有することが基盤となる。そしてそのうえで，各メンバーがその目標を達成するうえで重要となる個人別の業績（Key Results）を認識し，その達成を目指す。つまり1つの大きなObjectiveの下に複数のKey Resultsが設定されるわけであり，それらの達成が元の大きな目標の達成につながるような構造になっているのである。OKRは，Googleが導入したことで広く知られるようになったのであるが（Doerr, 2018），現在では他の多くの企業でも取り入れられており，日本でも導入する企業が増えている。

　OKRの最大の特徴は，部門の全メンバーが共通の目標を持ち，その達成に向けて努力する点である。目標が共有されることにより，組織内のコミュニケーションが活性化し，全員が同じ方向に向かって進むことが可能になる。これはOKRの大きなメリットといえるだろう。

　ただし，このような効果は，先に見たMBOでも目指されていたものであり，両者の決定的な違いをあげるのは難しい。また，特に重要な業績の管理という点では，KPI（Key Performance Indicator，重要業績評価指標）を設定し，評価する企業とも共通点がある。

　このように近年は色々な業績評価の手法やコンセプトが提示され，そこには類似する点も少なからず見て取れる。おそらくそれらの新しい（類似性のある）コンセプトの出現は，近年の業績評価の多様で漸進的な進化の様相を表すものであろう。多くの企業において業績の管理や評価に様々な工夫がなされ，苦心しながら試行錯誤が行われている証左だと思われる。

　またOKRが注目される理由の1つに，従来のMBOがマンネリ化し，形骸化してしまった企業があることがあげられよう。MBOは長年にわたって効果的な業績評価手法として普及していたのであるが，先述の通り，MBOをうまく運用できなかった企業も多い。それらの企業ではMBOにネガティブなイメージを持っている場合すらある。そうした状況を打破するために，再度新しいアプローチとしてOKRが導入されるようになるということもあるだろう。業績評価を立て直すために，新たなコンセプトが必要になることがあるのだと考えられる。

さて，それとは別の業績評価の新動向としてあげられるのが，業績評価の短期化である。具体的には，四半期（Quarterly）ごとに業績を評価する取り組みが行われている。従来の1年，あるいは半年を期間とする評価では，評価がタイムリーに行われなかったり，環境の変化に迅速に対応できなかったりする問題があった。現代のビジネス環境は急速に変化しており，その変化に迅速に対応するためには，より短いサイクルでの評価が求められる。四半期ごとの評価は，こうしたニーズに応えるものであり，企業が柔軟かつ迅速に変化や問題に対処できるようにするための手法である。特に急成長している市場を持つ企業や，変化の激しい先端技術分野の企業において積極的に採用されている。

最後に，正確には業績評価のための手法ではなく，むしろ上司と部下のコミュニケーションのための手法なのであるが，組織のメンバーが意欲的に働き，高い業績を上げることを支援するための1on1ミーティング（One on One Meeting）について見ていきたい。この手法は，上司と部下が定期的に1対1で対話する場を設け，部下の目標達成や成長を支援するものである（本間，2017）。Yahooなどの企業で積極的に取り入れられており，他にも多くの企業においても導入が進んでいる。

1on1ミーティングの具体的な手順としては，例えば月に一度（多い企業では週に一度），上司が部下の話を聞き，業務の進捗や問題点，さらには個人的な目標やキャリアについて話し合いを持つ。これにより，上司と部下のコミュニケーションが深まり，相互理解が進むだけでなく，部下が自律的に行動できるようになることを促していく。ミーティングは仕事の目標達成だけでなく，むしろ部下の動機づけや人材育成，さらにはキャリア開発といったことを主たる目的としているのである。

部下とのコミュニケーションを重視すること，そこにおける部下の主体性を尊重することなどはMBOと共通するものだといえよう。実際に，1on1ミーティングを，MBOを補完するものとして活用する企業も少なからずある。どちらかといえばMBOが組織全体の目標管理に焦点を当てているのに対し，1on1ミーティングは個々の従業員の成長とモチベーション向上に重点を置いており，両者を組み合わせることで，より効果的な人材育成と業績向上を目指しているのだと考えられる。

5　能力や行動の評価

(1)　職能資格制度における評価

　今度は仕事に関わる能力や行動の評価について見ていきたい。能力や行動の評価は，昇進や能力開発，キャリア開発など人材育成に役立てられることが多い。そして職能資格制度と職務（役割）等級制度では，その人材育成の方針が異なっている。

　最初に，職能資格制度における能力考課についてみていきたい。職能資格制度における能力考課とは，職能資格等級にふさわしい職務遂行能力，すなわち知識や技能などの習得要件，判断力や折衝力などの習熟要件をどれだけ身につけているか，またはそれがどの程度開発されたかを評価するものである。

　具体的な評価項目の例については図表7-4をみていただきたい。習得要件とは知識や技能のように習ったり覚えたりすることで身につく能力であり，習熟要件とは実際の仕事の経験を通じて高められる能力だとされている。表中に示された評価項目ごとに，さらにいくつかの小項目が設定されることもあり，それらが個々に評価された上で総合的な考課結果が決められることになる。

　先述の通り，能力考課は職能資格制度における人事考課の中心であり，業績や成果よりも重視されるものである。成績考課が主に，賞与の決定に役立てられるのに対し，能力考課は昇進昇格や能力開発計画の策定などにも役立てられる。つまり，従業員の人材育成に深く関わるのである。

図表7-4　職能資格制度における能力考課と情意考課の評価項目

能力考課		情意考課
(習得要件)	(習熟要件)	
知識	理解・判断力	規律性
技能	企画・立案力	協調性
	折衝・調整力	積極性
	指導・統率力	責任性

出所：楠田（1992）pp.127〜128より作成。

そして職能資格制度を導入する企業では，定期的なジョブ・ローテーションが行われており，従業員が多様な仕事経験を経て熟練していくことを重視している。特定の仕事への専門性よりも，様々な仕事や問題への対応力を高めようとしているのである。そのため，職能資格制度における能力考課の項目は，従業員一人ひとりが従事している職務内容（職務記述書）に照らして設定した具体的なものではなく，一般的な内容であることが多い。同様に各等級に求められる能力要件も，多くの職務に適用できるような一般的で曖昧な内容になりやすいのである。

　職能資格制度の能力考課には以上のような特徴があるのだが，そこにはいくつかの問題点も指摘されている。職能資格制度では，こうしたやや曖昧な評価項目を用いて上司が部下を観察し，評価を行う。そのため評価が主観的になりやすく，公正さが低くなる可能性があると言わざるを得ない（遠藤，1999）。それが職能資格制度の人事考課の大きな特徴であり，最大の課題であるともいえる。

　さらに，職能資格制度では，従業員の意欲や仕事への取り組み姿勢を評価する情意考課も行われる。この情意考課は，特に若い従業員や下位等級者の評価において重視されることが多いようである。これも客観的な評価は困難で，主観的な評価になりやすいものである。能力考課以上に公正さを維持するのは難しいことであるかもしれない。

(2) 職務（役割）等級制度における評価

　次に，職務等級制度の人事考課で用いられることが多いコンピテンシー評価について見ていく。コンピテンシーとは，「ある職務または状況に対し，基準に照らして効果的，あるいは卓越した業績を生む原因として関わっている個人の根源的特性」と定義される（Spencer and Spencer, 1993）。これには，動因（特に達成動機），特性（身体的，情緒的特徴），自己イメージ（態度，価値観，自我像），知識，スキル，行動などが含まれている。

　コンピテンシー評価は，元々アメリカの心理学研究に基づいており，特定の職種や職務で優秀な人材の特性を見つけ出して，それを基準に評価するものとして広く認知されている。欧米企業ではコンピテンシーに基づいた採用や人材

育成が活発に行われており，次期のリーダー候補の選抜や個人のキャリアの選択に役立てられることが多い。**図表7-5**は技術系の人材と営業系の人材の一般的なコンピテンシー項目である。

　日本でも，2000年前後に業績や成果を中心とした人事考課が普及した際に，一緒にコンピテンシーを導入する企業が増加した。職能資格制度の能力考課に比べて評価項目が具体的である点が優れていると考えられたのであろう。また業績以外の仕事のプロセスを重視する日本企業においては，MBO以外の考課要素が必要であり，それゆえに多くの日本企業が導入したのだと思われる。

　コンピテンシーと従来の日本の人事考課で捉えていた職務遂行能力との違いをまとめるならば，①特定の職種，職務やポストを対象に設定されるものであること，②高業績者のみにみられる特徴を扱うこと，③心理学研究をベースに体系的に導き出すものであることといえよう。職務との関連性が強く，しかも有能な人材の特性に注目しているため，高度な専門職や戦略的なマネジャーの選抜や育成に利用可能であることが特徴となる。

　またコンピテンシーとは異なるが，企業が自社の理念や重視する価値に関わる行動を具体的に示し，個々の従業員がそれに沿った行動をどれだけできてい

図表7-5　技術系（テクニカル）人材と営業系（セールス）人材の一般コンピテンシー

テクニカル・プロフェッショナル		セールスピープル	
項目	重要度	項目	重要度
達成重視	＊＊＊＊＊＊	インパクトと影響力	＊＊＊＊＊＊＊＊＊＊
インパクトと影響力	＊＊＊＊＊	達成重視	＊＊＊＊＊
概念化思考	＊＊＊＊	イニシアティブ	＊＊＊＊＊
分析的思考	＊＊＊＊	対人関係理解	＊＊＊
イニシアティブ	＊＊＊＊	顧客サービス重視	＊＊＊
自己確信	＊＊＊	自己確信	＊＊＊
対人関係理解	＊＊＊	関係の構築	＊＊
秩序への関心	＊＊	分析的思考	＊＊
情報の探求	＊＊	概念化思考	＊＊
チームワークと協調	＊＊	情報の探求	＊＊
専門的能力	＊＊	組織の認知	＊＊
顧客サービス重視	＊	専門能力	最低必要要件

出所：LM.Spencer and S.M. Spencer（1993）より。

るかを評価する企業も増えてきている。それらの多くはValue評価と呼ばれているようである。

例えば、カルビーでは「Calbee 5 Values」として「自発」,「利他」,「対話」,「好奇心」,「挑戦」を掲げている。そしてそれに則って毎期, どのような行動が望ましいかを上司と部下が話し合って行動目標を立て、その実践度合いを評価する制度を導入している。このValue評価も高い業績につながる行動を評価しようというものであるが、特に自社の価値観や方針の実行を重視している点が特徴だといえるだろう。どこの企業にも求められる能力や行動ではなく、自社独特のものを高く評価する制度だといえるのかもしれない。

6　人事考課のプロセス

さてここからは、人事考課のプロセスについてみていきたい。そこには、他国企業とは異なる日本企業独自の特徴がある。

日本企業の特徴として最初にあげられるのは、複数の考課者が多段階方式で人事考課を行うことである。最初に、個々の従業員の直属の上司（例えば課長）によって一次考課が行われる。この段階では、従業員は他者との比較によって評価されるのではなく、その従業員が属する職能資格等級の資格要件や職務記述書に照らして評価される。いわゆる絶対評価である。アメリカの企業であれば、多くの場合、この一次考課で人事考課は終了となる。

しかし日本企業の場合、その後、さらにその上の上司（例えば部長）による二次考課が行われることになる。そして二次考課の際には、複数の一次考課者間での評価の甘さ、厳しさの差異が調整され、場合によっては相対評価によって一次考課が修正される。それによって、一次考課者ごとの評価の偏りを是正するのである。

このような多段階の人事考課の主たる目的は、考課者間、部門間における評価基準（厳しさ、甘さ）の差の調整であるが、日本企業の人事考課は、こうした組織的な統制の中で行われているといえるのである。その後、企業によっては三次考課が行われる場合もあるのだが、そこでも複数部門間での評価の調整がなされる。

日本企業の特徴として次にあげられるのが，評価結果のランクの分布制限があること，そしてそれを人事部が全社的に統制することである。
　何段階かで行われた人事考課は，最終的には全社の委員会や人事部門による調整によって結論が出される。この段階では昇給や賞与の金額決定をめぐって原資をいかに配分するか，昇格する人を何人とするか，従業員の処遇にどう格差をつけていくかを検討するための相対評価がなされる。各従業員には考課の結果として考課ランク（S，A，B，C，Dなど）が与えられ，それに基づいて昇給額や賞与の額が決められることになるのだが，当然各ランクの出現率によって昇給や賞与の原資は大きく異なってくる。そのため，ランクの出現率には一定の分布制限が設けられることが多い。それによって全社的なバランスと毎年の昇給額や昇格人数の安定性が保たれることになるのである。こうした分布制限を人事部が主導して行っているのであり，そのような点で，日本企業の人事管理は集権的であるといわれている。
　以上のような多段階の人事考課，さらには考課ランクの分布制限は日本企業の大きな特徴といえるのであるが，そこには大きな問題点も存在している。
　多段階で考課が行われると，徐々に考課結果がゆがめられるという疑念を持つ従業員も出てくるだろう。また，一次考課と最終的な考課の結果が違った場合に，一次考課者が本人に理由を説明できないといった事態も考えられる。
　さらに，結果の分布制限が行われると，考課ランクの高い人の数が一定比率で制限されるだけでなく，ランクの低い人が必ず一定比率作られてしまうという問題が発生する。そうした仕組みは従業員にとって，不満の原因となる場合もあるだろう。多段階の考課や分布制限は，元々評価の偏りを是正するために行われ始めたものであるが，それが却って考課結果の客観性や信頼性を低下させる原因にもなっていると考えられる。そのため，近年はこうした分布制限を廃止する企業や，考課のランク分け自体を行わない制度（ノー・レイティング）を導入する企業も現れてきている。

7　人事考課の注意点

　職能資格制度に基づくにしても，職務（役割）等級制度に基づくにしても，

人事考課制度の設計や運用においては，注意すべきことが多数存在する。以下ではその中から特に重要なものとして，①公正さの確保と，②運用しやすい仕組みの設計について議論していく。

まず，公正さの確保は，いうまでもなく人事考課制度の信頼性に関わる重要なポイントである。経営学では古くから，組織的公正という概念を用いて，報酬の公正やそれがモチベーションに与える影響などが議論されてきた。組織的公正には賃金などの報酬そのものの公正さをみる分配的公正と，報酬が決まる手続きの公正さをみる手続き的公正があるのだが，人事考課制度を議論する際に特に重要となるのは手続き的公正であろう。

手続き的公正とは，組織が従業員評価の際に用いるシステムを個人がどの程度信頼できるかを表す概念であり（Greenberg, 1988, p.156），評価の信頼性や透明性に関わるものだといえる。

そして手続き的公正を確保するのに必要な要件として，まず制度の内容や運用プロセスが公開されていることがある。すなわち，どんな評価項目を使い，誰が評価するのか，そしてどのような会議や機関で最終結果が審議されるのか等が従業員に公開されている必要がある。

またそれに加えて，結果のフィードバックがなされること等も重要になる。評価結果に関して，上司からの丁寧な説明が行われていれば，手続き的公正を感じる従業員が増え，モチベーションの向上が期待できる。もちろんその中で，上司のコミュニケーション能力が重要になるわけだが，その開発を含めた考課者訓練の定期的な実施が重要なものになるだろう。上司の評価能力の向上に関する継続的な努力が行われていることは，従業員が企業の誠意を感じ取ることにつながるからである。

同様に，従業員が人事考課の結果に疑問を持った場合には，異議申し立てができることが重要になる。そのような仕組みや窓口が整備されていれば，制度に対する信頼感は高まるだろう。そうした場合に組織が説明を拒否するようでは，従業員が組織の業績向上に貢献しようとは思わないだろう。手続き的公正は職務成果，組織コミットメント，職務満足を高めるといわれており（三崎，2019），それを良好に保つことは，人事考課の信頼感を高めるだけでなく，活力のある職場づくりのためにも重要なのである。

次に，人事考課制度を円滑に，そして各部門の協力を得て運用するためには，制度の複雑さを抑制することが重要になる。人は元来，他者から評価されることが好きなわけではない。また多忙な部門管理者は，人事考課に多大な時間を費やすことをよく思わないだろう。

正確で厳密な評価を行おうとするあまり，人事考課制度が過度に複雑化し，手続きが煩雑になりすぎている企業があるが，それらの企業ではかえって制度が形骸化し，実質的に役に立たないものになってしまっていることが多い。従業員の参画を大事にするMBOや1 on 1ミーティングも，それが煩雑すぎると従業員や部門管理者の主体的な協力が得られにくくなるのである。あまり規模の大きくない企業や，経験豊富な管理者が不足している企業では，これらの問題はより深刻となるだろう。各部門に過度な負担をかけないよう，十分に配慮した仕組みや手続きの設計が求められる。

8　これからの人事考課の課題

本章の最後に，人事考課に関する今後の課題について考察する。最初に挙げたい課題は，多様な従業員に対する人事考課の適正化である。近年，ダイバーシティ・マネジメントが盛んに議論されているが，今後はさらに女性，高齢者，外国人をはじめ，非正規従業員などの多様な人材が協働することになると予想される。このような多様な人材のマネジメントにおいては，従来の一律的な評価基準ではなく，個々の職務内容や雇用形態に応じた柔軟な評価が求められるだろう。多様な人材の中には，短時間勤務や隔日勤務など，従来のフルタイム勤務とは異なる形態で働く従業員も含まれるものと思われる。それらの人たちにとっても，公正さを感じられる人事考課が必要である。

従来の日本企業では，組織と心理的な距離の近い人たち，すなわち正規従業員や，長時間労働を厭わない男性従業員が重用される傾向があった。そしてそうでない人が高い評価を得ることは難しかったといえる。少子高齢化が進む現在，多様な人材の活用は日本企業にとって最も重要な課題である。これからの人事考課はそうした考えに基づいて行われるべきであろう。

次に取り上げる課題は，リモートワークやテレワークで働く従業員への対応

である。日本企業では従来，曖昧な職務設計の下で，仕事の結果よりもプロセスを重視した評価が行われることが一般的であった。しかし，リモートワークやテレワークが普及する中で，職務設計の曖昧さをそのままにしておくことは難しくなっている。リモートワークでは上司が部下を観察できないため，従来のプロセス重視の評価が適用しにくくなる。より明確な職務の下で，客観的な業績指標を使った評価が求められる。そしてそのような評価を行うのであれば，職能資格制度よりも職務（役割）等級制度に基づく人事考課制度のほうがやりやすいと考えられる。

　最後に，人事考課への従業員の参画促進と，そこにおける自律性の尊重についても言及しておきたい。知識社会の進展とともに，自律的に働いて新しい何かを生み出す知識労働者の存在が大きなものになってきている。これからの人事考課は，そうした知識労働者に対応したものでなくてはならない。

　自律的な働き方を重視するならば，人事考課において一方的に上司が評価するような制度はまず受け入れられないだろう。特に創造性や提案力が求められる職務においては，目標設定や評価のプロセスにおいても従業員自身が積極的に参画することが重要である。これは，単に公正な評価を実現するだけでなく，従業員のモチベーション向上や創造的な成果を引き出すためにも必要である。

　また創造的な職務においては，単純な考課ランクの設定が馴染まないことが多いと考えられる。おそらく，本章でも少し触れたノー・レイティング・システムの導入なども増えてくるものと思われるが，そこにおいて重要になるのが上司と部下の丁寧なコミュニケーションである。詳細な意見の交換を通じて，上司は部下の仕事の価値や意義を理解しなければならない。そしてそれを部下と共有することができなければ，ノー・レイティング・システムを動かしていくことができない。管理者には真摯に，そして熱心に部下と向き合う姿勢が求められてくるといえるだろう。

参考文献

遠藤公嗣（1999）『日本の人事査定』ミネルヴァ書房。
楠田丘（1992）『加点主義人事考課－人材を育て活用する新人事システム』日本生産性本部。
本間浩輔（2017）『ヤフーの1on1－部下を成長させるコミュニケーションの技法』ダイヤ

モンド社。

三崎秀央（2019）「戦略と人事の適合関係と公正感－人事諸施策の適合関係に注目して」『経営学論集』第89集，(26)-1～(26)-9。

Doerr, J. (2018) *Measure What Matters : How Google, Bono, and the Gates Foundation Rock the World with OKRs*, Bennett Group.（土方奈美訳（2018）『伝説のベンチャー投資家がGoogleに教えた成功手法OKR』日本経済新聞出版）

Drucker, P.F. (1954) *The Practice of Management*, Harper & Row.（上田惇生訳（2006）『現代の経営　上・下』ダイヤモンド社）

Drucker, P.F. (1993) *Post Capitalist Society*, Harper Business（上田惇生訳（2007）『ポスト資本主義社会』ダイヤモンド社）

Greenberg, J. (1988) Cultivating an image of justice : Looking fair on the job. *Academy of Management Executive*, 2 pp.155-158.

Spencer, L.M. and Spencer, S.M. (1993) *Competence At Work: Models for Superior Performance*, John Wiley and Sons.（梅津祐良・成田攻・横山哲夫訳（2001）『コンピテンシー・マネジメントの展開　導入・構築・活用』生産性出版）

(参考ウェブサイト)

https://note.calbee.jp/n/n4492c9c183f5

第8章

賃金・報酬管理

1　賃金の考え方について

　賃金とは，労働者が提供する労働の対価として支払われる報酬を指す。労働者にとっては，生活を支えるための重要な収入源であり，企業にとっては人材の獲得や維持に必要なコストである。本節では，賃金の基本的な考え方を整理し，内部労働市場と外部労働市場の視点から賃金決定のメカニズムについて，以下に述べる。

(1)　労働の対価としての賃金

　まず，賃金は労働の対価として支払われるものであり，その額は労働の価値や成果に応じて決定される。労働者は自身の労働力を提供することで，企業から賃金を受け取る権利を持つ。この賃金は，生活費の支出，社会的地位の維持，さらには将来の資産形成において重要な役割を果たす。一方，企業にとって賃金は，事業活動に不可欠な労働力を確保するためのコストであり，同時に企業競争力を左右する重要な要素である。適正な賃金水準を設定することは，企業の持続可能な成長や従業員のモチベーション維持に直結する。

(2)　内部労働市場と外部労働市場

　賃金の決定には，内部労働市場と外部労働市場の影響が大きく関与する。ま

ず，内部労働市場とは，企業内での昇進や配置転換など，主に企業内部での人材異動を指す。この内部市場では，従業員の経験やスキル，勤続年数などが評価され，それに基づいて賃金が決定される。企業は，内部労働市場を通じて優秀な人材を保持し，組織の知識やスキルを継承することが可能である。例えば，日本企業における年功序列制度や終身雇用制度は，内部労働市場の典型的な例であり，これにより従業員の長期的な雇用が保障され，企業内の安定性が保たれる。

一方，外部労働市場は，企業外部からの人材獲得や他企業との賃金競争を指す。外部市場では，労働力の需要と供給が賃金決定の大きな要因となる。例えば，特定のスキルや専門知識が求められる職種では，その供給が限られている場合，賃金が上昇する傾向がある。また，景気の動向や業界全体の賃金動向も，外部労働市場における賃金決定に影響を与える。企業は，外部労働市場の動向を把握し，競争力のある賃金水準を設定することで，優秀な人材を確保することが求められる。

(3) 内部市場と外部市場のバランス

内部労働市場と外部労働市場のどちらが有効であるか，地域・産業ごとに事情は異なるうえに，たとえ同じ産業であっても，個別企業ごとの方針，歴史的経緯によって違いは出る。内部労働市場の性質上，こちらに依存しすぎると，外部から新しいスキルや視点を持つ人材の獲得が難しくなり，組織の革新力が低下するリスクがある。一方，外部市場に依存しすぎると，既存の従業員のモチベーションが低下し，離職率が上昇する可能性がある。そのため，企業は内部と外部の労働市場を適切に活用し，賃金を設定することが求められる。

具体的には，内部労働市場を重視する場合，従業員の勤続年数や経験に応じた昇給制度や，社内教育プログラムの充実が重要となる。また，外部労働市場の動向を反映させるためには，業界内での賃金調査を定期的に実施し，他社との競争力を維持するための賃金調整が必要となる。

以上をまとめると，賃金とは労働者にとっての生活の基盤であり，企業にとっての重要なコスト要因である。賃金の決定においては，内部労働市場と外部労働市場の両方を考慮し，バランスの取れた賃金制度を構築することが重要

である。これにより，企業は持続可能な成長を遂げると同時に，従業員のモチベーションを維持し，優秀な人材の確保に成功することができる。

2　春闘

　春闘とは，毎年春に行われる日本の労働組合と企業との間の賃金交渉のことを指す。春闘は，労働組合が組合員の賃金や労働条件の改善を求めて行う交渉活動であり，その結果は，企業の賃金水準や労働条件に直接的な影響を与える。

　春闘のプロセスは，まず労働組合が賃上げ要求やその他の労働条件に関する要求を企業側に提出するところから始まる。企業側はこれに対して，経営状況や市場環境を踏まえた対応方針を示し，交渉が行われる。最終的に，労働組合と企業が合意に達した場合，その結果が全従業員の賃金や労働条件に反映されることになる。

　春闘は，単なる賃金交渉にとどまらず，日本の労使関係において重要な役割を果たしている。春闘を通じて，労働組合は経営陣と対話をし，企業全体の成長戦略や働き方改革に影響を与えることができる。また，春闘の結果は他企業や業界全体に波及効果をもたらすこともあり，広く社会に影響を与える点でも重要といえる。

　近年では，春闘において賃金だけでなく，働き方改革やワーク・ライフ・バランスの改善，非正規労働者の待遇改善など，多岐にわたる議題が取り上げられるようになっている。これにより，春闘は従来の賃金交渉の枠を超えて，広範な労働条件の改善を目指す場として進化している。

　そもそも賃金決定は，企業の経営戦略や労働市場の状況，従業員の業績や能力評価に基づいて行われる。特に人事考課制度と春闘は，賃金決定のプロセスにおいて重要な役割を果たしており，それぞれが持つ特徴と影響力を理解することが，企業にとって適切な賃金水準の設定と従業員のモチベーション向上に繋がる。企業はこれらの要素を効果的に活用し，公正で競争力のある賃金決定プロセスを構築することが求められる。

3 賃金体系について

　賃金体系は，従業員に対してどのように賃金を支払うかを定める枠組みであり，企業の人事管理の中核を成す要素である。賃金体系は，従業員の勤労意欲や企業の競争力に直接的な影響を与えるため，その設計と運用は極めて重要である。本節では，日本企業において伝統的に採用されてきた年功制を中心に，定期昇給やベースアップの仕組みについて詳述する。

(1) 年功制

　年功制は，日本企業の賃金体系の基礎を成すものであり，従業員の年齢や勤続年数に基づいて賃金が決定される制度である。この制度は，戦後日本の高度経済成長期において広く普及し，従業員の長期的な雇用と企業の安定的な発展に寄与してきた。

　年功制の最大の特徴は，勤続年数に応じて賃金が自動的に上昇する点である。この仕組みにより，若年期には低賃金であっても，長期的に見れば安定的に収入が増加するという安心感が得られる。また，年功制は，企業内の序列や社会的地位と賃金が密接に結びついており，従業員は昇進や役職の上昇とともに賃金も上昇することが期待される。

　年功制の利点として，従業員の長期的な雇用を促進し，企業内の結束力や忠誠心を高める効果が挙げられる。企業は従業員を長期間にわたり育成し，企業文化やノウハウを継承させることが可能となる。一方で，年功制は年齢や勤続年数に基づくため，実際の業績や能力と必ずしも一致しないという欠点もある。特に，企業が厳しい競争環境にさらされる現代においては，年功制の硬直性が企業の競争力を損なうリスクが指摘されることがある。

(2) 定期昇給とベースアップ

　定期昇給は，年功制に基づいて毎年一定の時期に行われる賃金の引き上げを指す。これは，年齢や勤続年数に応じて賃金が自然に増加する仕組みであり，従業員にとっては将来的な賃金上昇の見通しを提供するものである。

定期昇給の利点は，従業員のモチベーション維持と安定的な生活設計の確立に寄与する点である。従業員は，定期的な昇給を通じて，年齢やキャリアの進展に応じた収入増加を期待できるため，長期的な勤労意欲が高まる。また，企業にとっても，定期昇給は賃金管理を計画的に行うための手段となり，長期的な人件費の予測や管理が容易になる。

　一方で，定期昇給には，企業の業績や市場環境にかかわらず賃金が上昇するという側面があり，これが企業の経営に負担を与える可能性がある。また，能力や業績を必ずしも反映しないこともあるため，優秀な人材に対する成果報酬の適切な評価が困難になることがある。

　ベースアップ（ベア）は，労働組合と企業の間で交渉された結果として，賃金水準自体を引き上げる措置である。これは主に春闘を通じて行われ，従業員全体の賃金の底上げを図るものである。ベースアップは，インフレーションや生活費の上昇に対する対策としても機能し，従業員の購買力を維持・向上させる役割を担っている。

　ベースアップの実施には，企業の財務状況や経済環境が大きく影響する。企業は，ベースアップを通じて従業員の生活水準を維持し，組織内の士気を高めることができる一方で，企業業績が低迷している場合や経済状況が不透明な場合には，ベースアップを行うことが難しくなることがある。このような状況では，企業と労働組合との交渉が長引き，労使関係の悪化を招くリスクも存在する。

　賃金体系は，企業と従業員の関係を構築し，維持するための重要な要素であり，年功制，定期昇給，ベースアップといった要素がそれを支えている。年功制は，長期的な雇用安定と企業内の一体感を促進する一方で，バブル経済の崩壊以降の競争環境においてはその柔軟性の欠如が課題とされてきた。定期昇給とベースアップは，従業員の生活安定と企業の計画的な賃金管理に寄与するが，経済環境や企業業績に応じた柔軟な対応が求められる。企業は，これらの要素をバランスよく組み合わせ，競争力を維持しつつ，従業員のモチベーションを高める賃金体系を構築することが必要である。

4 賃金の基本構成について

　賃金の基本構成は，従業員に支払われる賃金の内訳を指し，企業の人件費管理や従業員の生活設計において重要な要素である。賃金は，基本給や各種手当，賞与など複数の要素から構成され，それぞれが異なる目的と役割を持っている。本節では，賃金の基本構成要素としての「基本給」と「労働費用の構成」について詳述する。

(1) 基本給の決定

　基本給は，賃金の中核を成す部分であり，従業員が安定的に受け取る賃金の基礎となるものである。基本給は，従業員の職務内容や責任，企業内での役割，さらには市場での職務価値に基づいて決定される。企業は，基本給の設定において，内部公平性と外部競争力を維持することが求められる。

　基本給の決定においては，年齢・勤続年数や職務分析・職務評価が重要な役割を果たす。職務分析は，各職務の具体的な内容や要求されるスキル，責任範囲を明確にするプロセスである。これに基づいて職務評価が行われ，各職務が企業内でどの程度の価値を持つかが評価される。この評価結果に基づき，基本給が設定される。

　また，基本給は労働市場の動向や経済状況にも影響を受ける。特定の職種やスキルセットに対する需要が高まると，その職務の市場価値が上昇し，それに伴い基本給も引き上げられることがある。一方，企業は財務状況や経営戦略を考慮しながら，基本給の水準を適切に設定する必要がある。基本給の水準が市場平均を大きく下回ると，優秀な人材を確保することが困難となり，企業の競争力が低下するリスクがある。

(2) 労働費用の構成

　労働費用は，企業が従業員を雇用する際に発生する総コストを指し，基本給以外にも様々な要素が含まれる。これには，各種手当，社会保険料，福利厚生費，そして賞与（ボーナス）などが含まれる。

まず，各種手当について述べる。手当は，基本給に追加される形で支払われ，従業員の特定のニーズや状況に対応するためのものである。代表的な手当としては，通勤手当，住宅手当，家族手当などがある。これらの手当は，従業員の生活費を補助する役割を果たし，従業員の生活水準の維持に寄与する。

社会保険料は，従業員が社会保険制度に加入するために必要な費用であり，企業と従業員が分担して支払う。社会保険料には，健康保険，厚生年金保険，労災保険，雇用保険などが含まれ，これらは従業員の健康や老後の生活，失業時の生活を支えるための重要な要素である。企業は，社会保険料を適切に負担し，従業員が安心して働ける環境を提供する必要がある。

福利厚生費は，従業員の生活の質を向上させるために企業が負担する費用である。これには，企業が提供する健康診断，社員食堂，保養施設などのサービスが含まれる。福利厚生は，従業員の健康や生活の質の向上に寄与し，企業に対する従業員の忠誠心や満足度を高める効果がある。

賞与は，業績に基づいて支払われる特別な賃金であり，基本給とは別に支給される。賞与の支給は，企業の業績や従業員の貢献度に応じて決定されるため，従業員のモチベーションを高める重要な要素である。賞与は，企業が一時的な利益を従業員と共有する手段としても機能し，従業員の経済的安定を図る上で大きな役割を果たす。

賃金の基本構成は，基本給を中心に，各種手当，社会保険料，福利厚生費，賞与など多岐にわたる要素から成り立っている。企業は，これらの要素を適切に組み合わせることで，従業員に対する総報酬を設計し，彼らの生活の質を向上させるとともに，企業としての競争力を維持することが求められる。基本給の決定においては，職務評価や市場動向を考慮し，内部公平性と外部競争力のバランスを取ることが重要である。また，労働費用の構成要素である手当や社会保険料，福利厚生費，賞与は，従業員のモチベーションや生活の安定に寄与し，企業全体のパフォーマンス向上に繋がるものである。企業はこれらの賃金構成要素を総合的に管理し，従業員と企業双方にとって最適な賃金体系を構築することが求められる。

5　職能給制度について

　職能給制度は，従業員の能力やスキルに基づいて賃金を決定する制度であり，日本の企業において長らく採用されてきた賃金体系の1つである。この制度は，長期間にわたる従業員の能力開発を促進し，企業内でのキャリアパスを明確にすることを目的とし，既述の年功制とも深く関与する。本節では，職能給制度の背景と特徴，そして「育成の論理」と「選抜の論理」という2つの重要な概念について詳述する。

(1)　職能給制度の背景と特徴

　職能給制度は，従業員の職務遂行能力やスキルの習得度合いに応じて賃金を決定する制度である。この制度の導入は，従業員の能力開発を促進し，企業全体の技術力や生産性を向上させることを狙いとしている。従業員が自己の能力を高めることで，企業内でのポジションを上げ，より高い賃金を得ることが可能となる。

　職能給制度は，はじめに職務ありきの職務給とは異なり，職務遂行能力，すなわち企業（労働需要）側の要因ではなく，従業員（労働供給）側の要因で決められる。このように，職能給制度は従業員の職務遂行能力を賃金に反映させるためのメカニズムであり，企業内での人材育成やキャリア形成を支援する役割を果たす。

　一方，職能給制度には，能力の評価が主観的になりやすいという課題がある。従業員の能力を正確に評価することは難しく，評価基準が不明確であれば，不公平感や不満が生じる可能性がある。企業は，評価基準を明確にし，評価プロセスを透明にすることで，公正な職能給制度の運用を図る必要がある。

(2)　育成の論理

　育成の論理とは，職能給制度のもとで，従業員が企業内で長期的に能力を向上させることを前提とした考え方である。この論理に基づくと，企業は従業員のスキル向上を支援し，キャリアの各段階で必要とされる能力を段階的に習得

させることを目指す。従業員は，企業が提供するOJT（オン・ザ・ジョブ・トレーニング）や研修プログラムを通じて，必要なスキルや知識を身につけることで，職能給の向上を図ることができる。

育成の論理においては，従業員が企業内での成長を続けることが重要視される。これにより，企業は持続的な成長を遂げるとともに，従業員のキャリア開発を支援することができる。また，従業員は自己の能力向上が賃金に反映されるため，モチベーションが維持される。このように，育成の論理は，企業と従業員の双方にとってメリットがある制度である。

しかし，育成の論理には，長期的な視点が求められるため，即時的な成果を重視する企業文化との整合性が課題となることがある。特に短期的な業績が重視される場合，育成に対する投資が軽視される可能性がある。企業は，長期的な成長と短期的な成果のバランスを取りながら，従業員の育成に取り組むことが求められる。

(3) 選抜の論理

選抜の論理は，職能給制度において，特定の能力やスキルを持つ従業員を選抜し，その能力に応じた賃金を支払う考え方である。選抜の論理では，従業員の能力を評価し，その能力に応じて職能給を決定するため，能力の高い従業員がより高い賃金を得ることが可能となる。

選抜の論理は，従業員の能力を客観的に評価するための基準を必要とする。このため，企業は能力評価システムの整備や，評価基準の透明化を図ることが求められる。また，選抜の過程では，従業員間の競争が促進されるため，モチベーションの向上や生産性の向上が期待できる。

ただし，選抜の論理には，能力評価が厳格であるがゆえに，従業員間での競争が過度に激化し，職場の雰囲気が悪化するリスクがある。また，選抜された従業員だけが優遇されることで，選抜に漏れた従業員のモチベーションが低下する可能性もある。企業は，選抜の論理を導入する際には，こうしたリスクを管理し，公平性を維持することが重要である。

職能給制度は，従業員の職務遂行能力に基づいて賃金を決定する制度であり，企業内での能力開発とキャリア形成を支援する重要な役割を果たす。育成の論

理と選抜の論理という2つの概念を通じて，企業は従業員の能力向上を促進し，その成果を賃金に反映させることで，モチベーションの向上と企業全体の生産性向上を図ることができる。しかし，能力評価の公平性や選抜による競争の管理には注意が必要であり，企業は職能給制度を運用する際に，これらの要素をバランスよく取り入れることが求められる。

6 職務給制度について

職務給制度は，従業員が担当する職務の価値に基づいて賃金を決定する制度である。この制度は，職務そのものの重要性や責任の度合いに応じて賃金を設定するため，公平性が高く，企業内での職務間のバランスを取ることができる。本節では，職務給制度の基本的な概念である「ジョブ・グレイド」と「同一労働同一賃金の原則」について詳述する。

(1) 職務給制度の基本的特徴

職務給制度は，職務分析と職務評価に基づいて職務の価値を評価し，その価値に応じた賃金を設定するものである。職務分析では，各職務の具体的な業務内容や責任範囲，要求されるスキルなどを詳細に記述する。次に，職務評価を通じて，これらの職務が企業全体に対してどの程度の貢献度を持つかが評価される。この評価結果に基づき，各職務に対する賃金が決定される。

職務給制度の最大の利点は，職務間の公平性を確保できる点である。職務の重要性や責任の度合いに応じて賃金が決まるため，同じ企業内であっても，異なる職務に従事する従業員が異なる賃金を受け取ることが可能となる。これにより，企業内での職務間のバランスが取りやすくなり，従業員が担当する職務に見合った報酬を得ることができる。

一方で，職務給制度には，職務分析や評価が適切に行われない場合，職務の価値が正確に反映されないリスクがある。また，職務の内容が変化した場合には，定期的な再評価が必要となるため，制度運用には手間がかかることがある。企業は，職務給制度を効果的に運用するために，職務分析と評価のプロセスを厳格に行う必要がある。

(2) ジョブ・グレイド

　ジョブ・グレイドは，職務給制度において，職務の価値に基づいて職務をランク付けする手法である。職務分析と職務評価の結果をもとに，企業内の職務をいくつかのグレードに分類し，それぞれのグレードに対して適切な賃金水準を設定する。このグレード分けにより，同じグレードに属する職務は同等の価値を持ち，同じ賃金が支払われることとなる。

　ジョブ・グレイドの利点は，職務の価値を明確にランク付けすることで，賃金決定の透明性を高める点にある。従業員は自分の職務がどのグレードに位置し，どのような賃金水準が適用されるかを理解することができるため，公平感が得られやすい。また，企業にとっても，職務間の賃金バランスを保ちやすくなる。

　ただし，ジョブ・グレイドの設定には，職務の評価基準が明確であり，公正に適用されることが必要である。評価基準が不明確であったり，評価プロセスに偏りが生じると，従業員間で不公平感が生じ，モチベーションの低下につながる可能性がある。企業は，ジョブ・グレイドを適切に運用するために，評価基準の透明性と評価プロセスの公正さを確保する必要がある。

(3) 同一労働同一賃金の原則

　同一労働同一賃金の原則は，同じ価値を持つ職務に対しては，同じ賃金が支払われるべきであるという考え方である。この原則は，概ね欧米で広く職務給制度の基盤となるものであり，賃金の公平性を確保するために重要な役割を果たす。

　同一労働同一賃金の原則は，特に労働者間の不公平感を解消するために有効である。日本でもたとえば正社員と非正規社員とが同じ職務を担当し，同じ成果を上げているにもかかわらず，賃金に差がある場合，従業員間での不満が生じることがある。このような不満は，職場の雰囲気を悪化させ，全体の生産性に悪影響を与える可能性がある。同一労働同一賃金の原則を遵守することで，企業はこうした不公平感を解消し，従業員のモチベーションを維持することができる。

ただし，この原則を実現するためには，職務分析と評価が厳格に行われ，全ての社員ステイタス，職務が公平に比較される必要がある。また，職務の内容や責任が異なる場合には，賃金の違いが生じることもあるため，その場合には従業員に対して十分な説明が求められる。企業は，同一労働同一賃金の原則を適切に適用するために，賃金決定プロセスの透明性を確保し，従業員の理解を得ることが重要である。

以上のように職務給制度は，職務の価値に基づいて賃金を決定する制度であり，職務間の公平性を確保する上で有効である。ジョブ・グレイドによる職務のランク付けや，同一労働同一賃金の原則の遵守によって，企業は賃金決定の透明性と公平性を高めることができる。しかし，これを実現するためには，職務分析と評価が適切に行われることが不可欠であり，評価プロセスの透明性と公正さを確保することが求められる。職務給制度を効果的に運用することで，企業は従業員のモチベーションを向上させ，持続的な成長を遂げることが可能となる。

7 成果主義的賃金制度について

成果主義的賃金制度は，従業員の業績や成果に基づいて賃金を決定する制度であり，個々の貢献度を直接的に反映することを目的としている。この制度は，従来の年功序列や職能給制度とは異なり，従業員の具体的な業績や役割に応じた報酬を重視する。本節では，成果主義的賃金制度の中で特に重要な「出来高給」「分益制」「役割給」について詳述する。

(1) 成果主義的賃金制度の背景と意義

成果主義的賃金制度は，グローバル競争の激化や経営環境の変化に対応するため，企業が従業員の業績を評価し，それに応じた報酬を支払う制度として登場した。この制度の導入により，企業は個々の従業員の貢献度を正確に反映させることで，モチベーションの向上や業績の改善を図ることが期待されている。

成果主義的賃金制度の最大の特徴は，従業員の業績が賃金に直接的に結びつく点である。これにより，従業員は自身の成果に対して報酬を得ることができ，

業績向上に向けた意欲が高まる。また，企業にとっても，成果を重視することで効率的な経営が可能となり，競争力の強化に寄与する。

一方で，成果主義的賃金制度には，評価の公平性や長期的な視点の欠如といった課題がある。従業員の業績を正確に評価することが難しく，評価基準が曖昧な場合には不公平感が生じる可能性がある。また，短期的な成果を重視しすぎると，長期的な成長やチームワークの重要性が軽視されるリスクも存在する。これらの課題に対処するため，企業は評価基準の明確化や長期的な視点を取り入れた制度設計が求められる。

バブル経済崩壊以降の日本では，成果主義を直接的に導入しにくい管理・間接部門で働く，とりわけ中高年正社員への成果主義賃金の導入が課題となった。しかし次に述べる出来高給のようにシンプルな成果主義賃金制度を導入することが困難であったため，金銭的成果や業績というより，所属部門ごとに割り出された従業員の行動基準（例：行動ノルマ），相対的能力（コンピテンシー），職場での役割等を一種の成果とみなして成果主義とする，いわば役割給も広がるようになった。

(2) 出来高給

出来高給は，従業員が達成した業績に基づいて賃金を支払う制度である。例えば，製品の生産量や売上高，プロジェクトの完了度合いなど，具体的な成果に応じて報酬が決定される。この制度は，特に営業職や製造業において多く採用されている。

出来高給の利点は，従業員が明確な目標に向かって努力するインセンティブを提供する点にある。従業員は，自分の努力が直接的に報酬に反映されるため，モチベーションが高まり，生産性の向上が期待できる。また，企業にとっても，業績とコストを直接結びつけることができるため，経営効率の向上に寄与する。

一方で，出来高給には，短期的な成果を追求するあまり，長期的な視点が欠如するリスクがある。従業員が短期的な利益を優先することで，品質の低下や顧客満足度の低下を招く可能性がある。企業は，出来高給を導入する際には，短期的な成果と長期的な成長のバランスをとることが重要である。

(3) 分益制 (プロフィット・シェアリング：Profit Sharing)

　分益制は，企業の利益を従業員と共有する制度であり，企業全体の業績に基づいて報酬が決定される。分益制の利点は，企業と従業員が利益を共有することで，組織全体の一体感が高まり，協力体制が強化される点にある。従業員は，企業の業績向上が自分たちの報酬に直結することを理解し，企業全体の成功に向けて努力する意欲が高まる。また，企業にとっても，利益の一部を従業員に還元することで，業績向上に向けたインセンティブを提供できる。

　しかし，分益制には，企業の業績が悪化した場合に報酬が減少するリスクがある。従業員のモチベーションが低下し，士気が下がる可能性があるため，企業は分益制を導入する際には，業績の変動に対する適切な管理が求められる。

(4) 役割給

　役割給は，従業員が担う役割や責任に応じて賃金を決定する制度である。この制度では，従業員が所属部門においてどのような具体的に役割を果たしているか，その責任の度合いや貢献度に基づいて報酬が設定される。業績評価が数値的に可視化しやすい営業職や生産職等の直接部門に対し，人事や総務といった管理・間接部門の仕事は定量的な業績評価が難しいことが多く，本来，成果主義には馴染みにくい。そこで役割給は各従業員の役割を成果と読み替え，報酬を支払うことによって，管理・間接部門を始めとした全社員に適応可能な一種の成果主義と位置づけることができる。

　役割給の利点は，従業員が担う役割と報酬が明確にリンクしているため，公平感が得られやすい点にある。また，役割の重要性に応じた報酬を提供することで，責任感の強化や役割に対する意識の向上が期待できる。

　一方で，役割給には，役割や責任の変動がある場合に対応が難しいという課題がある。例えば，プロジェクトの終了や組織変更に伴い役割が変わった場合，その都度，賃金の見直しが必要となる。また，役割の評価基準が曖昧であると，従業員間での不公平感が生じる可能性がある。企業は，役割給を導入する際には，役割の評価基準を明確にし，柔軟に対応できる仕組みを整備することが求められる。

以上，成果主義的賃金制度は，従業員の業績や役割に応じて報酬を決定する制度であり，個々の貢献度を正確に反映することを目的としている。出来高給，分益制，役割給など，様々な形態の成果主義的賃金制度が存在し，それぞれが従業員のモチベーション向上や企業の業績改善に寄与する。一方で，評価の公平性や長期的な視点の欠如といった課題も存在するため，企業はこれらの課題に対処しながら，効果的な賃金制度を構築することが求められる。

8　雇用の多様化と賃金制度について

 現代の労働市場において，雇用形態の多様化が進行している。これに伴い，賃金制度にも変化が求められている。雇用の多様化とは，正社員に加えて，契約社員，派遣社員，パートタイム労働者，フリーランスなど，様々な雇用形態が存在することを指す。これらの多様な雇用形態に対応するために，企業は柔軟な賃金制度を導入する必要がある。本節では，雇用ポートフォリオと高齢者雇用に焦点を当て，雇用の多様化に伴う賃金制度の課題と対応策について詳述する。

(1) 雇用ポートフォリオとその影響

 雇用ポートフォリオとは，企業が多様な雇用形態を組み合わせて労働力を確保する戦略を指す。これにより，企業は経済状況や業務量に応じて，柔軟に労働力を調整することが可能となる。例えば，繁忙期には派遣社員やパートタイム労働者を増員し，閑散期には正社員だけで対応することで，コストの効率化が図れる。

 雇用ポートフォリオの利点は，企業が労働力を柔軟に運用できる点にある。正社員の雇用が固定費として企業の経営を圧迫する場合でも，派遣社員や契約社員を活用することで，変動費として管理することが可能となる。また，多様な人材を採用することで，企業に新しい視点やスキルをもたらし，組織の活性化にもつながる。

 一方で，雇用ポートフォリオの運用には課題もある。異なる雇用形態に対して異なる賃金制度が適用されるため，同じ仕事をしていても賃金に差が生じる

ことがある。これが従業員間の不公平感を生み，モチベーションの低下や離職率の上昇を招く可能性がある。また，非正規雇用が増えることで，従業員の雇用の安定性が低下し，長期的なキャリア形成が難しくなるという問題もある。

今日の日本企業では，こうした課題に対処するために，同一労働同一賃金の原則を適用し，公平な賃金制度を構築しようという傾向が見られる。また，非正規雇用者に対してもキャリアアップの機会を提供し，長期的に成長できる環境を整備することが求められる。

(2) 高齢者雇用と賃金制度

日本は少子高齢化が進行しており，高齢者の労働力参加が重要な課題となっている。高齢者雇用の促進は，労働力不足を補い，社会保障制度の維持にも寄与するが，それには賃金制度の再考が必要である。

高齢者雇用においては，年功序列型の賃金制度が適用されにくくなっている。従来の年齢や勤続年数に基づく賃金制度では，高齢者が再雇用された場合，若年層よりも高い賃金を要求されることが多い。しかし，企業側にとっては，業績や生産性と賃金のバランスが重要であり，過度な高賃金は経営を圧迫するリスクがある。

このような背景から，高齢者の賃金は見直される傾向にある。多くの企業が定年後の再雇用制度を導入し，賃金を引き下げる一方で，役割や貢献度に応じた賃金体系を構築している。これにより，企業は高齢者を適切な賃金で雇用し続けることが可能となり，労働力の有効活用が進められている。

さらに，高齢者の持つ豊富な経験や知識を活かすため，企業は彼らに対して専門職やアドバイザーなどのポジションを提供することが増えている。これにより，高齢者は若年層とは異なる役割で価値を提供し，その貢献度に応じた賃金を得ることができる。また，高齢者雇用の拡大は，少子高齢化社会における重要な取り組みであり，それに対応するための賃金制度の見直しが必要である。

企業は，これらの課題に対応するために，公平で透明性の高い賃金制度を構築し，多様な雇用形態に適した働き方やキャリア支援を提供することが求められる。これにより，企業は持続可能な成長を遂げるとともに，多様な人材が活躍できる職場を実現することが可能となる。

9 賃金・報酬管理の全体像と課題

　本章では，賃金・報酬管理における主要なテーマを8つの節に分けて詳述した。まず，賃金の基本的な考え方から始まり，賃金決定のプロセス，賃金体系の特徴，賃金の基本構成について整理した。さらに，職能給制度と職務給制度の違いや，それぞれのメリット・デメリットについて考察した。特に，成果主義的賃金制度の導入が進む中で，出来高給や分益制，役割給が果たす役割を検討し，企業が直面する評価の公平性や短期的視点のリスクについても触れた。そして，最後に，雇用の多様化に伴う賃金制度の課題と高齢者雇用に対する対応策を示した。

　これらの分析を通じて明らかになったのは，賃金制度が企業の競争力と従業員のモチベーションに与える影響の大きさである。企業は，賃金決定において内部の公平性と外部の競争力をバランスさせる必要があり，また，職能給や職務給といった異なるアプローチを柔軟に組み合わせることが求められる。さらに，成果主義的賃金制度においては，短期的な成果だけでなく，長期的な成長やチームワークを重視する視点が不可欠である。

　これからの課題としては，まず，多様化する雇用形態に対応した公平で納得性の高い賃金制度の構築が挙げられる。特に，同一労働同一賃金の原則にいかに取り組むのかが重要である。また，高齢者雇用の拡大に伴い，年齢や勤続年数に依存しない役割や貢献度に基づいた賃金体系の整備も求められる。これにより，企業は持続可能な成長を遂げつつ，全ての従業員がその能力を最大限に発揮できる環境を提供することが求められる。

参考文献

石田光男（1990）『賃金の社会科学―日本とイギリス』中央経済社。
石田光男（2006）「賃金制度改革の着地点」『日本労働研究雑誌』No. 554/ September。
石田光男・樋口純平（2009）『人事制度の日米比較―成果主義とアメリカの現実』ミネルヴァ書房。
小池和男（2005）『仕事の経済学』東洋経済新報社。
小池和男（2015）『なぜ日本企業は強みを捨てるのか』日本経済新聞出版。

楠田丘（2004）『賃金とはなにか』中央経済社。
佐藤博樹・藤村博之・八代充史（2023）『新しい人事労務管理（第7版）』有斐閣。
篠原健一（2014）『アメリカ自動車産業』中央公論新社。

第 9 章

労働時間管理

1　今なぜ労働時間管理なのか

(1)　労働時間の実態－統計データより－

　労働時間については法的側面から述べねばならないことも多いが，ここでは人的資源管理の観点から労働時間問題を検討していく。

　そもそも，人的資源管理においてなぜ労働時間が問題とされるのか。それは生産性の低さと労働者の健康問題に集約されるであろう。日本企業では労働時間が他国に比較して長いといわれる。そのことを統計で確認してみよう。

　最近のデータによるとここ数年の年間実労働時間数は**図表9-1**のようであり，2014年から減少傾向であり，2022年では1,633時間になっている。これを国際的に比較すると**図表9-2**のようである。

　ただし，**図表9-2**については「データは一国の時系列比較のために作成されており，データ源の違いから特定年の平均年間労働時間水準の各国間比較には適さないことに留意する必要がある。」と注意書きが加わっているが，日本が1600時間台で，ヨーロッパ諸国には及ばないものの，アメリカ，オセアニア諸国よりも少なくなっている。

　それでは問題がないかと言えば，調査年は異なるが，労働政策研究・研修機構の「試算」をみてみよう（**図表9-3**）。

図表 9-1　年間実労働時間数

平成26	2014	1,741
27	2015	1,734
28	2016	1,724
29	2017	1,720
30	2018	1,706
令和元	2019	1,669
2	2020	1,621
3	2021	1,633
4	2022	1,633

出所：厚生労働省「毎月勤労統計調査」
https://www.jil.go.jp/kokunai/statistics/timeseries/html/g0501_02.html

図表 9-2　各国年間実労働時間数

雇用者	2015	2016	2017	2018	2019	2020	2021	2022
日本 3)	1,730	1,723	1,719	1,698	1,662	1,617	1,627	1,626
アメリカ	1,841	1,832	1,830	1,836	1,833	1,819	1,835	1,822
カナダ	1,716	1,710	1,699	1,715	1,703	1,676	1,706	1,702
イギリス	1,496	1,513	1,509	1,510	1,513	1,365	1,487	1,516
ドイツ	1,337	1,334	1,331	1,326	1,320	1,276	1,295	1,295
フランス 1)	1,422	1,428	1,416	1,424	1,428	1,323	1,401	1,427
イタリア	1,569	1,581	1,582	1,588	1,579	1,442	1,532	1,563
オランダ	1,356	1,366	1,364	1,364	1,368	1,335	1,364	1,361
ベルギー	1,431	1,435	1,441	1,445	1,443	1,353	1,403	1,427
デンマーク 4)	1,380	1,390	1,384	1,363	1,360	1,332	1,351	1,360
スウェーデン	1,418	1,432	1,419	1,420	1,407	1,382	1,407	1,401
フィンランド	1,505	1,505	1,502	1,499	1,494	1,489	1,482	1,459
ノルウェー	1,406	1,410	1,400	1,401	1,401	1,392	1,409	1,409
韓国 3)	2,058	2,033	1,996	1,967	1,957	1,927	1,928	1,904
オーストラリア	1,714	1,704	1,707	1,706	1,696	1,670	1,681	1,693
ニュージーランド	1,750	1,742	1,754	1,760	1,776	1,774	1,727	1,747
メキシコ	2,348	2,348	2,348	2,347	2,336	2,326	2,328	2,335

注1)：2015年は推計値。2)：（筆者注：上表には該当なし）。3)：常用労働者が対象。4)：雇用者の2014～2015年は推計値。
資料出所：労働政策研究・研修機構「データブック国際労働比較2024」（https://www.jil.go.jp/kokunai/statistics/databook/2024/index.html）

図表9－3　2023年 年間実労働時間数（1人平均）総実労働時間

	合計	所定内労働時間	所定外労働時間
常用労働者	1,636	1,516	120
一般労働者	1,962	1,796	166
パートタイム労働者	952	925	27

資料出所：労働政策研究・研修機構　「早わかり　グラフでみる労働の今」
　　　　　（https://www.jil.go.jp/kokunai/statistics/chart/html/g0003.html）

　図表9－1の数字と若干異なっているが，「常用労働者」は「一般労働者」（いわゆる正社員と考えてよいであろう）と「パートタイム労働者」を加えた数字となっている。そこで総実労働時間数について正社員だけでみると，試算にしても年間1,962時間と全く異なる様相が見えてくる。ドイツと比較する際には「一般労働者」同士で比較する必要があるが，残念ながらドイツの「一般労働者」だけのデータはこの表からは得られない。そこで**図表9－2**のデータと比較するしかないが，日本における一般労働者は**図表9－3**の1,962時間から**図表9－2**の1,295時間を差し引いた年間667時間，ドイツの労働者より長く働いていることとなる。1日8時間労働で換算すると83日分である。

　図表9－4は長時間労働を行っている男性就業者の割合である。日本では経年ごとに少なくなっているものの，週49時間以上の労働，つまり週5日労働するとすれば1日1.6時間以上法定時間外労働をしている男性労働者は21.8％存在していることになる。前述した所定外労働時間数と法定時間外労働時間数は異なる概念ではあるが，長時間労働している男性労働者が多いことが示唆されている。

図表9-4 長時間労働の割合（男性就業者）

	2010年	2015	2017	2018	2019	2020	2021	2022	
男									Male
日本	32.0	29.5	29.4	27.3	26.3	21.5	21.7	21.8	JPN
アメリカ 1)	18.7	19.1	18.6	18.7	18.6	16.6	16.8	16.5	USA
カナダ	16.0	15.2	14.2	14.5	13.4	12.3	12.8	12.5	CAN
ドイツ 2)	17.2	14.1	12.6	12.0	11.3	8.5	8.5	7.7	DEU
フランス 3)	16.5	14.1	13.7	13.9	13.8	12.3	11.7	12.1	FRA
イタリア 2)	15.1	13.2	13.7	13.6	13.2	10.2	11.9	11.9	ITA
オランダ 2)	13.4	13.5	12.9	12.3	12.0	10.4	9.3	8.7	NLD
ベルギー 2)	15.4	16.2	11.8	11.2	11.2	9.5	11.0	10.6	BEL
デンマーク 2)	13.1	12.3	11.0	10.2	9.7	9.1	10.2	9.3	DNK
スウェーデン 2)	11.4	10.1	9.4	9.1	8.9	7.8	7.8	7.8	SWE
フィンランド 2)	12.4	12.0	11.6	11.4	11.5	10.1	10.0	9.4	FIN
ノルウェー 2)	8.9	8.8	7.6	7.6	7.4	6.8	7.0	7.7	NOR
スイス 2)	23.4	19.5	19.0	19.1	18.2	15.7	13.6	13.2	CHE
スペイン 2)	14.5	13.2	11.3	10.9	9.9	7.8	8.8	9.0	ESP
ポルトガル 2)	12.4	13.6	13.0	12.6	12.5	9.7	10.2	10.1	PRT
ロシア 4)	4.3	4.4	3.9	3.4	3.5	2.9	3.0	2.8	RUS
韓国	42.7	36.8	33.7	29.5	27.2	23.5	22.1	20.6	KOR
タイ	38.7	29.8	21.5	20.3	18.9	15.4	15.5	16.9	THA
インドネシア	30.0	25.8	27.2	25.2	25.4	24.1	22.7	23.4	IDN
メキシコ	34.2	34.3	34.6	34.7	34.0	29.9	32.4	33.0	MEX
ブラジル	-	12.7	12.3	12.7	13.4	11.8	13.1	13.2	BRA

出所：［日本］総務省統計局（2023.1）「労働力調査（基本集計）」
　　　［その他］ILOSTAT（https://ilostat.ilo.org/data/）2023年10月現在
注：ここでいう長時間とは，ILOSTATの労働時間別就業者統計において，本表掲載国に共通する最長の区分である週49時間以上を指す。原則，全産業，就業者（パートタイムを含む）が対象。日本は週労働時間が49時間以上の就業者の割合をJILPTにおいて算出。
　1）16歳以上が対象。
　2）フルタイム及びパートタイム労働者が対象。
　3）自己使用のための生産労働者を除く。
　4）72歳までが対象。2010年は施設人口及び一部の領土を除く。
資料出所：労働政策研究・研修機構「データブック国際労働比較2024」
　　　　（https://www.jil.go.jp/kokunai/statistics/databook/2024/index.html#ch6）

(2) 休日と1日当たりの労働時間

それでは，年間休日はどの程度になるだろうか（**図表9-5**）。

このデータの年次有給休暇には以下のような注が付されている。

「繰越日数を含まない。日本は平均付与日数。常用労働者が30人以上の民営法人が対象。2023年調査による2022年の平均取得日数は10.9日，取得率は62.1％。イギリス，フランスは法定の最低付与日数。ドイツ，イタリアは労使協約で合意した平均付与日数。民間旅行会社エクスペディアのアンケート調査による各国の2021年の取得率は，イギリス84％，ドイツ93％，フランス83％，イタリア77％（出典：エクスペディア（2022.3）「有給休暇・国際比較調査2021」）。なお，アメリカについては年次有給休暇が連邦法上規定されていない（以下略）」

仮にこの取得率を乗じて年間休日日数を試算すると，2022年では日本：130.9日，ドイツ：139.9日，フランス：135.8日，イタリア：133.3日となる（イギリスの2022年のデータはないので割愛した）。やはりヨーロッパ諸国と比較すると明確に休日は少なくなっている。

これと前項**図表9-3**における一般労働者の年間所定外労働時間数166時間と対比すると，1日当たりの所定外労働時間は166÷（365－130）＝0.7時間と試算することができる。しかしながら前項**図表9-4**で「週49時間以上の労働

図表9-5　年間休日数

	年度	週休日 1)	週休日以外の休日 2)	年次有給休暇 3)	年間休日日数 1)～3)の計
日本	2022	105	15	17.6	137.6
ドイツ	2022	105	7	30	142
フランス	2022	105	10	25	140
イタリア	2022	105	9	25	139

出所：［日本］厚生労働省（2023.10）「2023年就労条件総合調査」
　　　［欧州］Eurofound（2023.10）*Working time in 2021-2022*
資料出所：労働政策研究・研修機構「データブック国際労働比較2024」
　　　　　（https://www.jil.go.jp/kokunai/statistics/databook/2024/index.html#ch6）

者」は21.9％となっていることと対比すると，いわゆる残業は「残業時間が短い者は多いが，逆に残業時間が長い者は長時間残業している」可能性を示しているように思われる。もちろん，ここでは統計データに現れない，いわゆる「サービス残業」は含まれていない（サービス残業については後述する）。

以上を総括すると，厳密な労働時間数の国際比較は難しいが，**図表9－2**の単純な比較表だけからするとヨーロッパ諸国より実労働時間数で年間200時間余り長い。正社員に限るとさらに長くなり，長時間労働者もおそらく少なくない，ということがいえよう。

(3) 長時間労働の弊害

こうした長時間労働の弊害として挙げられるのが，一人当たり生産性の低さと労働者の健康の問題である。いずれも人的資源管理の観点からは看過しえないところであり，この点に絞って検討を加えたい。その前に法制度を概観しておこう。

2　労働時間法制の概観

労働時間法制については概要だけ述べる。

(1) 労働時間の定義

労働基準法では労働時間を定義していない。従って，判例を参照すると「労働者が使用者の指揮命令下に置かれている時間をいい，右の労働時間に該当するか否かは，労働者の行為が使用者の指揮命令下に置かれたものと評価することができるか否かにより客観的に定まるものであって，労働契約，就業規則，労働協約等の定めのいかんにより決定されるべきものではない」（三菱重工業長崎造船所事件　最一小判平12・3・9　最高裁判所民事判例集54巻3号801頁）とされ，更衣時間を労働時間と認めている。しかしながらアルバイトなどの実務では更衣後にタイムカードに印字するよう求められているケースもまれではなく，この定義とは乖離が生じている面がある。

(2) 労働時間，休日，休暇

　労働時間は1日8時間，1週40時間が法定労働時間であり，休日は週1回与えることとされている（労基法32条，35条）。この法定時間を超える時間外労働や法定休日に労働を命じるときには労働契約で定めがあり，かつ労基法36条に定める協定を締結する必要がある。また労働時間が6時間を超えるときには45分，8時間を超えるときには60分の休憩を与えねばならない（労基法34条）。そして労働時間の始業・終業の時刻，休日，休暇などについては就業規則に定めねばならず（労基法90条），労働契約の締結時には明示せねばならない（労基法15条）。

　なお法定時間外労働においては25％以上の割増賃金（月60時間を超える分は50％以上），法定休日労働では35％以上，深夜労働では25％以上の割増賃金を支払う必要がある（労基法37条，労働基準法第37条第1項の時間外及び休日の割増賃金にかかわる率の最低限度を定める政令）。

(3) 変形労働時間とみなし労働時間制

　この原則の例外として，変形労働時間制（労基法32条の2～32条の5），みなし労働時間制（労基法38条の2～38条の4）がある。特にこの中でフレックスタイム制（労基法32条の3）と裁量労働制（労基法38条の3～4）はホワイトカラーなどの「主体的で柔軟な労働時間制度」（菅野・山川，2024，p.466）に対応したものといえる。人的資源管理上も，これらの制度を導入するか否かは検討に値するが，制度導入に必要な要件は厳しいものとなっており，運用は容易ではない。

(4) 適用除外と高度プロフェッショナル制度

　こうした労働時間制度の適用除外として労基法41条では農業，畜産，水産業，監視断続労働，管理監督者が定められているが，これらでも労基法37条の深夜労働割増賃金の適用はある。この深夜労働割増賃金の適用も外し，完全に労働時間関係規定の適用を除外する制度がいわゆる高度プロフェッショナル制度である（労基法41条の2）。

ただし、この高度プロフェッショナル制度は適用除外の範囲が大きい半面、導入する要件も厳しい。年収要件（2024年現在では1,075万円）、職務要件（研究開発、金融機関のディーラーなど）、本人の同意の必要、労使委員会の設置などがそれである。導入が困難な制度といえよう。

3　労働時間と生産性

このような労働時間の実態、ならびに法的制度であるが、人的資源管理の観点からすると、長時間労働の弊害は冒頭にも述べたが生産性の低さと健康問題に表れてくる。まず生産性の問題から検討したい。

(1) 生産性の測定

OECD（経済協力開発機構）のデータから毎年分析している日本生産性本部ではGDPをもととして、国民1人当たりの生産性と時間当たりの生産性を算出しているため、日本生産性本部（2023）に従って論を進めていくこととする。この分析ではGDPの単純集計ではなく、購買力平価も計算に含めて、より現実的なデータとするよう工夫しているからである。

その結果として、OECDデータに基づく2022年の日本の時間当たり労働生産性（就業1時間当たり付加価値）は、52.3ドル（5,099円／購買力平価（PPP）換算）。として、OECD加盟38カ国中30位であり、順位でみるとデータが取得可能な1970年以降、最も低い順位になっている、とし、また日本の1人当たり労働生産性は、85,329ドルで、OECD加盟38カ国中31位としている。

また2021年の日本の製造業の労働生産性（就業者1人当たり付加価値）は、94,155ドル（1,078万円／為替レート換算）。これは米国の6割弱（56％）に相当し、フランス（96,949ドル）とほぼ同水準。2000年にはOECD諸国でもトップだったが、2000年代に入ると順位が低落するようになり、2015年以降は16～19位で推移している、と分析している。

つまり、製造業でも順位が低下しているが、順位をみるとそれ以上に製造業以外の産業の生産性が低下していることを示しているともいえる。

(2) 失われた30年

　このように日本企業はその生産性を低下させているが、これは世界における日本企業の位置づけが低下していることと関連している。東京新聞Web2024年2月17日付（https://www.tokyo-np.co.jp/article/309782　2024年8月11日閲覧）によると、1989年12月31日における時価総額世界ランキングベスト10のうち、1位はNTTであり、そのほか日本興業銀行、住友銀行、富士銀行、第一勧業銀行、三菱銀行、東京電力が日本企業として入っていた。ところが2024年2月15日現在では、時価総額ベスト10には日本企業は入っておらず、100位以内でようやく24位にトヨタが入っている。ちなみに2024年では時価総額トップはマイクロソフトであり、以下アップル、エヌビディア、アルファベット、アマゾン、メタが入っており、IT産業全盛といってもよいであろう。

　この変化を指して「失われた30年」という向きもあるが、日本企業がIT化の波に乗り遅れたことは疑いようがない。このような状況に至った要因はいろいろと指摘されているが、労働時間当たりの生産性の低さはその1つであろう。要するに、時間当たりの生産性が低いということは効率的に働いておらず、成果が出ていない、ということを意味する。

　時間外労働割増賃金はコストであり、それに見合った成果が出なくては意味がない。人的資源管理上は長時間労働を抑制し、かつ成果が上がるような仕組みづくりを考える必要がある。

(3) イノベーションと労働時間

　そもそも現在の労働基準法による労働時間制度は、工場労働者を前提にしている。工場における機械が動いている間は製品が作られる。つまり労働時間と成果が比例しているのである。ところが先に見たようなIT産業をはじめとするホワイトカラーの場合は、そうはいかない。労働時間が長くとも能力が低い者は成果を出すことができず、逆に優秀な者は短時間で成果を出すことができる。労働時間と成果が比例しないのである。このような問題意識から、高度プロフェッショナル制度や裁量労働制という制度が生まれたとみることができる（菅野・山川、2024、p.475以下参照）。

従来の日本企業は工場労働者のブルーカラーの力で競争力を高めてきた。しかし内閣府「平成17年度経済財政報告」(https://www5.cao.go.jp/j-j/wp/wp-je05/05-00304.html　2024年8月11日閲覧) ですでに述べられている通り，IT産業など近年の競争力の源泉はイノベーションにある。そしてイノベーションの担い手は研究開発人材をはじめとするホワイトカラーであろう。

　どのような制度作りをすればイノベーションが高まるのだろうか。平成29年版「労働経済の分析」では「EU諸国における『フレックスタイム制』とイノベーションの実現の関係をみると，『フレックスタイム制』の導入が進んでいるところほどイノベーションの実現割合が高くなる傾向があり，また，『裁量労働制』の導入が進んでいるところほどイノベーションの実現割合が高くなっている。」とした上で，「我が国では専門業務型裁量労働制，フレックスタイム制について，いずれも導入している割合が高い産業ほど，イノベーションの実現割合が高くなっている。また，…（中略）…JILPTによるアンケート調査でも，裁量労働制を導入している企業は，導入していない企業と比べて，イノベーションの実現割合が高いという結果が出ている。」としている (同書p.98)。

　もっとも，学術的には生産性の測定が難しいため，きちんとしたエビデンスある議論がなされていないとする見解もあり (黒田，2017)，さらなる議論が必要であるが，長時間労働が疲労を誘発し，その結果生産性が低下するという研究は存在する (黒田，2017)。従って生産性向上，イノベーションの促進については長時間労働の抑制，ならびにフレックスタイム・裁量労働制といった柔軟な働き方に関する施策が有効であるということができよう。

4　労働時間に関する諸問題－労働者の健康問題をはじめとして－

(1)　電通事件

　次いで労働者の健康問題である。長時間労働の結果として，いわゆる過労死自殺を引き起こしたとして議論された電通事件 (最二小判平成12・3・24　最高裁判所民事判例集54巻3号1155頁) においては使用者の責任が認められた。

基本的には長時間労働を抑制することは企業の安全配慮義務[1]の一環であり，自殺に至らなくとも，うつ病の発症など企業が提訴され敗訴した事例は枚挙にいとまがない。

　前掲最高裁判決でも述べている通り，長時間労働が労働者の健康に悪影響を及ぼすことは「周知のところ」である。そのために判決後の法律改正により，労働基準法では時間外労働についても明文で上限を設け，いわゆる特別条項も上限を設けるに至った（労基法36条）。また労働安全衛生法においても，長時間労働をした労働者に対する医師による面接指導を事業者に義務付ける等（安衛法66条の8等）の制度を設けている。

(2)　サービス残業問題

　しかしながら，このように長時間労働を抑制する法制度が存在しながら，時間外労働をしても，それを申告しない，いわゆるサービス残業も存在していることに留意せねばならない。

　ここでは，時間外割増賃金が支払われない法定時間外労働のことをサービス残業と呼ぶことにするが，その実態は明らかでない。調査データには明確に表れない数字だからである。それを推計したのが佐藤（2019）である。佐藤（2019）は複数のパネルデータから月間平均のサービス残業時間数を算出しているが，1994年から2017年までのデータを用いている。ただし，パネルによって年度は変わっている。その結果月間11時間から23時間と幅が広い数字が得られている。仮に11時間としても年間は100時間を超え，前掲した数字にこれを加えると，男性正社員の実際の労働時間数はさらに増えることとなる。

　それでは，なぜこのようにサービス残業を行うのか。その理由として佐藤（2019）は先行研究をサーベイして，「業務量が多く，所定労働時間内に終わらないといった理由や仕事の性格上，所定労働時間内に対応できないといった理由が指摘されることが多い（中略）これらは主に労働需要側の要因であるが，いくつかの研究では労働供給側の要因に着目している。（中略）サービス残業を人的資本投資と捉えており，サービス残業によって人的資本が蓄積された結果，昇給や昇進といった形で報酬が後で支払われるといった仮説を提示している」（p.4）とまとめている。業務量が多いという企業側の要因とともに，労

働者側もサービス残業により，おそらく上司や企業からの評価が高くなるために進んでサービス残業を行う，ということなのであろう。

(3) 企業風土と労働時間

　長時間労働を抑制するための諸制度がありながら，労働者側もサービス残業を「あえて」しているというのであれば，人的資源管理上，いかなる対応をとればいいのであろうか。仮に前項で述べた通り評価の問題が関連するのであれば，評価制度の問題，さらには企業風土の問題を指摘せねばならない。たとえば，いわゆる「成果主義」をつきつめていけば，長時間労働やむなし，という考え方になることは考えやすいし，上司がサービス残業止むなしと考えていれば，その方向で部下の評価をしていく風土ができているとみることも可能である。

　企業風土の改変は大変難しい。本稿の域を超えるために詳述しないが，健康問題を含めた労働時間に対する企業の考え方を確立し，労働時間を短縮しつつ，イノベーションを促進し，時間当たり生産性を向上させるという意識づけを全社的に行うことが必要である。具体的には，すでに多くの企業で実施されているノー残業デーなどの残業規制施策はもとより，すべてのホワイトカラーに妥当するものではないが，「真の意味での」裁量労働制の展開は1つの方向である。

　「真の意味」について敷衍しよう。裁量労働制は労基法38条の3と38条の4では業務の「遂行の方法」を労働者の裁量に委ねるもの，とされている。しかしこれでは業務量については裁量の余地がない。方法だけではなく，過大な業務負担への拒否権もあるべきではなかろうか（(島田，2003) も同旨と思われる）。面接を伴う適切な目標管理制度の運用はその一助になるのではないか。それにより，労働者は業務量も，業務遂行の方法も自らの裁量で，ある時は長く，またある時は短時間で作業を終了することができるようになる。こうした環境がイノベーションや生産性の向上に結び付くと期待できるのではないだろうか。

5　休み方の知恵

(1) 年次有給休暇の取得：仏バカンスとの比較

　毎日の労働時間の短縮とともに，休日を増加させるのも年間労働時間の短縮につながり，労働者のリフレッシュを通じて生産性を向上させることが期待される。それでは休日はどうか。年次有給休暇の取得率は先に述べた通り，欧州各国と比較して低い。そのため，国としては休日を増やして休日日数を確保しているものとみることもできる。それでは，国策として年次有給休暇を確保し，バカンスの慣習を定着させたフランスではどのようになっているのか。このフランスの状況は鈴木（2012）によると，次のようである。

　基本は「実質」25日（法文上は30日だが，土曜日を調整すると25日とのこと）の年次有給休暇であるが，休暇の一部は最低連続した12労働日でなければならず，24日を超えることはできない。つまり最低2週間の連続休暇であり，貸別荘などは2週間単位の契約となるそうであるが，それと整合している。

　それに加えて，専門職・管理職層（いわゆるカードル）は，法制度上1日35時間労働制となったがその時間を短縮せず，37時間労働のままとし，その代わりに休暇を取ることが一般的となり，結果として8週間から9週間の有給休暇を取得することになったという。

　以上の鈴木（2012）による状況が現在でも妥当するのであれば，専門職・管理職，つまりホワイトカラー層における年間を通じての労働時間短縮による生産性向上は期待できるものといえよう。ちなみに，前述した日本生産性本部の生産性の国際比較では，労働時間当たりの生産性では日本は13位となっている。労働時間当たり生産性のトップはアイルランド，次いでノルウェー，ルクセンブルクと続く。ホワイトカラーだけで比較するとどうなのか，興味深い。

　もちろん，1930年代からバカンスの習慣が根付いたフランスと日本とでは直接比較することはできない。家族や友人宅，あるいは別荘でバカンスを過ごすフランス（ホテルに宿泊するのは鈴木（2012）によると9％とのことである）と，このような習慣がなく，ホテルや旅館に宿泊することになる日本とでは費

用面で大きな差が生じるであろうし，また単に長期間の休暇を与えても，労働者の業務量の問題が出てくるからでもある。

(2) つながらない権利

IT化が進むにつれ，電子メール，LINEなど様々なツールで24時間365日連絡をとることができるようになり，休日や勤務時間外にも業務上の連絡をすることが可能になった。しかし休日には労働義務が免除され，業務をしなくてよいのであるから，このような連絡は無視できるはずである。この点，労働者には「つながらない権利」，つまり勤務先から電子メール等が来たとしても，それに対応する義務はなく，その裏返しとして業務から遮断される権利があるのでは，という言説がみられる[2]。これによるとフランスではすでに立法化されているというが，ここで細川が述べている通り，日本でも休日（また労働時間外でも）には労働が免除されており，休日中に上司からの業務に関する指示のメール等が来たとしても，対応する必要は本来ないのである。なおオーストラリアでも2024年8月26日に同様の法律が成立したとのことである。

（https://www.bbc.com/japanese/articles/cz9w45kwd5yo　2024年8月26日閲覧）。

しかしながら一般論として，上司を含め他の同僚は勤務している中，休暇中の自分に連絡が来たら，それを無視できるだろうか。無視した場合，出社してからいろいろと苦情・非難が寄せられるのでないか。フランスやオーストラリアが法制化しているのは，こうした問題があるからだろうと推測できる。法律に明記されていれば，労働者は休日には堂々と業務を拒否できるのである。

ひるがえって，日本では労働契約の本質論から言えば，休日中の業務は拒否できるが，それを貫徹することは，それこそ組織風土上の問題として難しいことも多いと思われる。法制化にはハードルが高いが，企業の方針として，休日における連絡は控えることを明示すべきと考えるところである。

(3) ワークシェアが基本

一方，労働者の休暇期間中の業務については，同僚と分担することも考えられよう。それならば休暇中に業務連絡を行う必要もなくなる。その意味では

ワークシェアを行うことが休暇と業務を両立させることにつながるのではないか。

日本ではワークシェアリングは一時議論されたこともあったが，最近では耳にしない。その理由は賃金が減少するという認識があったのではないかと推測している。しかしながら，通年で見れば，月次賃金を維持しながら業務も平準化できることも多いのではなかろうか。管理職の業務配分の方法や相互の業務調整など，工夫の余地も大きいと考えられる。

6 リモートワークと労働時間

(1) コロナ禍とリモートワーク

さて，労働時間管理との関連では，コロナ禍の中でやむを得ず導入された感があるリモートワークの問題にも触れておこう。

リモートワークの発想自体は新しいものではない。30年以上前にも，「サテライトオフィス」「リゾートオフィス」という試みがあり，先進的な会社が導入していたこともある。筆者も八ヶ岳にあるリゾートオフィスを視察したことがあるが，当時は会社との連絡手段が電話とファクシミリだけだったので，会社と完全に離れての業務となり，一定期間に集中して行うプロジェクト関連の仕事ならともかく，他の業務での活用は難しいという印象があった。

ところが，インターネットをはじめとする技術革新により，このような地理的に離れている場所で行うことができる業務の範囲は，大きく広がっていった。在宅勤務はその典型例である。在宅勤務については通勤の必要がなく時間を有効に使える，混雑する電車に乗る必要がなくストレスも低下する，といったプラスの面があり，ワーク・ライフ・バランスからも有効だという調査もある（厚生労働省，2020）。

(2) リモートワークは「良い」ことか

リモートワークを労働時間法制面からすると，リモートワークは「事業場外労働のみなし労働時間」（労基法38条の2）にあたるといえそうだ。しかし，

事業場外で業務に従事するが，無線やポケットベル等によって随時使用者の指示を受けながら労働している場合のように使用者の具体的な指揮監督が及んでいる場合については，労働時間の算定が可能であるので，みなし労働時間制の適用はないとする通達（昭和63・1・1　基発1号）があり，厳格にこの通達を考えると，パソコンをオンラインでつなぎ，あるいはオンライン会議を行うという実態からみて，この事業場外みなし労働時間制を適用することはハードルが高い。そのため多くの企業ではみなし労働時間制を採用せずに業務の開始・終了を電話連絡なり，パソコンのログイン・ログオフで判断するなどの工夫をしている。一方，人事制度面からすれば，前述した通り通勤する必要がないので，乳幼児がいる場合には育児時間が確保できるなどワーク・ライフ・バランスに配慮した制度ともいえよう。

　問題は，上述した労働時間以外に，サービス残業的なものをしていないかという点である。自宅等勤務場所以外で作業をしていると，裁量労働的な働き方になり，気が乗らないときは休憩し，気が向いたら集中的に長時間労働するということも十分起こりうる。結果として長時間労働にもなりかねない。一言えば「歯止め」が効かないのである。

(3)　自己管理が大前提

　このように考えると，リモートワークを導入する前提としては，労働者本人が自己管理できるかどうかがポイントになろう。ここでいう自己管理とは2つの意味を持つ。

　1つは業務に関する自己管理である。業務遂行と業務量の裁量性の問題である。細かな指示まで行わなければならないような業務にはそもそもリモートワークはなじまない。また裁量労働制の項でも述べたが，業務量が多すぎる場合には業務遂行の裁量があっても，本人の労働時間短縮や生産性向上は望めない。

　もう1つは労働時間の自己管理である。労働と休憩のメリハリをつけねば，単にだらだらと労働時間は長くなってしまう可能性がある。他人の目がない自宅のような場所であれば，なおさらである。

7 労働時間管理の必要性再論

(1) 生産性向上と健康管理

　これまで述べたように，2つの観点から使用者に対して労働時間の削減が要請されている。1つは企業側の観点から生産性の向上である。端的に企業側の利益，競争力に直結するのである。もう1つは労働者の健康管理面である。健康経営の観点からも労働者の労働時間削減は必須である。

(2) 使用者の義務としての労働時間管理

　法制面においても労働時間管理は使用者に義務付けられている（安衛法66条の8の3，66条の8の4，安衛則52条の7の3第1項，同条第2項）。しかも自主申告ではなく「客観的な方法」で労働時間を把握せねばならない。

　これは面接指導に該当するかどうかを把握するためのものではあるが，これにより労働者個々の労働時間の推移を観察しつつ，適正な労働時間となるよう指示することが求められている。

(3) 安全配慮義務と労働時間

　さらに労働者の健康を保護するための「安全配慮義務」（労働契約法5条）は，ではどれだけ使用者が「配慮」すればよいのか，明確な基準がない。そのため，たとえば長時間労働による精神疾患の発症や，いわゆる過労死の問題において，使用者の安全配慮義務「違反」を原告である労働者側がどの程度証明するか，逆に安全配慮義務を「履行した」と被告側がどの程度証明するかについては学説上争いもある（田村，2023を参照のこと）[3]。ただ，昨今の裁判例からみて，使用者に厳しい方向が示されているように思われ，安全配慮義務について「違反がなかった」と証明するのは大変難しい場合が多いであろう。

(4) リエンジニアリング

　労働時間短縮施策は根本的には人員を増やすか，業務を減らすか，という問

題にも帰着する．その意味では日常業務の見直し，再編成など，いわゆるリエンジニアリングの必要もあろう．デジタルトランスフォーメーション（DX）の進展とともに，業務を見直し，不要な業務や機械，DXに置換できる業務の削減といった方策は不可欠である．それにより長時間労働は解消されるならば，企業の生産性の向上と労働者の健康の維持・増進につながり，労使のWin-Winの関係構築に資すると考えるものである．

追記：なお本項脱稿後，兼業していた労働者が，両社からのストレスを受け，自殺したことが労働災害として労基署から認定されたとの報道があった（『日本経済新聞』2024年12月17日付朝刊）．兼業・副業労働者の労働時間管理，健康管理は大きな問題として認識されねばならないだろう．

注

1 判決文では「使用者は，その雇用する労働者に従事させる業務を定めてこれを管理するに際し，業務の遂行に伴う疲労や心理的負荷等が過度に蓄積して労働者の心身の健康を損なうことがないよう注意する義務を負う」としている．
2 東京人権啓発企業連絡会HPにおける細川良による記事など（https://www.jinken-net.com/close-up/20230801_4036.html　2024年8月26日閲覧）
3 田村（2023）はハラスメントに関する安全配慮義務を論じているが，証明責任については安全配慮義務一般に通じる議論とみることができる．

参考文献

黒田祥子（2017）「長時間労働と健康，労働生産性との関係」『日本労働研究雑誌』679号，pp.18-28．
厚生労働省（2017）「平成29年版　労働経済の分析」
厚生労働省（2020）「テレワークの労務管理等に関する実態調査」https://www.mhlw.go.jp/content/11911500/000694957.pdf（2020年8月15日閲覧）
佐藤一磨（2019）「残業の実態とその決定要因」経済産業研究所RIETI Discussion Paper Series 19-J-006．
島田陽一（2003）「ホワイトカラーの労働時間制度のあり方」『日本労働研究雑誌』519号．
菅野和夫・山川隆一（2024）『労働法（第13版）』弘文堂．
鈴木宏昌（2012）「フランスのバカンスと年次有給休暇」『日本労働研究雑誌』625号，pp.45-54．
田村伸子（2023）「安全配慮義務違反に基づく損害賠償請求の要件事実」創価ロージャーナル16巻，pp.15-46．
日本生産性本部（2023）「労働生産性の国際比較 2023」（日本生産性本部）https://www.jpc-net.jp/research/assets/pdf/report2023.pdf（2024年8月11日閲覧）

第10章

（労働）安全衛生管理

1 （労働）安全衛生管理の位置づけ

(1) 人的資源管理における（労働）安全衛生管理

　今日でも労働災害のニュースは後を絶たない。それは，被災した労働者本人やその家族にとって不幸であることはいうまでもなく，同時に従業員のケガや病気，または死亡によって貴重な人材を失った職場の損失，さらに不法行為責任や安全配慮義務違反による損害賠償となれば，企業などの組織経営にも大きな打撃となる。行政処分を含めて社会的信用を低下させることになると，経営基盤そのものを揺るがしかねない事態も避けられないといえる。

　人的資源管理は従業員を対象とする管理活動であり，労働力の確保，保全，有効活用などの過程で多くの試行錯誤を繰り返してきた歴史を持つ。そのなかで，従業員の安全と健康は常に大きな課題であり続け，国においても最低限のルールによる取り組みが必要だとして法律の施行と改正をもって職場における労働者の安全確保と健康の維持・向上を企業等に求めてきた。

　すなわち，職場における（労働）安全衛生管理は，企業をはじめとする組織に働く労働者の職業生活のリスクを最大限に予防し，より快適に働ける環境づくり，条件づくりにおける事業者の基本的責務だといえる。それは正規従業員だけでなく，パートやアルバイトなどの非正規従業員，また関係者全体の協力

のもと，積極的に取り組み続けなければならない管理活動だといえる。

　整理して言えば，（労働）安全衛生管理は，労働安全衛生法および労働基準法などの定めにより求められている労働現場での労災事故や健康被害の予防対策管理であることはいうまでもなく，働きやすい職場環境の維持・整備，労働者の健康の確保・増進，労働者の安全意識の向上などに取り組む人的資源管理施策としても展開され，事業者が社会的責任を果たすことであると同時に「信頼される企業（事業者）」を体現する取り組みだとも言える。

　すなわち，従業員の安全と健康は，組織のマネジメントにおける基本である。さらにより快適な職場づくりによってもたらされる従業員の生き生きした働き方は，結果的に組織の目的をより早く，より高いレベルで達成させることに貢献する。こうしたことから考えれば人的資源管理施策においてより多く投資をすべき領域だとも言えよう。

(2) 労働安全衛生法等を基礎にした対策と新たな課題

　労働安全衛生法第3条は，労働者の安全と健康の確保に対する事業者等の責務を「単にこの法律で定める労働災害の防止のための最低基準を守るだけでなく，快適な職場環境の実現と労働条件の改善を通じて職場における労働者の安全と健康を確保するようにしなければならない。」と規定している。

　一方で，第4条では「労働者は，労働災害を防止するため必要な事項を守るほか，事業者その他の関係者が実施する労働災害の防止に関する措置に協力するように努めなければならない」として，労働者に対しても労働災害の防止に一定の役割を義務として課している。すなわち，これらは労使双方の協力をもって実現すべきものだとしているのである。

　具体的な安全管理面からいえば，いわゆる機械設備の改善，安全点検の励行，職場の整理整頓，また保護具管理の徹底等が必要だとされる。その一方での衛生環境面では，作業空間における温度・湿度・騒音・照明・有害物質の粉塵といった諸条件への対策の整備，また交代制等の作業方法や機械設備・工具の作業能率に及ぼす影響に目を向けた使用や作業環境の改善が求められてくる。

　今日，製造・現業部門では，技術革新が進み，熟練労働の世界よりも標準化・マニュアル化された労働の世界が広がってきている。ロボットなどの機械

技術が高度化する背景にはAIやITなどの活用もあるとも言われてきているものの，現場はそこまでの進展に至っていない現実が多々あり，むしろ，職場の多様化が進んだことによるヒューマンエラーによる労働災害の可能性も顕著となってきている。

一方，事務部門では情報通信技術の飛躍的な発展によってオフィス環境が大きく変貌を遂げている。製造・現業部門のような事故は少ないものの，パソコンの画面に向かって作業をするようなデジタル環境での業務が眼精疲労，首や肩などの凝り，さらに精神的な疲労に影響を及ぼすとされ，身体的疲労や職場の希薄な人間関係などがもたらすストレス，または特に多くなっている心の健康障害に注意しなければならない時代を迎えている。

わが国では，雇用労働者の約7割がサービス分野での就労となっていることから「人とのコミュニケーションを通じたストレス」の問題がクローズアップされてきている。職場での人間関係の問題はもちろん，今日ではカスタマー・ハラスメントなど，顧客との間に生じるストレスの問題が深刻化してきている。

そして一歩引いて広く社会を見渡せば，女性の社会進出や活躍が顕著となり，また雇用の多様化を背景とした様々な人材採用の可能性が広がる一方で，育児や介護といった課題と働き方の変化，ワーク・ライフ・バランスへの取り組み，コロナ後のリモートワークの広がりを含めた新たな環境下での就労意識の変化，そこに生じている様々なハラスメント問題が，今日における職場でのメンタルヘルス問題に新たな課題をもたらしてきているといえる。（労働）安全衛生管理にはこれらを背景とした体制整備が求められ，法令遵守の一方で，職場ごとの創意工夫に基づく安全確保，健康づくりの体制構築と実践が必要となってきている。

2 （労働）安全衛生管理の体制

(1) 管理体制整備の必要性

（労働）安全衛生管理は，職場などでの事故や災害を未然に防ぐために危険な状況を事前に予測し，その要因となる問題を特定した上で対策を立てるとこ

ろから取り組みが始まる。その対策を機能させるには，(労働) 安全衛生管理を徹底するための組織的な体制づくりが必要であることはいうまでもなく，その構築をもって従業員に危険の可能性がある事柄と内容を知らせ，万一の事態に備えた訓練を施す対策を整備することが求められてくる。

　労働安全衛生法では，その管理体制の構築を義務づけており，各々に役割を担う管理者を選任することが求められている。また安全衛生委員会を設置し，定期的に各担当者を集めて職場での課題や安全対策について安全衛生監査の結果を踏まえた議論を行い，具体的な対策立案のもと，従業員の安全と健康を確保する取り組みも義務づけている。

　安全衛生管理体制で選任しなければならない管理者は，総括安全衛生管理者，安全管理者，衛生管理者，安全衛生推進者，作業主任者，産業医などであり，各々に細かな役割がある。基本的には経営トップの方針の下で以上のような管理者によって安全衛生管理体制が確立され，安全衛生教育の徹底が図られなければならず，安全衛生管理活動に対する正しい認識の下で作業環境管理，作業管理，健康管理などの総合的な実施が義務づけられている。

　ちなみに，安全衛生教育では，作業前の確認，安全装置の使用方法，保護具の着用などにおける安全への意識向上が重要であるが，雇用の多様化や流動化などが著しくなっている現場では，多様な従業員や勤務期間が短いことなどで十分な教育が行われずに事故につながっている例が多くある。また資金不足の関係から換気設備や照明などの整備が改善されないままになっていることも事故の要因になっている。以上のような現場での問題を放置することになっている例は，基本的に管理体制の不備が原因ともいえる。

(2) 安全衛生に関する管理者の役割

　(労働) 安全衛生管理施策と従業員との間を取り結ぶ「現場」で地道な活動に取り組んでいる各管理者の懸命な姿は，施策効果を大きく左右する。そこには大事故から従業員の生命を守り，健康を守る活動を体現する担当者としての重要な役割があり，責務がある。以下に労働安全衛生法が規定している各管理者の役割について説明してみたい。

① **総括安全衛生管理者**

　総括安全衛生管理者は，事業場での安全と衛生に関わる業務が適切，かつ円滑に実施されるよう安全管理者や衛生管理者を指揮し，安全衛生に関する業務の統括管理を職務としている。事業場のトップとして労働安全衛生法に規定されている諸事項の遵守は言うまでもなく，作業者の安全と健康をより一層確保すること，また快適な作業環境の実現を図るよう諸条件の改善に努めることが求められている。

② **安全管理者**

　安全管理者は，事業場において事故や災害，ケガなどを防ぐため，労働者の安全に関する様々な業務を取り仕切り，管理することが職務とされている。特に事業場での安全にかかわる技術的事項を管理し，現場の管理下にある作業者の労働災害防止に関する措置を講ずることはもちろん，その措置が問題なく行われているかを直接確認するために職場巡視をも行うことが求められている。

③ **衛生管理者**

　衛生管理者は，事業場での業務が従業員の疾病原因となる可能性を鑑み，職場要因を管理するとともに健康を確保するための諸施策の業務を取り仕切ることが職務とされている。国家試験の合格資格者のなかから選任され，毎週1回の職場巡視が義務づけられている。

④ **安全衛生推進者等**

　安全衛生推進者等とは，安全管理者や衛生管理者の選任義務のない中小規模の事業場で従業員の安全や健康を確保することを職務とする者を指すが，その職務には「安全衛生推進者」と「衛生推進者」としての2つの役割がある。安全衛生推進者は，安全と衛生（健康）に関する業務，また衛生推進者は衛生に関する業務を担当することになる。

⑤ **作業主任者**

　作業主任者は，事業場において従業員に危険を伴う作業を行わせる場合，労

働災害の発生を防ぐ役割を担う。危険を伴う作業について十分な知識と技能を持つ従業員がその指揮を執る者として選任される。作業主任者になるには，作業の種類ごとに定められた免許の取得か技能講習の修了が必要となっている。

⑥ 産業医

産業医は，事業場での従業員の健康管理および医学に関する専門的知識を持つ者として業務にあたる医師を指す。常時50人未満の従業員を使用する事業場では選任の義務はないが，医師や産業保健師に健康管理を行わせるように努めることが求められている。常時50人以上の従業員を使用する事業場では1名以上を選任し，3001名以上の事業場では2名以上を選任しなければならない。常時1000人以上の従業員を使用する事業所では，事業所専属の産業医を選任しなければならないことになっている。

産業医の職務は，a.健康診断，面接指導等の実施，その結果に基づく労働者の健康を保持するための措置，作業管理の維持管理や作業の管理等労働者の健康に関すること，b.健康教育，健康相談その他労働者の健康保持増進を図るための措置に関すること，c.労働衛生教育に関すること，d.労働者の健康障害の原因の調査および再発防止のための措置に関することとされている。

ちなみに，産業医は過重労働防止強化のために長時間労働やメンタル不調等による健康リスクの高い従業員を見逃さないよう面接指導や健康相談を確実に行うことが2019年4月の労働安全衛生法の改正によって求められるようになった。

(3) 安全・衛生委員会の設置

労働安全衛生法では，一定以上の規模の事業場における労働災害や健康障害などの防止の観点から安全委員会，衛生委員会，または安全衛生委員会の設置が義務づけられている。委員会は毎月1回以上開催され，労使から選出された委員が出席するが，そこには従業員の意見を職場の安全衛生の措置に反映させる目的がある。

企業には法的最低基準の順守は言うまでもなく，人事・労務管理上の必要性をも考慮し，法令には定めはないが，特別に職務担当者を配置している事業場

は少なくない。健康管理に力を入れている事業場では，健康管理室や診療所，あるいは医務室の医務職にある担当者が健康管理を担当することで，労働災害防止と従業員の健康づくりのためのそれ以上の取り組みが実践されている。大企業の中には，以前より健康保険組合の取り組みも踏まえ，さらに長年の制度改善の積み重ねが職域福祉とも共有，反映されて効果を上げている例も多い。

3 （労働）安全衛生管理の基本

(1) 作業環境管理と作業管理

　作業環境管理は，職場での従業員の健康障害を防止することを目的に行われる管理施策の１つである。それは作業環境において様々な有害要因を取り除き，良好な環境状態を確保することを目指すもので，業務はまず職場の環境の現状を正確に把握することから始まる。すなわち，作業環境測定を実施し，その結果を的確に評価した上でこれらに対応した各種設備の改善，定期的な作業前点検と検査の実施を繰り返す取り組みとなる。もちろん，その過程では測定機関との十分な情報交換や議論をもって改善レベルを上げていくことが常に求められている。

　作業管理は，有害な物質やエネルギーが人に及ぼす影響の要因を適切に管理し，従業員の健康への影響をできる限り少なくすることを目的に行われる管理施策である。それは作業の内容や手段によって管理方法が異なってくるため，これらに伴う有害要因の発生の防止と抑制，また曝露の低減を図るよう作業の手順や方法を定め，または作業方法の改善によって作業の負荷や姿勢など，身体への悪影響を減少させること，もしくは保護具を適正に用い曝露を少なくすることを目指すものである。

　一方，情報通信機器，すなわち，パソコン，タブレット，スマートフォン等の急速な普及によって作業形態が多様化するなか，2019年７月に「VDT作業における労働衛生管理のためのガイドライン」が「情報機器作業における労働衛生管理のためのガイドライン」に名称変更され，作業管理の見直しが行われた。2021年３月にはテレワークの実施の際のガイドラインも示されている。こ

の他，以前から受動喫煙防止対策，感染症対策にも細かなガイドラインが示されており，これらについても十分留意する必要がある。

(2) 安全衛生教育・健康教育の必要性

（労働）安全衛生管理の効果的な運用にあたって重要なことに「安全衛生教育」がある。それは，従業員の雇い入れ時，作業内容変更時，そして危険有害業務に就労させる時などに必ず行う必要があるが，それだけではない。

社会経済環境が急速に変化し雇用の流動性が高まって非正規従業員を含めて勤続期間が短くなれば，仕事に慣れていないがゆえのリスクも高まってくる。また栄養や運動に関わる疾病の有所見者の増加もあって，これらが業務遂行に影響を与える可能性も否定できない。したがって，安全衛生教育はあらゆる機会を活用して実施することが求められてきている。

同時に，近年における急速な技術革新の進展やリスクの多様化を考えれば，職場において（労働）安全衛生管理に関わる全ての管理者にも災害防止や健康障害防止に関する新たな教育が必要になってくる。単に労働災害防止や職業性疾病防止を目的とした教育の他にもこれらに関連した情報の提供や清掃，清潔，整理整頓などの基本的なルール，すなわち生活習慣改善を目指した教育も改めて行う必要が出てきているように思われる。

(3) リスクアセスメントと安全衛生マネジメントシステム

リスクアセスメントとは，職場における（労働）安全衛生管理上の様々なリスクについて低減措置内容を検討し，推進すべき一通りの施策内容を企画して計画的に低減すべきものへの措置を実行するプロセス，もしくは手法のことを指す。

たとえば，①事業場での建設物，機械設備，原材料，作業行動などによって生じる危険性，有害性を特定し，②リスクの程度を見積もってから，③その結果に基づいたリスク低減への優先度を設定した上で，④リスク低減措置の内容を検討し，⑤その優先度に応じたリスクの低減措置を実行するものだといえよう。

これらの基本的な考え方と実施事項については，厚生労働省より「危険性又

は有害性等の調査等に関する指針」(「リスクアセスメント指針」),また「化学物質等による危険性又は包括的な安全基準に関する指針」および「機械の包括的な安全基準に関する指針」などが公表されている。

一方,労働安全衛生マネジメントシステムとは,事業場が体系的,かつ持続的に実施する一連の自主安全衛生活動に関する仕組みを指している。多くの企業がすでに導入している仕組みであるが,①経営トップの安全衛生方針の表明が行われ,②リスクアセスメントを実施してから,③これらに基づいた安全衛生目標を設定する。④その上で安全衛生計画の作成,実施,評価および改善を行う,いわゆるPDCA(Plan-Do-Check-Act)を適切,かつ継続的に実施するものである。これもまたリスクアセスメント同様に,厚生労働省からその内容を示した「労働安全衛生マネジメントシステムに関する指針」が公表されている。

以上の取り組みは,現場で作業に取り組む従業員たちにより多く参加・協力してもらえるようにすることが重要であり,経営トップのリーダーシップの下で全社的な活動として仕組みを機能させるため,折々のイベントなどを企画・実施して内外に向けてのメッセージを発信し続けることが重要である。

今日における「健康経営」の推進はこれにあたる。労働者の心と身体の健康の確保と増進の重要性は,近年,より強く意識されるようになり,安全衛生計画に健康保持増進活動と健康教育を含めるように求められることになっている。

4　健康管理の実施と展開

(1) 健康診断の実施

健康管理の基本は,従業員自らが自分の健康状態を正しく知ることから始まる。事業場には,労働安全衛生法によって雇い入れ時の健康診断や健康測定の実施,またその後における毎年の定期健康診断の実施が義務づけられており,従業員に自らの健康状態を認識させた上で,その結果に基づく事後措置としての健康指導や治療を早期に受けるよう促すことも求められている。

一方で,深夜作業などを含め,特殊健康診断が必要となる作業に従事してい

る従業員には，年1回の定期健康診断のほかに6カ月（以内）ごとの定期健康診断も必要とされる。また従業員が海外に派遣される場合，6カ月を超える時は出国時と帰国時それぞれに健康診断を実施しなければならない。この他に就労環境の関係から結核健康診断を必要とする事業場や食堂で従事する従業員には検便検査が義務づけられている。

　職場での健康診断は，従業員の健康状態を以上のような手段で把握し，病気等の早期発見・早期治療を図るとともに，現場の作業環境や作業との関係，またその影響を検討した上で，従業員の健康障害を未然に防ぐことが大きな目的である。もちろん，日頃からの生活習慣の改善や健康増進を後押しする積極的な取り組みも必要とされるようになってきている。

　特に公的年金における受給開始年齢の繰り下げに伴い，企業ではこれまでにも従業員の就業機会確保の努力義務化に対応し，さらなる定年年齢の引き上げ，雇用延長が行われてきており，すでに70歳定年を導入，また定年の撤廃を宣言した企業もある。

　国は，以前より高齢従業員に対する健康管理面での適切な配慮が必要だとして，従業員における若年期からの健康づくりにもしっかりと対応するあり方を求めてきた。企業での健康対策への対応は，高齢化に応じた法的整備の過程で企業内制度の見直しも行われ，一定のレベルを確保することに努めた上で企業の考え方，職場ごとの実情に合わせた健康管理対策を講じるよう求めてきたのである。今後，急速な少子高齢化の進展を背景に健康管理のさらなる改善は「待ったなし」になってきているといえるだろう。

(2) 健康管理への視点の変化

　わが国における労働安全衛生法の制定は1972年9月18日である。高度経済成長期での労働災害の多発化を背景にしていたが，特に中高年齢者の労働災害が多く，その第62条には「中高年齢者等についての配慮」が規定され，「事業者は，中高年齢者その他労働災害の防止上その就業に当たつて特に配慮を必要とする者については，これらの者の心身の条件に応じて適正な配慮を行うように努めなければならない」と定めている。

　その後，当時の労働省（現・厚生労働省）がさらなる高齢化を見据えて作成

した「中高年労働者健康管理事業補助制度実施要領」(1979年) では，健康教育の徹底や運動指導，ヘルスチェックなど，中高年労働者の健康と労働能力の維持を目指したSHP（シルバー・ヘルス・プラン）が提示され，第6次労働災害防止計画では「トータル・ヘルスケア」(1983年) という概念が提案された。そこではすでに先駆的な取り組みを始めていた企業の活動事例もあり，それまでの作業環境管理，作業管理，健康管理の3つの管理を新たな視点から見直し，健康管理を総合的に推進する重要性にも目が向けられるようになってきていた。

トータル・ヘルスケアの概念は，従来の3管理を総合的に推進しながら，それまでの狭い意味での「ネガティブな疾病管理中心の考え方」から「健康づくりや体力づくりを包括するポジティブ・ヘルスの考え方」に脱却させようとしたものだった。そこでは3管理が個人の社会への適応能力の維持・向上，能力開発を志向する考え方のもとに取り組むべきとされ，急速に進展する人口の高齢化の過程での健康問題は，総合的にまた前向きに考えるべきだとする「シルバー・ヘルス・プラン」の考え方を発展させて生み出されてきた。

さらにそれはメンタルヘルスを含めた「トータル・ヘルスケア」という構想に繋がっていくことになる。すなわち，身体的健康にとどまらず，精神的健康，社会的健康をも視野に入れるものとなってきたのである。

(3) THP（トータルヘルスプロモーションプラン）の展開

国は，労働者の健康保持増進対策の指針として1988年9月に「事業場における労働者の健康保持増進のための指針（THP指針）」を発表している。34年半後の2023年3月には，この間の急速な社会経済環境の変化や情報通信技術の革新的な進展によるIT・AI化，また経済のサービス化や人口の加速度的な少子高齢化などを背景とした心身両面の課題を視野に入れた指針の細かな改正を行い，改めてその内容を提示した。

いわゆる，THP（トータル・ヘルスプロモーション・プラン）は，すべての労働者を対象にした総合的な「心とからだの健康づくり運動」を指す。企業をはじめとする事業者には，厚生労働省が策定したこの「指針」に基づき，労働者の心と身体の両方の健康の保持増進に努めなければならないとしたのである。

THPでは，労働安全衛生法で義務づけられている一般健康診断や特殊健康診断，さらに体力測定などの結果を活用して，従業員一人ひとりに対する運動指導やメンタルヘルスケア，栄養指導にも取り組むことが求められている。そのためには，産業医の指揮の下で産業保健指導の担当者である産業保健師，心理相談担当者，産業栄養指導担当者，また運動指導担当，運動実践担当者などのスタッフの養成，配置も行って従業員の健康管理の徹底と生き生きとした生活の実現を支える体制整備を目指すことが必要だとしてきた。

　2020年のTHPの指針改正では，健康保持増進措置の視点を労働者の「個人」単位から「集団」単位でとらえ，それを拡大・強化していく方針が示された。すなわち，ここでの改正のポイントは，労働者を集団で捉え，事業場全体の健康改善を目指す措置（ポピュレーションアプローチ）を重視する健康管理対策のあり方を具現化し，推進すべきだとしたことである。

　そして，2021年には「コラボヘルス」の推進に関連する改正がなされた。コラボヘルスとは，事業者と健康保険組合等の保険者が積極的に連携し，明確な役割分担と良好な職場環境のもとで，従業員の健康づくりを効率的，効果的に実行することだとされている。

　そのために事業者は健康保険組合等の保険者に健康診断の結果を提供する必要があり，保険者と連携して事業場内外の複数の集団間の情報と比較して健康増進に係る取り組みの決定等に活用することが推奨されている。少なくとも，40歳以上の従業員の定期健康診断等の結果の提供を保険者から求められた場合には，これに応じなければならないことになった。

　すでに経営者は，従業員の「健康づくり」が法的な最低限のレベルを維持していればよいといった認識で立ち止まるのではなく，それを超えた積極的な取り組みが求められている。すなわち，経営問題に直結する課題に対するリスクマネジメントとしての認識の下，「健康づくり」に取り組まなければならない時代を迎えているとの理解が求められているのである。

5 メンタルヘルスとハラスメント対策

(1) メンタルヘルス対策導入の背景と必要性

　メンタルヘルスへの関心がこれまでになく高まっている。いわゆる，「心の健康問題」はすでに企業にとっては大きなリスクとなっており，人的資源管理における最優先課題の1つともいわれる。身体の健康と不可分である心の健康は，労働能力の十分な発揮に欠かすことができないことはいうまでもなく，その不調は生産性を低下させ，場合によっては職場での大きな事故の原因ともなるからである。

　もちろん，従業員の職業生活の質的充実を脅かす一方で，職場での適応障害を引き起こすことに至れば，結果的に大切な人材を失うことにもなりかねない。すなわち，人材の確保・定着においても問題視されている長時間労働や様々なハラスメント問題，これらを内包する職場での人間関係や組織文化の問題は，従業員の心身面に極めて重い負荷をかけ，離職，また過労死や過労自殺にまで追い込む可能性を高めている。

　一方で，人は「スピード」への対応に戸惑いやすく，加速度的なAI・IT化などを含む急速な職場環境の変化は，従業員に強いストレスを与え，その対策に正面から取り組まなければならない時代が到来している。ストレス対策，もしくはメンタルヘルス対策は組織における喫緊の課題なのである。

　職場におけるメンタルヘルス対策といえば，労働安全衛生法の改正によって2015年12月に施行され，義務化された「ストレスチェック（労働者の業務上の心理的負担の程度を把握するための検査）制度」があるが，そこでは「ストレスチェック」と「面談指導」による対応が周知されるようになってきた。

　これは，2006年3月の「労働者の心の健康の保持増進のための指針」（労働安全衛生法第70条の2第1項）に基づいて各々の事業場の規模や実情などに応じた職場でのメンタルヘルス対策が進められ，その改正が行われた2015年11月に新たな指針が示されると同時に始められた施策である。

　その指針では「心の健康づくり計画の策定」と「関係者への教育研修と情報

提供」を実施するとともに,「4つのケア」を継続的,計画的に推進することが求められた。すなわち,段階的に1次予防としての「ストレスチェックの活用」や「職場環境等の改善」に始まり,2次予防としての「メンタル不調への対応」,3次予防としての「職場復帰のための支援・再発防止」を各々円滑に進めることである。

「4つのケア」とは,従業員自らが心の健康の保持増進のために取り組む「セルフケア」,管理監督者が従業員の心の健康の保持増進のために取り組む「ラインによるケア」,事業場内の産業保健スタッフ等が従業員の心の健康の保持増進のために取り組む「事業場内産業保健スタッフ等によるケア」,そして今日進んでいる事業場外の様々な機関が事業場に対して心の健康づくり対策を支援する取り組みである「事業場外資源によるケア」の4つである。

これらのケア対策は,2020年以降のコロナ禍での在宅勤務などで大きな課題に直面した。人間関係の面ではストレスが低減したという意見があった一方で,孤立による問題が発生し,リモートワークが普及してきた今日,新たなケアのあり方が模索されている。

(2) ハラスメント対策の法的整備と重要性

メンタルヘルス問題の背景の1つには「職場におけるパワーハラスメント」の問題がある。いわゆる「パワハラ」がクローズアップされてきたのは,バブル経済崩壊後,1990年代の後半から企業などでリストラが進み,その過程での職場における上司などの威圧的な態度,いじめや嫌がらせが表面化してきた2000年代に入ってからのことだったと思われる。

一方で,「職場におけるセクシャルハラスメント」はそれに先んじて1980年代後半には「セクハラ」として注目され,性別や性的嫌がらせに関わる言動から行為に至る問題が社会問題に及ぶところとなっていた。その後,女性が妊娠や出産,また育児を理由にして職場で不当な扱いや嫌がらせ,あるいは不快な言動を受けるなどの「マタニティハラスメント」がクローズアップされ,これらの職場でのハラスメント問題は,日本社会の根深い問題として議論されてきた。

そして具体的な対策として2019年6月に「女性の職業生活における活躍の推

進に関する法律等の一部を改正する法律」が公布され，パワーハラスメント防止のための事業主の雇用管理上の措置義務等の新設，またセクシャルハラスメント等の防止対策の強化等を講ずる改正法が2020年6月に施行された。

　ハラスメント対策強化のための労働施策総合推進法（労働施策の総合的な推進並びに労働者の雇用の安定及び職業生活の充実等に関する法律）改正も2019年6月に行われ，大企業は2020年6月から，中小企業は2022年4月から施行となった。男女雇用機会均等法や育児・介護休業法などにおいても2020年6月から職場でのハラスメントに関わる部分が改正され，事業主にはその防止措置が義務づけられた。

　職場におけるハラスメントの問題は，職場での地位や人間関係などを通じてその優位性から身体的・精神的な苦痛を与える問題，また従業員の意に反した性的な言動，女性従業員に対する妊娠・出産・育児に関する不当な扱いや嫌がらせによって就業環境を侵害するものであり，その防止策の具体的な内容については施行規則で提示されている。

　また，増え続ける心理的負荷による精神障害の労災認定基準の改正も行われており，カスタマーハラスメントや感染症等の病気や事故の危険性が高い業務に従事した場合などの適用，さらに心理的負荷の強度における具体例の明記，業務外ですでに発病していた精神障害の悪化について労災認定ができる範囲の見直しなども行われている。

　今日，企業にとってハラスメント対策は極めて重要な課題であり，人的資源管理において法令順守はもちろんのこと，従業員のメンタル不調の背景にある問題として十分な認識と対処が必要である。

6　健康経営

(1)　健康経営と（労働）安全衛生管理

　今日，企業経営の領域では「健康経営」が1つの重要なキーワードになっている。それは企業等にとって安定した労働力の確保に関わる問題であり，利潤を生み出す従業員の仕事力の質をも左右する「健康」が重要な課題として捉え

直されているからである。

　すなわち,「健康経営」は,その基盤的視点ともいえる「人的資本経営」のもとで新たな企業価値創造に向けた投資として,従業員のワークエンゲージメントの向上,さらには従業員が求める生きがい,もしくはウエルビーイングとも言われる状態での労働を通しての企業等の組織成長とその先にある社会の発展,また個人の成長を目指すものとされている。

　(労働) 安全衛生管理の効果は,経営トップのリーダーシップと職場での各関係管理者の役割期待への責任感,そして従業員の安全・健康意識の高さにかかっているように思われる。(労働) 安全衛生管理対策への理解と実行力による円滑な取り組みは「従業員を大切にする職場」や「職場を大事に思う従業員」という信頼関係の世界を生み出していくことにもなるのであり,少なくとも従業員の安全と健康の実現は,組織活力の源泉ともなってくる。

　それがひいては経営の安定と発展をもたらすと理解できれば,今日,多くの注目を集めている「健康経営」が新たな段階に踏み出すことになる。従業員からすればその対策への取り組み態度の懸命さが「自分を大事に考えてくれている」という受け止めになるのであって,従業員はもちろん,その家族にも職場からのメッセージが意味をもって届くのである。

　また今日,優秀な人材を確保したいとする新卒採用や中途採用にあたって,より良い条件の提示が最も効果的であることはいうまでもない。企業としてはできる限り会社の魅力をアピールし,基本的労働条件はもちろん,福利厚生や従業員教育などの充実をも訴えて多くの求職者に入社希望の最有力候補として受け止めてもらおうとしている。

　一方で,「働く者の能力発揮による生産性の向上」といった経営目的達成に必要不可欠な取り組みをいかに戦略的に実現するのか,また新卒者ばかりでなく,経験豊富で優秀な人材としての中高年層の有効活用や人材の定着を目指した取り組みとしても,今や健康支援は重要なテーマなのである。そこでの対策基盤としての大きな役割を担う施策が (労働) 安全衛生管理である。

　すでに述べてきたとおり,(労働) 安全衛生管理の整備は,労働安全衛生法や労働基準法などの法令順守を大前提に,労働災害の防止による安全と労働者の健康の確保・増進を図るものとされる。特に重視されている心身両面の健康

づくりを土台にして，ワーク・ライフ・バランスを含めた働きやすさや働きがいのある職場環境の整備が事業場の重要な取り組みとして注目されてきた。

(2) コラボヘルスに向けてのさらなる情報戦略

「健康経営」の体制づくりは，健康管理をめぐる情報収集とその情報活用による戦略を踏まえ，職域での健康管理施策の徹底した連携による一連の対策を構築していく過程を経る。2018年9月に施行された労働安全衛生法に基づく「労働者の心身の状態に関する情報の適正な取り扱いのために事業者が講ずべき措置に関する指針」は，2022年3月に改正され，労働安全衛生法に基づいた健康診断によって得られた「個人情報についての取り扱い」を定めている。

健康診断の情報について心身の状態についての情報の取り扱いに関する原則から入り，具体的な情報や情報の取り扱い，また適正管理や情報の加工，さらに事業者とその情報管理に携わる医療職種や産業保健業務従事者の役割その他について細かく定義している。

一方，厚生労働省が2004年12月に提示した「健康保険組合等における個人情報の適切な取り扱いのためのガイドライン」も，個人情報についての取り扱いに関する基本的な考え方から始まり，用語の定義から細かな内容をまとめているが，基本的に個人の健康情報が不適切な取り扱いを受けることになれば，雇用への影響など個人が大きな不利益を被る可能性があり，信頼を損ねることがあれば，体制やシステムが機能を損なうこともあるため，極めて慎重な取り扱いが求められている。

健康保険組合の情報戦略においては，すでにデータヘルス計画による事業主との協働関係を築き，「コラボヘルス」の取り組みが始まっている。健康保険組合の健康診断結果やレセプト情報と企業における労働安全衛生法における定期健康診断などの情報を活用して対策を連携して実施する情報活用戦略である。

このことによる企業ごとの健康問題の可視化は，従業員の健康状態においてプレゼンティーイズム（出勤はしているものの健康問題によって業務効率が落ちている状況）を明らかにでき，対策の必要性はもちろん，何をどのようにするかという具体的な対策のターゲットと手法を明確にすることで計画的に対策できるという意味では極めて効果的・効率的な取り組みが実現できるといえる。

職域での健康管理におけるこの2つの情報は，従業員の個人情報ゆえに極めて慎重に扱われる。その活用による効用は，事業所内でのきめ細かな健康管理対策の効果を格段に向上させる可能性を持っており，さらなる安全衛生管理の改善に役立てることが求められる。情報の取り扱いと活用での法令遵守は言うまでもなく，効果的な健康づくりのために，職域内，また外部の健康管理資源をも活用して新たな時代における健康管理システムの構築には欠かせないものとなってきている。

(参考文献)

石嵜信憲編著（2022）『健康管理の法律実務（第3版）』中央経済社。
医療情報科学研究所編集（2019）「職場の健康が見える―産業保健の基礎と健康経営」メディックメディア。
梅崎修・江夏幾多郎編著（2023）『日本の人事労務研究』中央経済社。
川村孝（2023）『職場のメンタルヘルス・マネジメント』筑摩書房。
佐藤博樹・武石恵美子編著（2011）『ワーク・ライフ・バランスと働き方改革』勁草書房。
中央労働災害防止協会編（2011）「安全衛生運動史―安全専一から100年」中央労働災害防止協会
中央労働災害防止協会編（2024）「労働衛生のしおり（令和6年度）」中央労働災害防止協会
坂東利国（2020）『ハラスメント研修の教科書』一般財団法人全日本情報学習振興協会。
森晃爾（2019）『成果の上がる健康経営の進め方』労働調査会
Richard P. Sloan, Jessie & C. Gruman, John & P.Allegrante（1987）INVESTING IN EMPLOYEE HEALTH．（本明寛・野口京子訳（1992）『企業内健康増進マニュアル―ウエルネス・マネジメントへの投資と効果』ダイヤモンド社）

第11章

福利厚生管理

1 福利厚生の定義と位置づけ

(1) 福利厚生とは何か

　福利厚生とは，企業に雇用されている従業員，また必要に応じてその家族をも対象にして実施される企業の福祉施策をいう。それは，従業員の生活の安定と向上，健康の維持・増進などを目的にしており，さらにこれらを通して人材の確保・定着，生産性の向上，労使関係の安定など，企業における人的資源管理効果への貢献を期待して行われるものである。

　その取り組みは，賃金や労働時間，休日・休暇，仕事の作業環境などの基本的労働条件の改善，充実だけでは解決が難しい「従業員の多面的な生活上の諸課題」に対し，労働条件のさらなる改善に向けた企業労使の努力を前提に「現物給付」や「現金給付」，または様々な「サービス」のかたちで実施される。

　今日，福利厚生は，ワーク・ライフ・バランスの観点からもそのあり方が問われている。そこには，働きやすい職場づくりとともに，福祉における企業の社会的役割が期待されている。

(2) 職域福祉における福利厚生の位置づけ

　福利厚生は，職域福祉の1つである。職域福祉は，広く「労働福祉」とも呼

ばれ，職場や職域を通じて強制される社会保障，企業が任意で行う福利厚生，また労働者が労働組合などを通じて自主的に行う労働者福祉の3つの施策で構成されている。本章で取り上げる企業の福利厚生は，そのなかでも従業員にとって最も身近であり，日常的であり，直接的であってその充実の度合いは企業規模にもよるが，経済生活の安定と向上に寄与しているとされる。

わが国では，高度経済成長期を経た1970年頃から福祉に関連する様々な施策が広がるにしたがい，多くの人々が福祉に関心を寄せ始めた。そのなかで企業の福利厚生についても従業員の生活福祉に大きな役割を果たしていたことから注目が集まり，その概念を明確にしておく必要があるとする問題提起がなされるようになった。

たとえば，福利厚生は費用面からみると主に「法定福利費」と「法定外福利費」の2つに分けられる。「法定」と「法定外」とはその本質や機能が異なり，ここに明確な区分が必要になるとして，法律によって強制される「社会保障」に対し，企業が任意で行う福祉を「企業福祉」と呼んでもよいのではないかとする見解が示された（佐口，1970）。

その後，1980年代に入ると高齢化社会の進展を背景にした「生涯総合福祉」という視点からの職域福祉改革が推し進められるようになってきた。その中心となった「企業福祉」はバブル経済期を迎えたこともあって盛んに議論され，人手不足を背景に充実を図る企業が増えてその名称は広く知られるようになってきた。

バブル経済崩壊後の1990年代以降，急速な少子高齢化の進展を背景に法定福利費が増加し，リストラを急ぐ企業は福利厚生の大幅な見直しに取り組み始めた。法定外福利は合理化を求められ，費用の削減を余儀なくされた。この間，「企業福祉の終焉論」も論じられ，一方では職域福祉における位置づけでの役割を広く社会保障の補完に向けて議論する傾向が強まってきた。

しかし，今日，若年労働力人口の減少を背景にした人手不足もあり，再び企業にとって人的資源管理施策の戦略的な位置に据えられつつある。また大きな課題となってきた育児や介護，ワーク・ライフ・バランスなどの社会への貢献もより求められるようになってきた。

2　福利厚生の施策と内容

(1)　福利厚生の施策構成

　福利厚生は，従業員の職業生活において在職中および退職後の生活全般にわたるニーズの充足，不時の際の備え等に対応して施策が構成され，また賃金や社会保障などの効果を高める内容が制度化されてきた。それらは従業員の生活全般に及ぶがゆえに多岐にわたる。

　福利厚生を構成する施策は，様々な仕組みによって成立している。たとえば結婚，出産，育児，教育，持家などのライフイベントに備える制度には各々の目的に対応した貯蓄制度が設けられている。持家などの財産形成支援の仕組みでは，勤労者財産形成促進法に基づく制度を利用した貯蓄制度があり，また銀行や証券会社などの社外金融機関の金融商品を活用した貯蓄制度もある。

　返済負担の軽減を目的とした仕組みとして企業独自の低利融資や利子補給なども制度化されており，万一の場合のリスクに対しては，生命保険会社や損害保険会社，各共済団体の金融商品を利用している例が見られる。その一方で，企業単独または企業グループで共済会を設立し，従業員からの会費や企業補助，あるいは労働組合からの原資拠出などによる融資制度もある。

　従来からの制度は，企業独自に目的や方法，手続きなどを定めた規程を作成し，その運用・実施を社内の厚生課などが担当して行われる例が多かった。したがって，自前の設備，人員で運営管理をしてきた福利厚生施設・制度が多くあった。しかし，今日では外部の専門業者との契約に基づき，一部または全面的にその運営管理を委託し，福利厚生アウトソーシングメニューとも組み合わせて提供する例が増えてきている。従業員の生活利便性を高める施設・制度にあたっては，基本的に自己負担，自助努力を前提とした制度が運用されてきている。

(2)　福利厚生の施設・制度

　福利厚生は，個別企業等の考え方はもちろん，その立地や規模，業態や業種，

対象者層の職種，または男女比や年齢などの労務構成からの必要性，労働組合の有無や労使関係，また従業員の要望などによって事情を踏まえた施策の内容が各々の予算の範囲内で行われている。長い歴史を持つ大企業には，労使関係なども含め，それまでの経緯を踏まえた数多くの施設・施策が制度化されている。

以下は，福利厚生の施策構成にしたがい，そこで一般的に見られる福利厚生施設・制度をあげた（土田，2015）。

① **住宅**

独身寮（独身用の自社所有・借上げ－個室借上げを含む），社宅（家族用の自社所有・借上げ），社内融資制度（社内預金または金融機関との提携ローン），新幹線通勤補助制度

② **財産形成**

財形貯蓄制度（一般・住宅・年金），財形融資制度，従業員持株制度，住宅貸付金制度・利子補給制度などの持ち家支援制度，社内預金

③ **共済・慶弔災害給付**

共済会制度，慶弔・災害見舞金，労災上積み補償制度，団体定期保険（全員加入または従業員任意加入への補助），遺児育英年金，ホームヘルプ制度，差額ベッド料補助，法定外労働災害補償・通勤災害給付，長期欠勤者所得保障

④ **健康・医療**

健康診断（法定への上積み），生活習慣病検診（成人病検診），個人負担の人間ドックへの補助，健康づくり運動支援，メンタルヘルス，企業内医療施設の運営

⑤ **文化・体育・レクリエーション**

文化・体育・レクリエーション活動支援，グラウンド・テニスコート・プールなどの体育施設（自社所有・契約施設），保養所（自社所有・契約施設），運

動会，社員旅行

⑥ **生活援護**
職場給食，ユニホーム，購買施設，理髪施設，駐車場，教育ローン

⑦ **育児・介護支援**
育児休暇，育児補助・ベビーシッター補助（託児所手当を含む），企業内保育施設，介護休暇，介護相談，介護ヘルパーの派遣（費用補助を含む）

⑧ **自己啓発・能力開発**
公的資格取得支援，通信教育支援，生活設計講座，国内外の大学留学制度，マネープランニング講座，退職準備教育，リフレッシュ休暇

⑨ **手当**
住宅手当，家族手当，通勤手当，地域手当，食事手当，寒冷地手当，単身赴任手当

⑩ **その他**
転勤者・単身赴任者・海外勤務者対策，OB会活動支援，退職後医療保障制度（民間保険利用）

近年，従来からの制度に新たな役割を付け加え，ユニークな名称で従業員にアピールする例が出てきている。各々の職場特有の課題を金銭的，時間的，空間的，もしくは教育的配慮を踏まえてこれまで福利厚生の範疇に入るとは考えられなかったような内容の給付や提供要件も見られるようになり，ソフト化が進んでいるように見られる。

(3) **給付・サービスの実施体制**

福利厚生の運用管理は様々な方法で行われている。たとえば，住宅支援は従業員が各々に住宅を探して契約し，企業が住宅手当（現金）を支給する家賃補助制度はその１つと言える。一方で，自社所有や借上げの独身寮・社宅を現物

貸与し，使用料を徴収する方法がある。企業の立地が不便である場合や転勤が多い場合は，従業員の利便性を考慮し，業務用社宅や転勤者用社宅を準備して提供するのである。ただし，これらの施設管理は企業にとって負担になることもあり，自前での管理ではなく，管理を委託する例が多くなっている。

今日では，企業が住宅賃貸業者や専門の管理会社と契約してこれらにかかる一切の業務を一括委託する例が増えている。たとえば，給食についても社宅管理や保養所管理を専門に請け負う業者がシステムを高度化させ，コストを抑えながら多様なメニューをきめ細かなサービスで提供するところが増えており，利用者が多い場合には，このような仕組みを活用したほうが合理的といえる。いわゆる「外部化」である。

近年，福利厚生全般を一括して請け負うアウトソーサーが特に注目されている。利用料金が見合えば，大幅に手間が省けるだけでなく，多様なメニューから選択が可能で，給付方法やサービスの質も高く，従業員の満足度も高いと言われる。企業の事情に合わせたオプションサービスも多彩であり，料金プランも基本的なものからいくつも選択できる。

福利厚生の実施体制としては企業単独が一般的であるが，企業グループ，あるいは企業の労使共同による大型共済会が実施主体になる例もある。また地域の中小企業などを対象にした福利厚生共済センターなどの利用も組み合わせ，自社独自の福利厚生をつくりあげている例は多い。

3　福利厚生費とその動向

(1) 福利厚生費の構造

企業は，福利厚生施設・制度を運用するにあたってその費用を負担している。いわゆる，「福利厚生費」がそれである。福利厚生費は，「法定福利費」と「法定外福利費」，「退職金（企業年金）」の3つから構成されている。

法定福利費は，国によって義務づけられている社会保障費用（社会保険料）の企業負担分であり，法定外福利費は，企業が任意に行う福利厚生施策における費用（企業福祉費）を指す。

「法定福利費」は，健康保険・介護保険・厚生年金保険・雇用保険（日雇を除く）・労働者災害補償保険等の社会保険料と児童手当その他，企業が負担する費用を指す。原則として「労使折半」となっている。「法定外福利費」は，福利厚生に関わる物的施設の維持や修理営繕，また運営のための一切の費用（建設費を除く）のほか，慶弔金などの現金給付，私的保険などへの拠出金，さらに現物給付などの企業負担分を指す。

(2) 福利厚生費の動向

　福利厚生費は，すでに述べたとおり，法定福利費と法定外福利費の2つからなる。今日，法定福利費は少子高齢化や人口減少の急速な進展，その他様々な要因によってさらに上昇している。過去にはその要因が日本経済の成長や社会保障制度の充実，また社会経済の成熟化などにあると説明されてきたが，その視点からいえば，バブル経済崩壊後とリーマンショック後における長引く景気の低迷や経済のグローバル化，サービス経済化による産業構造の変化なども，福利厚生費を加速度的に硬直化させる要因になっていると説明できる。

　このような環境下で，企業には強力な労務費圧縮に向けた「社会保険料負担の抑制行動」が見られ，それがわが国での雇用労働者の非正規化につながってきたことは周知のとおりである。今日，社会保障の財源確保のためにさらに社会保険料率の引き上げが行われている。被保険者である従業員の負担増加ともなるため，可処分所得の目減りが経済低迷の長期化をもたらすさらなる要因ともなる。この悪循環のスパイラルから抜け出すことは容易ではない。一方で，企業では人手不足のなかでの人材確保と定着の手法を模索し続けている。

　費用面から見ると，企業はこれまで厳しい環境制約のなかで総額人件費管理（賃金・賞与・福利厚生費などの一体的管理）の観点から単位人件費を一定水準に抑制しようとしてきた。福利厚生では，法定福利費（社会保障費）の増大に対して法定外福利費（企業福祉費）の抑制，または削減に踏み込んだところに，社会保障と福利厚生の間にトレードオフ（同時には成立しない二律背反）の関係が生まれてくる。これが，今後も福利厚生管理の課題となる。

(3) 福利厚生費の合理化

　福利厚生費の合理化とは，福利厚生施策の「費用対効果」を検討し，それら施策のコストコントロールと機能化に向けた取り組みの1つだといえる。福利厚生は従業員とその家族の生活に身近であり，密着しているがゆえに日常性が高く，また従業員生活の基本的な支えとなっているような制度であれば，その見直しは容易ではない。また見直すにしても従業員生活への影響についてはもちろん，経営リスクなどを念頭に，計画的に，なおかつその費用対効果を中・長期的な視野に立って十分に検討する慎重さが求められる。

　しかし，現実には施設・制度の見直しが行われないまま，惰性で運営管理されている例が多い。費用がかかる一方で利用率は低く，その存在さえ認知されていない例もある。そこにはコストを改めて確認し，機能化への改善か，縮小・廃止が必要となってくる。

　小さな見直しは，時期を決めて定期的に行うことが望ましいが，問題は福利厚生施策全体に関わる場合である。福利厚生費として多額の費用が投じられているものの，従業員の役に立っていない場合は，労使によってその改廃を検討し，早い解決が求められる。企業を取り巻く環境変化やそこでの企業業績，または経営戦略や時代を反映した新制度の導入がある場合などに判断を迫られる例が多い。

　たとえば，確定拠出年金（企業型DC・iDeCo）や一部の企業が導入した退職金の前払い制度は，雇用の弾力化，流動化を前提に，従業員の自己責任によって受け取りや資産運用の選択が行える年金制度である。企業が年金資金の運用責任を負うことなく，その成果を従業員の自助努力次第とした制度の導入例である。

　また，広がりを見せているカフェテリアプランは，コスト管理を図りつつ，従業員の自己責任に基づく自由な選択によって満足度を最大化させ，自助努力を促す制度だといえる。いわゆる福利厚生の外注化（アウトソーシングへの切り替え）は，福利厚生業務の効率化，あるいはそこにかかっていた人件費を含む運用コストの削減，運営管理におけるリスクと責任の外部化が可能となる。

　以上のように，近年における福利厚生費の合理化過程で見られる動きは，そ

れまでの福利厚生施策のなかにあった「企業の丸抱え的なあり方」を脱し，「自由選択」と「自己責任」のもとで従業員の「自立」と「自助努力」を促す機能が組み込まれているといえるだろう。

4　人的資源管理における福利厚生管理の展開

(1)　福利厚生管理の役割と効果

　福利厚生管理とは，職域福祉における企業の福利厚生施策を，より効率的，効果的に運用するための管理活動である。従業員が安心して生活し，働くうえで良好な状態を維持でき，前向きに意欲をもって日々の業務に取り組むことができる環境づくりにおける施設・制度の整備はもちろん，日常的運営とそれらのさらなる充実に向けた実務的管理活動を指す。

　そこには，施設・制度の「間接的な効果」を通して，人的資源管理が目的とする「直接的な効果」に貢献し，結果として，「企業目的達成」のための生産性の向上や経営の安定化に寄与するという目的がある。

　一つひとつの福利厚生施策は，従業員生活における「課題解決」という明確な目的のもとに設けられ，各々の役割を担っている。それは他の人的資源管理施策の目的や役割，効果とも複雑に絡み合いながら相乗効果を生むが，一方でその効果を低減させてしまう場合もある。したがって，福利厚生管理には「多様な効果」を引き出すマネジメントと効果を低減させてしまう問題に取り組むリスクマネジメントが必要となってくる。

　福利厚生は，これまでも多くの課題を抱えてきた。常に注目されてきたのは，社会保険料の引き上げによる法定福利費の上昇である。すなわち，福利厚生管理には，福利厚生施策の財源である法定外福利費をいかに抑制しながら，施策を合理的に管理・展開すればよいのかという課題があり，その解決が求められてきた。

　一方，福利厚生が従来想定してきた従業員のライフサイクルやライフスタイル，家族形態が大きく変化し，従業員の意識や生活ニーズの多様化が進んでいる。それは従来の施策効果を低下させてきているのであって，こうしたリスク

の縮減にどのように対応していくか，また新たなニーズにどのように対策を構築していくかが常に課題となっている。

(2) 福利厚生の課題への対策と機能化原則

ここでは，福利厚生の課題への対策を検討する際の「機能化に向けた原則」について考察してみたい。福利厚生の運営管理については，企業の福利厚生対策の方向性に影響力を持ったと考えられる日経連（旧日本経営者団体連盟・現日本経済団体連合会）の3つの研究会報告を確認し，そこで提示されてきた「福利厚生の運営原則・運営指針」を参考にする。

1965年，日経連がその内部に設置していた福利厚生理念研究会は，『福利厚生合理化の基本原則（合理化8原則）』を明らかにした。8原則とは，①国家福祉政策との調整，②福利厚生費の総労務費的把握の徹底，③経済合理性の貫徹，④従業員自己責任原則の確立，⑤福利厚生の共同化，⑥福利厚生の専業化・委託化・請負化，⑦生活補助的福利施設の廃止・縮小，⑧運営に対する従業員意思の反映という8項目にわたる運営管理原則である。

1982年，同じく日経連が設けた福利厚生研究会は，高齢化が進む新たな時代に対応する指針として『高齢化時代の福利厚生』をまとめている。この時の運営指針とは，①労務管理諸施策との調和，②ニーズの的確な把握，③ライフサイクルに対応した施策の展開，④公平さの維持，⑤徹底した効率の追求の5項目だった。⑤の「徹底した効率の追求」では，さらに細かく5つの項目が示された。すなわち，重点施策の推進，企業独自のニーズの重視，柔軟な制度改廃，受益者負担と自助努力，費用対効果の関係の把握がそれであり，この5つの実践的運用のあり方のもとで，運営管理における効率化をさらに追求すべきだとしたのである。

バブル経済崩壊後の1995年，日経連は「新時代の『日本的経営』（新・日本的経営システム等研究プロジェクト報告）をまとめ，そのなかで新たな時代の福利厚生の基本的な方向を明らかにしている。それは1982年の『高齢化時代の福利厚生』（日経連）で提唱された指針をさらに時代に合わせて検討したものであるが，以下のような項目があげられていた。

すなわち，①従業員を「顧客」，企業内福祉を「事業」と考える発想の導入，

②施策の重点化，③変動費化，④個人としての生き方という視点の確立，⑤適正な受益者負担，⑥多様化・高度化する従業員ニーズへの対応，⑦制度運営の効率化，(a．アウトソーシング，b．金融自由化のメリット享受，c．施設の極大利用（統廃合と相互共同利用），d．類似制度の重複運営の解消，e．OA化の推進），⑧制度・手続きの簡素化，⑨従業員PRの推進などである。

　以上，3つの報告書が提言してきた原則は，企業の経営や従業員の生活を取り巻く環境の変化のなかで生まれてきた課題に対し，福利厚生管理の方向性，あり方，創意工夫を検討，提示したものである。それは「変わらぬ原則」がある一方で「時代を反映した原則」もみられる。時代の変化のなかでの福利厚生管理運営原則の提案であり，見直しに取り組んでいた企業労使に多くの示唆を与えるものだった。

5　今日における福利厚生管理の新展開

(1)　カフェテリアプランとアウトソーシング

①　カフェテリアプランの仕組みと原理

　カフェテリアプラン（フレキシブル・ベネフィット）は，アメリカのIRS（内国歳入庁）が命名した制度の名称を指す。内国歳入法上で税控除のまま，現金もしくはベネフィットの種類やレベルの選択が可能であり，わが国で言えば「企業が拠出する法定外福利費の一部を従業員の判断（裁量）で管理できる制度」だと言える。わが国の場合には福利厚生にかかる税制上の細かな基準があり，その多くは非課税とされるものの，提供される内容によっては個人の所得とみなされて課税されるものもある。

　わが国初のカフェテリアプランは，1995年4月にベネッセコーポレーションが「選択型福利厚生制度」としてスタートさせたところから始まる。その後，大手企業やそのグループ関連企業に広がり，今日では中小企業にも導入されるようになってきた。基本的には従業員1人当たりの福利厚生の年間予算を決めてポイントの形で付与し，複数の福利厚生メニューのなかから従業員自らのニーズに合うものを選択してもらう仕組みである。

個人のライフサイクルやライフスタイルの変化，価値観の多様化に伴った従業員ニーズに対応しながら，一方でコスト管理ができるメリットがあるとして注目を集めてきた。近年，IT・AI化の急速な進展によってアウトソーサー（外部専門業者）のオペレーション能力が高まってきたことから，その可能性はさらに広がってきている。

その効果としては，従業員個々の意識と多様なニーズを前提に「選択すること」によって個人の満足度を高めることができるというだけでなく，個の尊重を象徴する「選択」というルールのもと，従業員全員に対する「同額給付」と「自由選択」という公平性，自らが選択した限りは本人自身に「自己責任」を求める自助・自立の仕組みであり，そこに「納得性」が生まれてくることだと思われる。

② メニューの選択とアウトソーシングの利用

選択できるメニューの内容は多様で，若年層であれば旅行やレクリエーション，食事などの余暇を楽しむメニューが揃い，さらに育児や子育てなどのワーク・ライフ・バランスに対応したメニューを選択する従業員も多いと言われる。一方，中・高年齢層であれば医療・年金・介護分野などのメニューが選択されている。すなわち，限られた原資の効果的・効率的選択と無駄な支出の抑制につながるコスト管理が可能となる制度だと言えよう。

アウトソーサーの活用については，多様な分野からの市場参入もあってコストの低減につながっている。ビジネスモデルはさらに新たな進化を遂げており，制度利用などの様々なデータも得ることができることから，企業ごとに特性に応じた見直しも可能である。

カフェテリアプランの導入が始まったばかりの頃は，制度導入の資金を法定外福利費の半分を占めていた住宅（固定施設）関連費用の削減によって調達し，導入作業に取り組む例が多く見られた。すなわち，「脱住宅」を図る一方で，「外部委託化」を図ったのである。

アウトソーシングの活用は，①担当部門の業務の効率化，②福利厚生コストの削減または弾力化，③従業員満足に向けたサービス内容の充実と提供手段の合理化，④初期投資をせずにすぐに導入でき，また廃止も可能なことなどのメ

リットがある。全国どこの事業所でも利用可能であることは，全国規模の企業にとって地域格差解消のシステムにもなるとされる。

もちろん，メリットばかりではない。稀にアウトソーサーに委託することによって自らの会社内外で発生している従業員の異変に気づけないことがある。また委託先任せによって制度運用に無関心，無責任となり，万一の場合に対処ができないこともある。アウトソーサーからは利用に関しての細かな報告があるが，課題が表面化せず，むしろ隠されて気づけないこともある。危機管理の実務の人材が育たない課題があることも注意しておく必要がある。

(2) 働き方改革とワーク・ライフ・バランス

① 働き改革が迫る「働きやすい職場づくり」

2016年6月2日，「ニッポン一億総活躍プラン」が閣議決定され，わが国は「一億総活躍社会」の実現を目指すことになった。その際，「働き方改革」を推進するとした政府の方針が示され，少子高齢化，人口減少の進展，経済のグローバル化などを背景に，わが国経済の活性化を維持するあり方が示された。

いわゆる，同一労働同一賃金の実現，正規・非正規労働者の格差是正のための待遇改善，長時間労働の是正，高齢者の就労促進などが掲げられ，これらをもって若者の将来への展望に明るさをもたらし，さらにワーク・ライフ・バランス（WLB）が図られることで女性や高齢者が仕事に就きやすくなる環境づくりを推進するとした。

そして2018年6月29日，働き方改革関連法が参議院本会議において可決・成立した。2019年4月から労働基準法，労働時間等設定改善法，労働安全衛生法の改正を皮切りに，2024年4月の労働基準法改正（残業時間の上限規制の猶予措置廃止）に至るまで，毎年のように関連法が改正，施行されてきた。

企業は，労働時間短縮の促進やワーク・ライフ・バランス実現の観点から労働条件の改善とともに，福利厚生制度のあり方をも見直す必要に迫られてきた。福利厚生には本来の目的に加えて，より「働きやすい職場づくり」に貢献し，福祉における社会的役割を果たすあり方が期待されてきたといえよう。

② 時間的ゆとり実現を可能とする取り組み

　今日，様々な雇用形態の人材が働く職場ではダイバーシティ（多様性）の考え方に基づく組織づくりが進められている。また企業の社会的責任（CSR）が単に不祥事などに対してのコーポレートガバナンスの面からだけではなく，「労働問題から生じる生活問題への対応」も論じられるようになってきているが，次世代育成支援をも視野にワーク・ライフ・バランスを無視することができない時代となってきたといえる。

　すなわち，企業への評価の視点が事業の収益性や社会的貢献性だけではなく，そこに働く従業員の働き方や働かせ方，さらに従業員が早く自宅に帰ることができるかなどの具体的な配慮や子育て支援等にも据えられるようになってきた。

　このことから福利厚生には，時間的ゆとり実現を可能とする取り組みが求められてきた。たとえば，法的な整備が進む育児休業や介護休業，産前産後休業や子供の看護休暇，さらに介護休業の効果をさらにフォローする介護休暇，これらに関連して手続きや準備などにも活用できるその他の休暇，また従業員の個別事情の把握や不安の軽減を図る意味を含めた休業前後の面談，休職中での様々な情報提供や学習支援なども必要だとして取り組む企業も出てきている。さらに出産・育児を機に退職をした従業員を再雇用する制度を設け，従業員の安心を確保しようとする例もみられる。

　一方で，働き方自体の見直しを進める制度の導入や環境づくりも進んできた。従来からの努力による長時間労働の削減を目指した短時間勤務制度やフレックスタイム制度の普及，新型コロナウイルスの流行を機に一気に広がった在宅勤務やテレワークなどがそれである。

　また，時間的ゆとりをつくるためには仕事の見直しも必要となる。たとえば，地味ながら作業効率向上を目指した会議の削減や会議資料作成の無駄を省くことなど，作業の標準化やマニュアル化，従業員間における業務分担の再編成，従業員のスケジュールの共有などに取り組み，業務用ソフトの活用も作業能率向上による労働時間の短縮に役立つとされる。

③ ワーク・ライフ・バランスが効果を生むための下地づくりと福利厚生

　ところで，以上のような環境整備を進めることができたとしても，ワーク・

ライフ・バランスの機能が実際に発揮されるためにはさらに職場での現実的な問題に手を打つ必要がある。育児や介護のために休むことになった従業員の仕事を誰が引き受けるのかという問題では，代替要員の確保が困難である場合が多く，結果的に退職に至る例が少なくない。このような場合は，人事制度における選択肢を広げて弾力化し，柔軟な運用を検討する必要がある。

そして最も重要なことは，ワーク・ライフ・バランスに対する理解の醸成である。職場の人々の理解がなければ，様々な制度や取り組みは機能しない。企業の組織文化，組織風土さえも変えていくようなつもりでの意識改革のために，地道に社内広報に努め，研修やグループでの話し合いの場を設けて，たとえば，経験者に相談・助言を引き受けてもらえるような環境づくり，また男女を問わず，管理職研修に子育てや介護などのワーク・ライフ・バランス当事者となる体験実習を組み込んで，多様性を受け入れる教育を実施することも試みられている。以上のような環境づくり，条件づくりへの取り組みは，簡単ではない。同時並行的に進めていくことにも困難がつきまとうが，優秀な人材の確保・定着はこうした積み重ねの先に実現するといえる。

福利厚生は，こうした条件づくりの努力の上に役割を果たしてきた。大手企業ではなくてもできることは多くある。企業内保育所は無理でも民間施設の利用補助は一般的に行われている。そしてそこで止まるのではなく，今はワーク・ライフ・バランスをサポートする福利厚生を自前ではなく，外部専門業者によるクオリティの高いサービスを「カフェテリアプラン」によって実現する例が増えている。まず自前で自社のメッセージを込めた制度づくりに取り組み，そのうえで，カフェテリアプランのようなシステムを活用して，従業員の「助かる！」を支援する管理のあり方が効果を上げるものとなってきている。

(3) 健康経営とエンゲージメント

① 健康経営が目指している風景

「健康経営」が注目されている。従業員の健康管理を企業経営の重要な視点の1つに据え，その上で戦略的に人を活かしていこうという「人的資本経営」に基づく経営の考え方である。従来の「人的資源管理」における人材活用では「人的資源の有効活用」が目指されてきた。これに株主の「投資」という概念

から接近し，資本としての従業員の「健康」をキーワードにした人材開発と活用への新たな考え方が提案されてきたといえよう。

　福利厚生管理における健康経営は，（労働）安全衛生管理における健康経営の取り組みに上積みするようなあり方が求められている。すなわち，より厚みのある内容の実現に貢献するものである。従業員が求めているウェルビーイングを叶える職場環境や生活環境の実現は，結果的に個人の発想力や創造力を最大限に発揮させるものになる。従業員の組織での積極的な態度がイノベーティブな組織風土を創造する源泉ともなるのであり，そこに「健康」があることはいうまでもない。

　福利厚生施策のなかには，様々なイベントの実施や多様な場を設けて従業員やその家族の交流を促すメニューが数多くある。それは心理的安全性による自由闊達な，和気あいあいとした従業員の態度を醸成し，職場風土にも活力をもたらし，従業員の心身の健康を通して企業組織の活力にも繋げたいとする狙いもあり，期待がある。

　今日，一方では人的資源管理において人材の確保・定着が大きな課題になるなか，従業員の健康管理への配慮が欠かせない時代を迎えている。そこには就職活動に取り組む大学生や高校生とその親たちの意識に「従業員の健康や働き方に配慮している企業」への関心度が高いという大きな特徴があり，「ブラック企業への就職だけは避けたい」とする考えが鮮明になっていることも背景にある。すなわち，長時間労働による過労死や過労自殺等，企業等の組織の働き方，働かせ方への厳しい目があるといえる。

　企業は法整備の進展のほか，リスクマネジメントの立場から従業員の働かせ方の見直しを図り，一方では優秀な人材の確保・定着を目的に「ホワイト企業」をアピールしなければならなくなってきた。いずれにしても，若年層には「居心地よく，肌に合う職場づくり」は重要なテーマとなってきている。また，定年延長に伴う社内での従業員年齢構成の高齢化をも視野に入れると職場での生産性低下を防ぐ意味も含めて健康対策は避けて通れないものとなっている。

　以前より官民挙げての健康経営推進の動きがある。働く者の病気やけが，体調不良などは企業にとって直接的・間接的な経済的損失を招く。今日，それをいかに回避するかというプロジェクトの成果が積極的に公開され，そこに企業

価値の向上や医療費増加による社会保障制度の持続可能性の問題，企業の負担増加の問題などが広く取り上げられている。

② 福利厚生がもたらすエンゲージメント効果

　健康経営への注目のなかで，仕事や企業への従業員エンゲージメントの問題が取り上げられている。エンゲージメントとは，「活力，熱意，没頭」を意味する言葉である。そして人的資本経営におけるエンゲージメントとは，「従業員エンゲージメント」を指している。エンゲージメントの態度的な概念を含んだ従業員エンゲージメントは，従業員の「組織市民行動」「適応的行動」「役割外行動」の3つから構成されるという（西久保，2024）。

　それは単なる状態ではなく，実際の「行動」を伴う概念だという。「組織市民行動」は，同僚や顧客に対する自律的援助，支援といった行動を指す。「適応的行動」は，企業が推進する戦略に対して順応した行動をとること。また「役割外行動」は，自分が貢献できる，または役に立てるのであれば，自らの役割から積極的にはみ出して行動範囲を次々と広げていく行動パターンを指すのだという。

　すなわち，企業が目指す姿や方向性を従業員が理解・共感し，その達成に向けて自発的に貢献しようという意識を持っていることだとし，健康経営がもたらす効果の可能性は多様であるが，従業員の以上のような態度，行動を引き出すことができる経営が目指されるものと考える経営のあり方だといえるかもしれない。

　仕事に対するワクワク感やその仕事が行える職場への思いが高まるような企業が「選ばれる企業」になっている。そこには「仕事の面白み」がある一方で，従業員から自分のワクワク感を叶える「働き方や生活の仕方の自由度，空間」が求められているといえよう。

　ワーク・ライフ・バランスを実現することは，働きやすい環境づくりを実現する職場づくりが重要であることを示唆しているのであって，そこには生き生きとした組織づくりがあると言える。基本的に，健康は従業員にとって唯一の財産であり，その財産を守ることに可能な限り努力することは，従業員の企業への信頼感を増すことにもつながる。企業は，どのような時代においても従業

員の「心身の健康」に十分な対策を講じることがやはり必要となるのである。福利厚生は，労働安全衛生面での充実による効果を様々なメニューの施策が増幅させるのである。

参考文献

桐木逸朗・統計研究会編（1998）『変化する企業福祉システム』第一書林。
佐口卓（1974）『企業福祉』至誠堂。
佐藤博樹・武石恵美子編著（2011）『ワーク・ライフ・バランスと働き方改革』勁草書房。
橘木俊詔（2005）『企業福祉の終焉』中公新書。
土田武史編著（2015）『社会保障論』成文堂。
西久保浩二（2024）『戦略的福利厚生の進化』日本生産性本部。
日経連福利厚生研究会（1999）「変革期の企業福利厚生」日経連労務法制部。
日経連労務管理特別委員会編（1982）「高齢化時代の福利厚生」日経連労務法制部。
働き方改革実現会議（2017）「働き方改革実行計画」。
森田慎二郎（2014）『日本産業社会の形成』労務研究所。
藤田至孝（1990）『これからの職場における総合福祉』ぎょうせい。
吉田寿・岩本隆著（2022）『人的資本経営』日本経済新聞出版。

第 12 章

キャリア開発

1 従業員のキャリアと組織の人的資源管理

(1) キャリアをめぐる環境の変化

　自分のキャリアを発達させていくということに，多くの人が関心を示すようになってきた。背景には，働く人と所属組織との関係の変化がある。終身雇用や年功処遇が支配的であった頃には，多くの従業員は定年まで1つの組織に雇用されることを前提としていた。そのため，彼らのキャリアは学校卒業後就職した1つの組織だけで形成されてきた（後述する組織内キャリア）。そして，所属組織で雇用の安定や昇進に希望をつないでいる間は自分のキャリアに関しては組織に「お任せ」で，「思考停止」状態でも構わなかった。しかし，リストラの名による雇用調整が広く実施されて以降，それまで終身雇用慣習のもとにいた多くの人が組織外への退出を迫られた。また，近年若年層を中心として自発的転職率も高い水準にある。これらが「雇用の流動化」と呼ばれる状況である。
　さらに，年俸制や目標管理制度などの成果主義的施策，ジョブ型雇用が広がり，年功処遇の慣習が相当程度崩れてきている。すなわち，働く人と組織との関係は，長期間勤続し組織に貢献すれば，安定的に昇給し，昇進できるという関係を前提とした状態から，組織の業績や個人の成果の落ち込みによっていつ

切れるかもしれない緊張感の高い不安定なものに変化してきている。つまり，両者の関係は，明らかに希薄化し短期化してきているのである。こうした状況は，組織依存的なキャリアのあり方に修正を迫っている。すなわち，今日組織は生涯にわたるような安定的に発達し続けるキャリアを個々の従業員に約束できないし，従業員の側もそれを組織に期待できなくなっている。そのため，働く人自身が他者とは異なるキャリアを設計し，それに基づいて転職，独立等のキャリア上の選択をする必要性が増大してきた。

それでは，組織は従業員一人ひとりのキャリアに働きかける必要はないのだろうか。否である。多くの人にとって，仕事は組織で行うものであり，1つの組織を離れても，次も組織で働くというのが大半である。そのため，多くの人が自分のキャリアを発達させる場は組織であり，そこでのOff-JT等の能力開発，ジョブローテーション等による職務経験等，キャリア開発は重要である。

(2) キャリア自律と境界のないキャリア

① キャリア自律とは

前述したように，現代は働く人自身が他者と異なるキャリアを設計し，それに基づき就職，転職などのキャリア選択を行うことが求められている。それがキャリア自律である。将来の職業生活の設計について働く人に尋ねた調査結果でも，自分でそれらを考えていきたいという回答が大半になっている。キャリア自律という考え方が働く人に広まっていることがわかる。そこでの組織の役割は，従業員が自分のキャリアを形成・発達させていくことを側面から支援するという間接的なものとなる。

こうした傾向を背景に，現在，多くの組織が従業員のキャリア自律を基本とした施策を展開している。キャリア自律重視のキャリア開発とは，従業員が自分のキャリアの形成や発達のために自律的に行うキャリアプランニング（デザイン）を組織が重視し支援することをいう。特に，組織が組織内でのキャリアについて様々な選択の機会を従業員に提供することは，キャリアの自律性を支えるための重要な条件と考えられる。人は自ら選択することで自身の行動の根拠を意味づけることができ，納得して活動に取り組めるからである。

② 境界のないキャリアとは

　キャリア自律という考え方の背景にあるのが，境界のないキャリアへの変化である。これは，境界があり単一の雇用者のもとで正規の雇用関係によって営まれるキャリアが支配的だった環境から，境界がなく働く人によって自己管理される形へと変化しつつあることを示している。境界のないキャリアにおける「境界」には，組織以外に職務，職業，産業，仕事と家庭，専門分野，チーム，ネットワーク等が含まれ，多岐にわたる。この考え方はこれまで支配的であった階層的組織の変容やアメリカのシリコンバレーでみられたネットワーク型組織の増加等，今後の組織のあり方の予測に基づく示唆に富むキャリア形態を反映している。

2　働く人のキャリア

(1)　キャリアの定義

①　キャリアの定義の分類

　キャリアは，弁護士や医師のような「専門職業」，「（その他の）職業」，「昇進や出世が期待できる職業」，「昇進」等，様々な意味で使われ，大変多義的な概念である。

　そこで，先行研究でのキャリアの定義を3つに分けて述べていこう。

　広義のキャリアは，「人生そのもの」（"life career"）と考えられる。人が一生の間に通過する人生の各段階であり，通常，学童期，青年期，成人期，老年期等から成る。この定義は「生涯発達」に注目した発達心理学や，ライフコースの視点に立つ社会学の分野で使用される。

　次に狭義のキャリアは，職業生活に限定したキャリアであり，"work career"としてとらえたものである。「職業経歴」のことをいう。人的資源管理で使われるキャリアはこの範囲のものと考えられる。

　さらに最狭義のキャリアとして，一定の組織構造の内部で各人が移動する一連の職位の段階のことをいう場合もある。狭義の定義を組織の内部に限定した定義である。しかし，働く人のキャリアは一組織内に限定されるものではなく，

また，組織内外でキャリアを分割して検討した研究はあまりみられず，両者を含んで検討している。

② 人的資源管理の観点からみたキャリアの定義

職業生活に限定したキャリアを検討すると，どの定義も生涯を通して連続した意味合いを持っている（山本, 2008）。また，これらの定義では本来の職業経歴の意味に近い「（職業労働を通して獲得された）経験」が包括的用語として使われている。それに加え，キャリアを職業的技能（スキル）であるとする定義が，キャリア教育や職業訓練分野で多くみられる。職業的技能も職業労働を通して獲得されるものであり，「経験」とともにキャリアの重要な側面を代表する。

以上から本章では，組織の人的資源管理におけるキャリアを，「個人の生涯を通し，継続的，連鎖的に，組織内外で獲得し，発達させる職業や労働に関係した経験や技能」（山本, 2008, p.19）と定義した。

(2) キャリアの特徴

(1)のように定義されるキャリアにはどのような特徴があるだろうか。

第1が，継続性である。職業経歴の意味においても，10代後半・20代から60代・70代にかけ生涯の大半の時期にわたるという継続性が重要な特徴といえる。

第2が，連鎖性である。継続性と類似しているが，キャリアには職業上の1つの出来事が原因となり次から次へ新しい事が起こる，つまり次々と影響が他の出来事へ及ぶという特徴がある。例えば昇進において，職位が課長－次長－部長となっている場合，次長へ昇進しなければ通常部長に昇進しない等である。

第3が，発達性である。これは，キャリアはある特定の志向性をもち，職業上の経験をある特定の方向に積み重ねることによって，（専門的な）知識や技能を獲得していくことを意味する。この特性があるため，キャリアは，「キャリア開発」，「キャリア計画」という形で，人的資源管理上も応用が可能となる。

(3) キャリアの分類

次に，代表的なキャリアの分類を2つ挙げる。

① 客観的なキャリアと主観的なキャリア

　キャリアには，実際確認ができて，客観的に測定できるものと，主にその変化にともなって起きる意識や態度（の変化）という2つの面がある。客観的な側面は客観的キャリアとも呼ばれ，人の職業経歴を形作り，職位や職務の変化を示す。それに対し，主観的側面は主観的キャリアやキャリア意識と呼ばれ，これまでの自分のキャリアに対する満足感（キャリア満足）等が含まれる。

　組織内で同じ地位（職位）を占める人は，客観的キャリアは同じだが，主観的キャリアは異なる。同期入社の従業員2人が，同時に課長に昇進したとする。しかし，念願の昇進に満足して，家に帰って家族でお祝いをした従業員と，1年前昇進を期待したもう1人の従業員とでは，昇進への満足感は異なるだろう。また望む部署への異動がキャリア満足を高める，同僚より早い昇進が社内でのキャリアの見通しを高める等，客観的キャリアと主観的キャリアには関係がある。

② 組織内キャリア，組織間キャリア，組織外キャリア

　働く人と組織との関係による分類である。現代は組織の時代といわれ，多くの人が組織に所属してキャリアを形成していくことから重要な分類といえる。

　組織内キャリアは，1つの組織内でのキャリアを示す。組織間キャリアは，複数の組織を渡り歩くこと（転職等）によって形成されるキャリアを示す。組織外キャリアは，組織に雇用されない自営業等，組織の外でのキャリアを示す。

　しかし転職する場合も，独立する場合も，学校卒業後就職した組織での組織内キャリアはその後のスキルの向上や人脈の形成を含め重要となる場合が多い。

③ 垂直的キャリア（タテのキャリア）と水平的キャリア（ヨコのキャリア）

　組織内での移動の方向に基づくキャリアの分類である。垂直的キャリアは，昇進・昇格および降格をその移動原因とする職位の変化に基づくキャリアである。その上昇（昇進）によって，組織での権限，影響力や収入が高まり，「キャリア・アップ」といわれることが多く，それをキャリア目標とする従業員が多い。

水平的キャリアは，収入や影響力は同程度だが機能や部署が変わる移動に基づくキャリアであり，組織の配置管理（配置転換）が関係する。しかし，どの移動をもってキャリア発達とするかは従業員のキャリア意識等によって異なる。

3　働く人のキャリアの発達

(1)　キャリアの発達

①　キャリア発達，キャリア開発とは

　キャリアに続いて，キャリアが発達することの意味を考えてみよう。発達性はキャリアの重要な特徴だからである。もともとキャリアの発達は，職業の選択から出発している。しかし転職を考えてもわかるように，職業の選択は，学校卒業後の1回だけでは終わらない。また，選択と選択の間つまり職業に従事している間は，その職業への適応が問題となる。そこで，連続的な選択とそれを通しての職業への適応と発達という観点から，「職業的発達」より一般に「キャリア発達」といわれるようになった。以上から，キャリア発達を，狭義のキャリアの定義をもとに，「生涯を通して，自己のキャリア目標に関係した経験や技能を継続的に獲得していくプロセス」(山本, 2008, p.21) と定義する。

　また，「キャリア開発」と「キャリア発達」はともに"career development"の訳語であり，かなり混同して用いられている。しかし，キャリア発達は個人を主体としているのに対し，キャリア開発は個人と組織の両方が主体となり得る。つまりキャリア開発は，キャリア発達と同義の場合と，組織が主体となり，従業員のキャリア発達を支援する意味で用いられる場合とがある。本章では混同を避けるため，後者の意味で使用し，「従業員が職務上の知識や技能を継続的に獲得していくプロセスを組織が援助する活動」をキャリア開発とする。

②　組織内キャリア発達と組織内キャリア発達モデル

　人的資源管理との関係から本章で中心的に扱うのは，組織内キャリア発達である。そこで①の定義を元に，組織内キャリア発達を，「組織内において，組織との調和を図りながら，自己のキャリア目標に関係した経験や技能を継続的

に獲得していくプロセス」（山本, 2008, p.21）と定義する。「組織との調和を図りながら」の部分が，組織のキャリア開発による支援や相互作用を意味する。

そしてシャイン（Schein, E.H., 1978）は，組織内キャリア発達を，組織内での方向性をもつ従業員の移動とし，3つに分けたモデルを提示している（**図表12-1**）。

第1は垂直軸上の階層の移動であり，従業員はこの軸上の移動，つまり昇進または降格により職位が変化する。通常，昇進が垂直的キャリアの発達を示す。

第2が放射軸上の外縁と中枢との移動がある。従業員はこの軸上の「部内者化または中心性」の移動によって所属組織の内部または外部へと進んでゆく。外縁から中枢への移動によって職務経験を積み，学習量が増えることで周囲から信頼され責任を引き受けるようになる。その結果，部署や組織の重要な決定に参加するようになる。

第3は円周軸上の職能の移動であり，従業員はこの軸上の移動で職務分野が

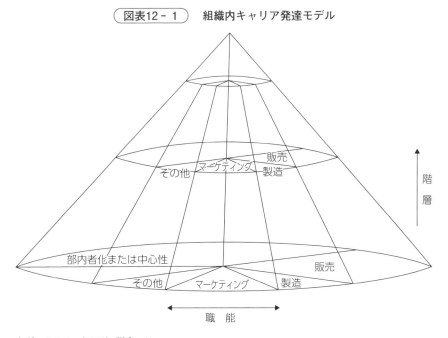

図表12-1　組織内キャリア発達モデル

出所：Schein（1978）訳書p.41。

変化する。放射軸上と円周軸上の移動が水平的キャリアの変化を意味する。実際の組織内キャリア発達は，これらの移動が複雑に絡み合って展開されることも多い。これら組織内キャリアの発達を人的資源管理と対応させると，第1の垂直軸上の移動が昇進管理と，第3の円周軸上の移動が配置管理と対応する。

(2) キャリア発達の評価・測定

キャリア発達がプロセスであることが多くの研究から明らかにされてきた。

しかし，個人や組織はキャリア発達の程度（途中経過）をどのように把握できるだろうか。それがキャリア発達の評価・測定の問題である。例えば，人が自分のキャリアを振り返る時，また組織が従業員を採用・評価する際，何を物差しとするかである。これまでは客観的基準と主観的基準が検討されてきた。

客観的基準として，賃金（額の増加），昇進回数，（管理）職位レベルの高さの3つが多く使われてきた。その他，職務業績の高さ，職務上受けた承認（名誉・賞・特別な仕事の割当て等），さらに現在の職務を担当してきた期間や勤続期間の長さを基準とする研究もみられる。成果主義的人的資源管理のもとでは，組織は従業員の職務業績の高さを主に評価することになる。

主観的基準として，仕事，組織，労働条件等への満足感やこれまでのキャリアへの満足感が多く使われてきた。その他，キャリア目標達成の程度，組織への帰属意識の高さ（転職意思の低さ），将来の昇進可能性知覚の高さ等もみられる。個人の満足感を中心として，様々な心理的要因が検討されてきた。

しかし，キャリア自律の広がりや非上昇志向型人材の増加によって，昇進等の客観的基準による一律のキャリア目標が万能ではなくなってきた。つまり，キャリア上の成功は客観的・社会的なものだけでなく主観的・個人的なものであり，世間でいう「成功」が個人としても「成功」と受け入れられなければ無意味だと考えられるようになってきた。以上から，働く人のキャリア発達を評価・測定するに際し，客観的指標と主観的指標はある程度相関することを考慮に入れつつ，両者をともに考えていくことが望ましいといえる。

(3) キャリア発達の段階

一人ひとりのキャリア発達は千差万別であり，全体をつかむことはとても

きないことは確かである。しかし同時に，人のキャリア発達はある程度類似しており，年齢などの段階ごとにまとめてつかむことができる。それが，キャリア・ステージ（職業経歴段階）と呼ばれる。代表的なスーパー（Super, D. E., 1957）を参考に，組織内キャリア発達を中心に探索期，確立・発展期，維持期，解放期に分け，検討していく。なお，何歳からどの段階に入るかは，人によって異なるため，年齢と段階は対応していない。

① 探索期

　自分の能力・適性などをチェックし，試行的な経験を行う段階で，自分の適性や能力に確信がもてないため，試行錯誤を繰り返す傾向がある。社会人として働き始めた時期は，仕事も覚えておらず，経験も少ないため，自信をもちにくい。これには，多くの人が初歩的レベルの仕事を担当するため，将来仕事で成功していくために必要なスキルをどう身につけたら良いか明確にわからないことも影響している。そのため，自らの能力と仕事や組織で必要とされる条件とを一致させようとして，試行錯誤を繰り返すことになる。

　探索期の従業員の解決すべき第1の課題は，学校から職業（仕事）への移行とともに，組織社会化の達成である。これは，新卒者が社会人としてはじめて組織に入り，仕事を覚え，人間関係に適応するとともに，組織の一員としてその価値や規範を修得する過程を示す。そのためには，新入社員研修の充実が重要である。これは，新入社員にできるだけ早く職場に慣れてもらうことを意味する「オンボーディング」の施策となり，早期離職の防止にもつながる。

② 確立・発展期

　自分に適した分野を見つけ，長くいられる場（組織だけでなく仕事も含む）を見つけようとする段階である。自分の適性・能力や職場での立場をある程度把握できるようになるため，組織での自分の安定的な地位の確立に向けて努力が注がれる。探索期と比べると，心理的に安定する段階でもある。

　この段階の従業員に求められるのは，能力・適性を社内で活かせる機会を広げる施策やリーダーシップを経験してもらう施策である。前者では第3章で取り上げられている社内（人材）公募制度の導入が，後者ではチームリーダーへ

の積極的登用等がある。

③ 維持期

　これまでのキャリアで達成してきたものを維持し再評価する時期である。ライフスタイルやキャリアが安定し，これまで得た地位や立場の維持に関心が集中する。そのため，失敗するリスクの高い行動は避けるようになる。言い換えると，挑戦的な仕事に動機づけられることが少なくなる段階でもある。この段階の従業員に求められる施策は，異なった業界の異なった視点に触れることで刺激が得られる異業種交流研修や専門職制度の充実がある。

④ 解放期

　キャリアを終える段階であり，働くことからの最終的な引退に適応するため，仕事のペースを落としていくことが課題になり得る。引退は，欲求不満の源である仕事からの解放であるとともに，職業的なアイデンティティを失うことも意味している。この段階を見据え導入すべき能力開発施策として，退職準備プログラムがある。これは，定年後の生活設計やキャリア，健康管理，生きがい，退職金・年金・貯蓄等の知識によって構成され，定年後の生活を充実したものとするため実施される。こうした施策の導入によって組織への肯定的な評価やコミットメントを高める可能性が高いといえる。

　実際，組織の人的資源管理では，従業員をグループ化して対象とする必要がある。その点，キャリア・ステージの考え方はある程度参考になるだろう。

4　キャリア発達を促進する行動

　従業員がキャリアを発達させる場合に必要なポイントを，行動面からみていく。

(1) キャリア上の目標

　働く人のキャリアについて検討する場合，キャリアの目標（管理職への昇進，希望の職業への入職等）という観点が重要になる。キャリアの発達や形成にお

いて何らかの方向性と到達点を選択する場合，人はキャリア上の目標を考慮すると考えられるからだ。しかしキャリア上の目標は，組織での業務目標とは異なり個別性が高いため，集団による効果は期待しにくい。また，達成が長期になりがちでモチベーションを維持しにくい。そのため，従業員一人ひとりに，キャリア目標を達成しようとする意欲や行動が求められる。例えば，できるだけ具体的で明確な目標を立てる，目標達成に向けてのスケジュールを組む，必要があれば目標について上司に相談する等である。

組織にも，目標達成を支援するような施策が求められる。第3章の社内（人材）公募制度等である。自分の目標達成を支援してくれるような組織へのエンゲージメントが向上し，定着につながる可能性が高い。

(2) キャリア戦略

キャリア戦略とは，キャリア目標を立てた後，それを達成するための行動である。これまでの研究から，以下のような行動が挙げられている。

① キャリア上の指導の獲得

組織内外の年長者，経験者等からキャリア上の有益な指導を得ようとする。

② 自己推薦・自己表現

上司により大きな責任を引き受けたいとアピールしたり，自分の業績，キャリア上の希望や目標を上司に気づかせたり，最良の観点でアピールする。

③ キャリア上の機会の創造

キャリア上の好機に備え，スキルを高める，専門知識を得る，経験を積む。

④ 仕事に対する関与の拡大

⑤ ネットワークの構築

組織内外にネットワークを作りキャリア発達に役立つ情報・サポートを得る。
①②⑤は対人志向的な戦略で，③④は自己完結的な戦略と考えられる。様々

な方向での多様な行動が必要であることがわかる。組織の施策としても，新入社員へのOJTに際し，OJTリーダーが全てを教えず，他の部署の先輩の所に行って教えてもらうようにさせたことで，新入社員が①の重要性を知ったという事例がみられる。

5　キャリア発達の転機や停滞

通常，長期に渡るキャリア発達過程でみられる変化や停滞について検討する。

(1)　キャリア・トランジション（キャリア上の転機）

キャリア・トランジションの訳語であるキャリア上の転機とは，人の役割または役割の方向が変化している期間をいう。節目，移行とも訳される。一般にいわれる，キャリアのターニングポイントや岐路とも意味が近い。例えば，学生から社会人になる初めての就職や，転職，起業，専業主婦の再就職，リストラによる退職等では，人はその役割が変わるため，転機といえる。また，昇進や配置転換など，組織内にはとどまるが役割が変わる出来事も転機となる。

転機には，客観的に役割が変わったことがわかる客観的なものと，周りからみて変わったようにみえない主観的なものとがある。すなわち，本人が転機だと思えば，それは転機になる。また転機には，昇進などのようにある程度予測可能なものと，M&Aなどのようにほぼ不可能なものとがある。両者を含め，人は一生の間でかなりの数の転機に出会うことになる。そこでどう対応するか，意思決定を迫られる。すなわち，普段は自分のキャリアについて考えなくても，少なくとも転機の際には考える必要があろう。そして，それを乗り越える努力と工夫を通して，キャリア発達が促進される。

(2)　キャリア発達の停滞

ここまでキャリアを主に「発達」の観点から取り上げてきた。しかし，人のキャリアは発達し続けるだけでなく，長期間伸び悩み，場合によっては下降することもあるのが実態だろう。このようにキャリアを停滞の観点から考える場合「キャリア・プラトー現象」が注目される。これは主に，昇進と仕事で検討

され，前者を「階層プラトー現象」，後者を「（職務）内容プラトー現象」という。

① 昇進における停滞

　当初から分析されてきた階層プラトー現象の定義として，社史編纂室長など特定の職位を対象とするものもある。しかし，本章では，個人の側面も考慮して，「組織の従業員（管理職及び非管理職）が組織内の職階において，現在以上の職位に昇進する可能性が将来的に非常に低下する現象」（山本，2014b, p.27）と定義する。前掲のシャインの組織内キャリア発達モデルでいうと，垂直軸上の移動の停滞を示す。またプラトー現象は，「現在の職位における在任期間の長さ」で測定する客観的なプラトー現象と，「自分の将来の昇進可能性の知覚」でとらえる主観的プラトー現象とがある。客観的にプラトー化していても，本人はそう認識していない場合があるからだ。組織の施策の観点からは，多くの組織で導入されている役職定年制は，中高年社員の階層プラトー化を促進すると考えられる。

　階層プラトー現象は，組織への帰属意識やモチベーションの低下，離職意思の高まり等ネガティブな影響が特に管理職志向の高い人で報告されている。施策として，専門職制度の充実や役職定年制度の見直し等が考えられる。しかし根本的な解決には，管理職位の増加が必要で，対応は必ずしも容易ではない。

② 仕事における停滞

　近年注目されてきたのが，仕事における停滞を示す内容プラトー現象である。これはもともと，長期間同一職務を担当することでその職務をマスターし，新たな挑戦や学ぶべきことが欠けている状態やマンネリ化を意味していた。しかしその他，仕事上の責任が与えられないまたは組織にとって重要な仕事を任されないという状況や，逆に，人手不足を背景に仕事が過大で能力を超えているという状況でも起こる（山本，2016）。シャインの組織内キャリア発達モデル（**図表12－1**）では，放射軸上と円周軸上の移動の停滞を示す。いずれにしてもこの現象は，職務遂行における単調感を反映し，働く人のモチベーションと関係が深い。また，部署移動が少ないこと等による職務変更の停滞などの影響

を受けるため，どのような従業員にも起こり得る。つまり，管理職志向の低い専門職や自営業の人々にとって階層プラトー化は無縁かもしれないが，内容プラトー化に陥る可能性は十分にある。

また内容プラトー現象のほうが，階層プラトー現象より，組織へのネガティブな影響が強いことが多くの研究で示されており，組織の対応がより必要である。近年，働きがいや成長実感を求める人が増えてきたことが背景にあるだろう。

施策として，ジョブローテーションの活性化や社内公募制度の導入が求められる。管理職による権限委譲を効果的に進めていくことも重要である。

(3) 偶然や逆境への対応

① 偶然の出来事にどう対処するか

キャリアは，事前の計画通り進展することはあまりなく，偶然によって左右されることが多い。特にVUCA時代と呼ばれ，将来予測が困難な現代では，キャリアの前途は非常に見通しにくい。しかし計画的偶発性理論では，人生を確実に予測しながら進むことは難しいが，自分にとって望ましい偶然を呼び込みやすくすることはできると考える。そのためのポイントをまとめていく。

第1に，偶然や想定外の出来事を重視し，それが起こったときにいつでも利用できるよう，心の準備をしておく必要がある。

第2は，趣味を含めて，多様な活動に積極的に参加して，自分の好きなこと，嫌いなことを見つけだすようにする必要がある。自分の仕事に直接関係することだけではなく，様々なことに日頃から高い好奇心をもって積極的に参加することが，チャンスを呼び起こすことがある。

第3は，失敗や間違いをおそれず行動して，その経験を次に活かしていくことであり，リスクをとることといっても良い。

第4に，他人に対してできるだけオープンな態度をとり，関わりをもっていくことである。偶然のチャンスは，人からもたらされることが多いからだ。

以上から，持続性，柔軟性，楽観性，リスク負担性の高い行動を常にとっているような人には，より好ましい偶然が起こる可能性が高まる。そうした中でのチャンスをものにしていくことが，キャリア発達につながると考えられる。

② 逆境への対応

キャリアは、偶然の出来事に左右されるとともに、逆境にさらされることがある。逆境は主観的なものであり、本人が逆境だと思えば、それが逆境となる。逆境においてキャリアが中断し混乱することへの抵抗力や強さを、「キャリアレジリエンス（強靱さ・回復力）」という。職場での同僚との関係悪化という逆境にもパニックにならず、どちらかが異動するまでやり過ごす等、効果的に対処できることをいう。キャリアレジリエンス強化には以下が役立つだろう。

第1は、自己効力感が高いことである。自らを有効に働かせる能力つまり自信が高いことを示し、環境への適応性の高さ、自分をコントロールできること、目標を達成しようという欲求が強いこと、自尊心が適度に高いことが含まれる。

第2は、リスク対応である。これには、リスクに前向きに挑戦する姿勢や、不確実性・あいまい性に対する忍耐力の強さが含まれる。

第3は、依存性が低いことである。これには、上司や同僚の承認を求めすぎないことなどが含まれる。自律的にキャリアを発達させていくには、他者の評価を気にしすぎることはマイナスになる場合が多いからである。

6 組織間のキャリア開発

転職やM&A等を転機とした組織間のキャリア発達において、従業員および組織に求められるポイントについて触れていく。

(1) 組織再社会化

組織再社会化は、前述した組織社会化を拡張し、転職者に応用した考え方である。転職によって、個人が前の組織で達成してきた課題や獲得してきた態度を、場合によっては白紙に戻し、転職先の組織が求める課題の達成や態度の修得が必要になるというものだ。同業種の組織への転職で類似した職務を担当する場合でも、組織によって文化や風土、ワークフローは異なるからだ。

再社会化で求められる課題は、転職者によって異なる。転職先での担当職務が前職務と無関係な場合や、前の組織と規則・規範・価値などの隔たりが大きい場合（組織文化が大きく異なる場合）、その達成が困難になる。近年、増加

傾向にある異業種・異職種型の転職の場合，それほど簡単ではない可能性がある。しかし，中途採用者が多い組織では短期間で達成してもらうことが喫緊の課題であり，そうしないとさらなる転職，多重転職につながる可能性がある。

　組織の施策としては，一人ひとりの状況を視野に入れた，転職者だけを対象とした研修の導入等が求められる。

(2) エンプロイアビリティ

　VUCA時代といわれる現代，多くの人が自分のキャリアに求めるものが他社でも使えるスキルだろう。そこで，組織間のキャリア発達とも関連が深く，組織で雇用される能力を示すエンプロイアビリティが注目されてきた。エンプロイアビリティには，他社に転職できる能力（可能性）である「外的エンプロイアビリティ」と，現在の組織で評価されて雇用され続ける能力（可能性）である「内的エンプロイアビリティ」とがある。外的エンプロイアビリティのほうが先に注目され，転職市場で評価の高い，他の組織でも使える能力を意味する。内的エンプロイアビリティは，わが国で注目されてきた考え方で，主にその組織でしか使えない能力（組織特殊的能力）の向上が求められてきた。

　エンプロイアビリティの第1の特徴が，概念の多様性である。狭い意味の能力・スキルだけでなく知識，適性，意欲，思考・行動特性，人間性まで含まれ，能力を中心にその対象は幅広い。それが客観的な指標化が困難な点でもある。

　第2の特徴が，ダイナミック性である。エンプロイアビリティは，個人がどのような状況でも固定的にもっているものではない。個人および労働市場での需要と供給，つまりその仕事を求める人々の中での能力の相対的な位置（順位）によって変動する。つまり，IT化，グローバル化等の進展で働く人のスキルが陳腐化する速度が加速しているため，不足するスキルがあるとすれば，自分自身でまたは組織の制度等を利用して能力開発を行う必要がある。

　また，従業員のエンプロイアビリティ向上を支援する組織の機能を，「エンプロイアビリティ保障」という。具体的には，能力開発に関する制度を整備・拡充していくことが中心である。欧米では，雇用保障の代わりにエンプロイアビリティ保障を中心課題として掲げる組織が多くみられる。わが国の調査でも，組織による充実した教育訓練（研修等）は，従業員の内的および外的エンプロ

イアビリティをともに高めていた（山本, 2014a）。その中でも特に，内的エンプロイアビリティの向上を通して従業員の態度にポジティブに作用していた。わが国でも，能力開発を中心にエンプロイアビリティ保障の充実が求められる。

(3) M&Aと従業員のキャリア開発

　働く人のキャリア上の転機でもあるM&Aが活発に行われている。前述したようにM&Aは，事前に知ることも，コントロールすることもほぼ不可能だ。しかし，M&Aで多くの従業員の環境が変わる。具体的には，部署が変わり，分社化等で所属組織が変わることもある。人によってはこれまでの居心地の良い職場から，見ず知らずの人が多い緊張感の高い職場で仕事をしなければならない。すなわち，組織間移動した場合従業員には組織再社会化が必要となる。

　また組織が変わることで，職位も変わる。それまで期待してきたキャリアが変更される可能性，すなわちキャリア・パス（ルート）の融合（統合）や崩壊が起こる。さらに，業務分野が重なる同業種の組織同士によるM&Aでは，余剰になる仕事が発生することで，仕事や職種が変わることもある。

　このようにM&Aによって，従業員は多様な移動を経験し，境界のないキャリアの状況下でいくつかの境界を乗り越えなければならない。場合によっては大きなストレスを感じ，それがキャリア発達に影響する。その結果，従業員は組織へのエンゲージメントを低下させ，退職する可能性もある。

　そこで，M&Aにともない従業員が感じるキャリアの将来不安を少しでも解消するため，トップからの積極的な情報開示や，貴重な人材の流出を防ぐため一定期間の在籍を条件に支払うリテンションボーナス等の施策が求められる。

7　組織による具体的なキャリア開発施策

(1) キャリア自律に関わる施策

　第3章で取り上げられている社内公募制度以外に，多くの組織で実施されているキャリア自律に関する代表的な施策を示す。

① キャリアデザイン研修

　自分のキャリアを自律的に形成，発達させていくための考え方や手法について知ってもらうための集合研修である。組織からの期待や外部環境の変化を踏まえながら，自分の価値観や興味を再認識し，スキルや専門性を棚卸しすることを通して現在と将来のキャリアについて考えてもらうことを目的とする。その後，将来の目標を立てそれを達成するための行動につなげていってもらう。役職や年齢の節目で行われることが多い。研修を受けることで，自分の強みを発見し，日常の職務におけるモチベーションの喚起，行動変容や問題解決につなげることも目的とする。

　キャリアデザイン研修の受講で従業員一人ひとりの目標が明確になれば，組織としても一人ひとりに合った形での効果的な支援がしやすくなる。つまり，自律的なキャリア形成を支援してくれるということで，従業員の組織に対するエンゲージメントの向上を通して定着の促進につながることも考えられる。

② キャリアコンサルティング

　臨床心理学の知見や技法を活用した，働く人のキャリアに関する分野における専門的な援助過程を示す。具体的には，個人の興味，能力，価値観などをもとに，転職や起業等のキャリア選択やそこにおける適性の発見などを中心に，キャリアに関する多様な悩みを解決する相談やサポートを行う。キャリアコンサルティングの担い手である専門職はキャリアコンサルタント等と呼ばれ，国や関連団体が資格として認定している。キャリアコンサルティングは，企業内の人事・教育部門，人材紹介会社・派遣会社，ハローワーク，その他の学校や行政機関等でも行われている。企業では，人事担当者がキャリアカウンセラー資格を取得することも多く，特に，一定規模以上の企業ではキャリアコンサルティング室を設置し，そこで働くキャリアコンサルタントも増加している。転職等の問題が関わるなど，個人のプライバシーに立ち入ることの多いキャリアコンサルティングを組織内の従業員ではなく，外部の専門家が担当するケースも多い。①キャリアデザイン研修と組み合わせ，全体での理解と併せ個別目標とのギャップを埋めていくために実施されると効果が高いと考えられる。

　キャリアコンサルティングは，相談者の自己決定を尊重する。すなわち，コ

ンサルタントではなく，相談者自身が問題解決にあたり，判断し決定したという実感を持ってもらうようにするため，キャリア自律を重視した制度といえる。

(2) 個別管理と組織活性化に関わる施策

　現在組織に求められている個別管理と組織活性化に関わる施策を挙げていく。

　独立（開業）支援制度は，独立のため退社し，新たに事業を行う従業員に対し，組織が支援する制度である。具体的な支援の内容としては，商品・経営ノウハウ等の情報提供，取引先のあっせん・紹介，製品購入等の協力，資金援助等である。わが国でも経済活性化のため起業が奨励されているが，その成功率は必ずしも高くはない。そこで，組織内キャリア発達の過程で，人脈等を含めた準備ができ，組織のバックアップのもとで起業できればリスクはより少ないと考えられる。コンビニエンスストア等の小売業や製造業等，多様な業種の企業で導入されており，フランチャイズ契約のもとで独立する場合も多い。

　類似の制度に，社内ベンチャー制度（社内起業制度）がある。これは，起業家精神に基づく組織風土に変える等，経営の活性化を目的としている。企業内部に新規事業を実施する部門を設置したり，新規事業を行う特定事業部門を分離独立させて事業部化したり，新規事業のための子会社を設立したりする制度である。主に，従業員から公募等によって新規事業のプランを募集し，その提案に基づいて行う。起業の場合は，通常提案した従業員が，中心的役割を担う。いずれも，前述した組織外キャリアを志向する従業員を支援する制度といえる。

参考文献

山本寛（2008）『転職とキャリアの研究－組織間キャリア発達の観点から（改訂版）』創成社。
山本寛（2014a）『働く人のためのエンプロイアビリティ』創成社。
山本寛（2014b）『昇進の研究―キャリア・プラトー現象の観点から（増補改訂版）』創成社。
山本寛（2016）「第1章 昇進と仕事におけるキャリアの停滞」山本寛編『働く人のキャリアの停滞－伸び悩みから飛躍へのステップ－』創成社。
Schein, E.H. (1978) *Career Dynamics: Matching Individual and Organizational Needs.* Reading, MA: Addison-Wesley.（二村敏子・三善勝代訳（1991）『キャリア・ダイナミクス』白桃書房）
Super, D.E. (1957) *The Psychology of Careers.* New York: Harper & Row.（日本職業指導学会訳（1960）『職業生活の心理学』誠信書房）

第 13 章

労使関係管理

1 労使関係管理とは－労使コミュニケーションの観点から

(1) 労使関係の概念－集団的労使関係と個別的労使関係－

　本章で扱う労使関係管理とは，広い意味での労働者と使用者とのコミュニケーション（意思疎通）という意味で論じる。狭義の労使関係とは労働組合と使用者との関係を指すが，後述する通り，今日では労働組合の組織率は過去最低を示している。そのため企業数としては無組合企業が圧倒的に多いと思われ，労働組合だけを論じては実務上活用しにくいためである。従って本章では労働組合と使用者との関係を「集団的労使関係」，労働者個人と使用者（もしくは使用者の代弁者である管理職）との関係を「個別的労使関係」ととらえて検討を進める。なお伝統的な労使関係論については浅見（2021）が参考になる。

(2) 企業ではコミュニケーションは不可欠

　そもそも，人的資本経営という言葉が示す通り，労働者がいかなる状態にあり，どのような意識をもって業務にあたっているかを使用者が把握せずに企業経営を行うことはできない。また使用者（経営者）の意図を正確に組織の末端まで浸透させることはまさにコミュニケーションそのものであり，企業経営上不可欠なものといってもよい。

さらに経営戦略との関係で言えば，バーニー（Jay B. Barney, 1996）のいう「資源ベース戦略」（Resource Based View）の主要な部分である，企業の競争優位をもたらす自社の人材という「資源」についての使用者による正確な理解があって，初めて企業は競争に勝つことができるということも可能である。

(3)　積極的に把握すべき労働者の意向

　また，労働者の意向は使用者が黙っていても自発的に上がってくることはない。使用者から積極的に聞きにいかねばならない。そのためにはモラール・サーベイなども必要となってくることもある。組織の中がどのように運営されているのか，管理職だけからの情報では不都合な情報は隠されてしまうこともあるし，そもそも管理職自身が自ら統率すべき組織の問題点を把握していないことも考えられるからである。

　労働者の意向聴取の方法としては，モラール・サーベイのような質問紙，アンケート調査だけではなく，キャリア面談，1 on 1 ミーティングなど直接的には意識調査と銘打たなくとも，活用できる方策は多様なものがあろう。

(4)　労使関係は「管理」できるものか

　一方で労使関係は相手があることでもあり，「管理」できるものかという，もっともな疑問もあるかもしれない。使用者の意向通りに労働者が対応するかといえば，たしかに100％マネジメントすることは不可能であろう。しかしながら，労使の関係はどのようなものが理想的な状況であるのか，それに比して現状はどうであるのか。そして理想と現実の乖離があるとすれば，どのように対応すべきなのか。こうした一連の活動なくして企業の運営はありえない。管理の本来の意味はmanageであり，そこには「操作する」「相手を思い通りに動かす」という意味はない。相手があることに対して，「うまくやる」ことがここでいう「管理」ととらえていきたい。

2　労働組合概論

(1)　労働組合とは何か

　集団的労使関係として労働組合についてみていこう。我が国の労働組合法上，労働組合とは「労働者が主体となつて自主的に労働条件の維持改善その他経済的地位の向上を図ることを主たる目的として組織する団体又はその連合団体をいう」（労組法2条）とされている。
　なおここで「労働者」とは「賃金，給料その他これに準ずる収入によって生活する者」（労組法3条）をいい，そこには求職中の者や失業者も含まれる。

(2)　労働組合の種類

　労働組合の種類としては職能別組合，産業別組合，企業別組合，合同労組（一般労組ともいう）に大別できよう。教科書的には合同労組は扱われないこともあるが，実務上は重要なので，特に取り上げて論じていく。

①　職能別組合

　職能別組合（職業別組合ともいう）はイギリスにおける原初的な労働組合のような同一の職業の者同士で構成される労働組合の形態である。一例は最初の労働組合とも目される（Sidney James Webb＝Martha Beatrice Webb, 1894）1827年設立の大英大工職指物職共済組合（Friendly Society of Operative House Carpenters and Joiners of Great Britain）である。現在は統計上明らかでないが，おそらく大変少ない（もしくは消滅した）ものと推測される。

②　産業別組合

　産業別組合は同一産業の労働者で構成される労働組合で，労働者は会社や工場ごとに「支部」もしくは「分会」という形で組織化されることが多い。国際的にはこの形態が一般的であり，ドイツのIGメタル，アメリカの全米自動車労組（UAW）が例としてあげられる。日本では数少ないが，全日本海員組合

が例としてあげられよう。

③ 企業別組合

企業別組合は同一企業の労働者で構成される労働組合である。日本ではこの形態が一般的であるが，国際的にみるとこの形態は数少ない。

④ 合同労組

合同労組の定義は大変難しいが，呉による「合同労組とは，当該組合の規約に賛同する労働者であれば個人の誰でも組織でも加入できて一定地域を基盤に労働三権を行使する労働組合」（呉，2015，p.68）としておきたい。「一人でも加入できる労働組合」と銘打ち，○○一般，あるいは○○ユニオンといった名称を付けている例が多い。筆者は諸外国における合同労組の存在については寡聞にして聞いたことがない。

⑤ 産別組織など

日本においては，電機連合，基幹労連といった組織もあるが，これらは産業別に構成された労働組合の連合体である。「産別組織」と呼ぶことが多く，企業別労働組合の連絡機関という位置づけであり，産業別労働組合とは区別される。ただし労働組合法上はこれらの産別組織も労働組合と位置付けられる。また，産別組織がさらに連合体を結成し，全国組織（ナショナルセンター）を形成している。日本においては日本労働組合総連合会（連合），全国労働組合総連合（全労連），全国労働組合連絡協議会（全労協）が全国組織として結成されている。

(3) ショップ制

こうした労働組合と使用者（企業）との関係はクローズドショップ，オープンショップ，ユニオンショップの3種に分かれる。

① クローズドショップ

クローズドショップは，労働者を採用する場合，労働組合員の中から採用す

る，というシステムである。日本ではイメージしにくいが，労働組合には求職者も含まれていることを想起すれば，たとえば職能別組合で鉛管工組合があった場合，鉛管工を採用するときには必ず鉛管工組合の求職者である組合員から採用するということになる。

② オープンショップ

オープンショップは，労働者が労働組合に加入するか否かは全く自由とするものである。

③ ユニオンショップ―強制加入制

ユニオンショップは，労働者は労働組合に加入することを前提とし，当該労働組合を脱退し，あるいは除名された労働者に対して使用者は当該労働者を解雇する，というものである。この際，使用者と労働組合との間にユニオンショップ協定が締結される。

クローズドショップ，ユニオンショップにおいては，労働者は労働組合に加入せざるを得ず，労働組合加入を強制するものといえる。日本において，大企業の多くはユニオンショップ協定を労働組合と締結しているため，労働組合に加入することが当然とされている。しかしながら，最高裁をはじめ裁判例ではユニオンショップによる解雇は無効とされるケースが頻発していることに留意すべきである（たとえば，三井倉庫港運事件　最一小判平元・12・14　最高裁判所民事判例集43巻12号2051頁）。

ユニオンショップ解雇が無効とされる例とは，ほぼ例外なく労働組合を脱退後（あるいは除名された後），他組合に加入し，もしくは他の組合を結成する場合である。憲法で認められている団結権は個人の権利であり，ユニオンショップ協定を締結していない他組合に加入した労働者を解雇することは他組合への団結権の侵害にあたる，と考えられている。誰しも解雇されたくないと思えば，ユニオンショップ組合から離れた後，ただちに合同労組などに加入すると思われ，ユニオンショップ解雇条項は，法的にはほとんど意味がない。それではユニオンショップはなぜ現在でも大企業を中心として存在しているのであろうか。

ユニオンショップは労使協調路線の確認的シンボルととらえられている、というのが私見である。ユニオンショップ制は新入社員を自動的に労働組合に加入させ、労働組合に対立するものは解雇されるものとして、労働組合の組織力の強化につながるという、労働組合としては、ありがたい制度である。本質的には使用者と対立する構造にある労働組合に対して、使用者がかような制度を導入することは、使用者が労働組合を敵対視しないという姿勢を示す意味を持つことになるのである。

(4) 日本における労働組合の特殊性

さて、日本において労働組合はこのユニオンショップ制以外にも、他国と異なる特殊性を有している。以下にそれを見ていこう。

第一に、大卒のホワイトカラーも労働組合に加入していることである。諸外国においては、ホワイトカラーは労働組合に加入することは基本的に少ない。その理由として、ホワイトカラーは幹部候補社員であり、主たる労働組合員層であるブルーカラーと「身分」が異なると認識されているところが大きい。終戦直後にGHQ（連合国軍総司令部）による産業民主化政策の一環として職員（ホワイトカラー）と工員（ブルーカラー）との処遇の一体化が促進され、結果として「同じ新入社員は同じく労働組合員」となったという経緯があったものと推測できる。

第二に、憲法上団結権や団体交渉権が勤労者に認められているため、一社内に複数の労働組合が存在した場合、それら複数の労働組合の団結権と団体交渉権を平等に認める必要があり、結果として団体交渉もすべての労働組合と行うことが必要なことである。詳細は後述する。

第三に企業別組合が多数を占めていることである。これも終戦直後にGHQが労働組合の育成を急いだことに端を発する。

第四に労働組合費を使用者が組合員から代理徴収（いわゆる天引き）し、それを労働組合に引き渡すというチェックオフ協定が広く行われていることである。ユニオンショップ制と同じく、労働組合を使用者がサポートする形になっていることから、労使協調路線の1つの表れともいえよう。

(5) 労働組合組織率の低下

こうした日本の労働組合であるが，推定組織率は1949年の55.8％を頂点とし，最近は16％台で推移している。この低下の原因は様々に議論されているが，①サービス産業の増加，②大卒者の増加によるブルーカラーの減少，③非正規労働者の増加，④生活水準の向上といった諸要因が指摘されている。

いずれにしても構造的な要因であり，労働組合として対応しにくい問題ではあるが，労働組合自身も手をこまねいているわけではない。東京ディズニーランドの運営会社であるオリエンタルランドやユニバーサルスタジオジャパンといった，サービス産業に対する組織化や，非正規労働者の組織化をすすめているUAゼンセンの取り組みを例としてあげておきたい（本田，2017や本田，2018を参照）。また合同労組も個別的労使紛争を抱えた労働者の受け皿として存在感を増している。

3　無組合企業と労働組合

(1) 労組の組織化への対応

こうした労働組合の状況であるが，無組合企業としては上述した労組の組織化戦略を傍観しているだけでは，自社の労働者が労組に加入，あるいは労組を結成した場合には対応できない。無組合企業といえども，労組対策は必要不可欠である。

無組合企業の場合，もっとも可能性があるのは，企業の対応に不満を有した労働者が合同労組に加入し，当該労組から労組として団体交渉を要求されるという局面である。勤労者には憲法上団結権が認められており，当該労組を否定するような言動は後述する不当労働行為となり，禁止されている。従って，労組から団体交渉（以下，団交と略す）を要求された場合には基本的に受諾する必要があるが，その前提として「当該労働組合に自社の労働者（解雇問題であれば使用者の立場からは「元」労働者となる）が加入しているか」を確認することは認められる。現実的には団交要求時に労働者の氏名を明らかにしている

ことがほとんどであろう。もっとも，1人だけでも加入していることがわかればよいのであり，他の労働者が加入しているかどうかまでの確認（たとえば労働組合員名簿の提出）を求めることはできないと考えられる。

(2) 団交の準備

団交要求がなされた場合には，それへの対応を考えねばならない。重要なのは，団交参加者とその人数，時間設定，団交場所といった点のルール化である。

団交参加者は基本的に委任を含む交渉権限を有した者となるが，労働組合の参加者として労働組合から委任を受けた部外者（たとえば弁護士や上部団体役員）の参加を認めるかどうかが論点の1つとなる。労組法6条の明文で委任自体は認められているが，労働協約で団交の第三者委任禁止条項を設けた場合の効力については学説の対立があることに注意すべきである。

人数，団交の時間については取り決めがないと，団交時に多数の圧力を感じ，あるいは際限なく長時間の団交となる場合も考えられ，双方10人以内，団交は1回2時間以内などとルール化しておくべきであろう。場所につき社外の貸会議室を利用し，時間内で自動的に終了するというルールを設定している企業もある。

4 団体交渉から争議行為まで

ここで簡単に団交後のポイントだけ概観しておこう。

(1) 団体交渉

団交においては誠実交渉義務がもっとも注意すべき事項であろう。労使は合意に向けて議論を尽くしたか，相互に自らの主張に固執していないか。交渉を打ち切っても致し方ないという段階に来ていたかが問われる。

(2) 労働協約

労働協約の締結は団交の決着の1つである。労働協約においては一部の組合員に対する不利益変更が問題となることがあるが，実務上，最終的には就業規

則の不利益変更論と軌を一にした方向性と考えることができる。従って変更の必要性，不利益の程度，変更後の相当性，説明義務を果たしたか，代償措置などに注意すべきである。

(3) 争議行為

　団交が不調に終わった場合には，労働組合は争議行為に移ることもある。争議行為の中ではストライキ（法的には同盟罷業）がもっとも典型的なものである。このストライキは減少傾向にあったが，近年若干増加のきざしもみられる。ここにおいては使用者側も争議行為を行うことができることを押さえておきたい。労働組合の争議行為への対抗手段として「ノーワークノーペイ」の原則のもと賃金カットはできるが，それ以外の対策として事業所閉鎖（ロックアウト）が可能なのである。ただし，先制的，攻撃的なロックアウトは違法とされ，争議行為による損害と均衡を保った防禦的なロックアウトにとどまることになる。

5　不当労働行為

　労働組合に対して，その設立を妨害したり，弱体化したりする行為は不当労働行為として禁止されている（労組法7条）。ポイントだけ述べておきたい。

(1)　団交拒否

　団交においては上述した誠実交渉義務違反の態様が，団交拒否の不当労働行為となる。すなわち，交渉権限なき者のみの出席，自らの主張に固執し一切の妥協を見せないこと，中途での団交打ち切りなど，ケースバイケースであるが，不当労働行為とみなされることがあるので注意すべきである。

(2)　不利益取り扱い

　正当な労働組合活動を理由の解雇，労働組合員へ低位評価を行う差別的人事考課などは明らかな不当労働行為であるが，一見組合員本人にとって有利な措置も不当労働行為とされる可能性がある。たとえば労働組合の委員長に対して

非組合員とされる管理職への昇格である。労働組合活動への「不利益」だからである。もっとも，この場合には同時に支配介入ともみなされよう。なお不当労働行為においては，このように2つの形態が重複することは十分ありうる。

(3) 支配介入

ここで問題となりがちなのは，使用者の言論の自由との関係である。使用者は労働組合の活動に対して，一切発言できないのであろうか。判例・労委命令では「ストをやれば会社はつぶれる」という発言は支配介入とならないとされ（日本液体運輸事件　中労委昭57・6・2命令　命令集71集636頁https://www.mhlw.go.jp/churoi/meirei_db/mei/m01566.html），一方，ストに際し「会社の重大な決意」を表明した場合には支配介入とされている（プリマハム事件　最二小判昭57・9・10　労働経済判例速報1134号5頁）。結果として労働組合がストを回避した事例では支配介入と判断されるような傾向がみられるが，使用者の言動については慎重に考えねばならない。

6　複数労働組合併存の労働問題

(1) 複数の労組への公平な対応

日本の憲法ではすべての勤労者に団結権を認めており，そのためたとえユニオンショップ協定を結んでいても，労働組合脱退者や除名者が他の労働組合に加入し，あるいは他の労働組合を結成した場合にはユニオンショップ解雇は無効となることは前述した。当該労働者の団結権や団体交渉権の否定につながるものだからである。

このように日本法では，一企業に複数の労働組合が存在すると，使用者はそれらの労働組合に対して平等に取り扱うことが求められる。従って，以下のような様々な問題が惹起する。

(2) 団体交渉

団体交渉権は労働組合に認められた憲法上の権利であり，団体交渉を求めら

れた場合，それを拒否することはできない。複数の労働組合が一企業内に存在した場合でも同様であり，団体交渉を求めてきた労働組合に対してはすべて対応せねばならない。たとえば，東日本旅客鉄道株式会社（JR東日本）の2023年6月の有価証券報告書では11労働組合があり，そのうち9労組とは労働協約を締結しているという記載がある（https://www.jreast.co.jp/investor/securitiesreport/2023/pdf/securitiesreport.pdf p.15）。この会社の例では11労組からそれぞれ団体交渉の要求があれば，すべて真摯に対応する必要がある。なお，アメリカでは複数の労組が存在しても団体交渉としては，その中の多数組合とのみ交渉すればよいとする交渉単位制（Bargaining Unit）が存在するので，このような手間は存在しない。

交渉に対応するとしても次の問題は，多数組合と合意が成立した場合，同一内容の合意が少数組合から取り付けられないという状況が惹起することである。この場合使用者としては，多数組合との合意内容より有利な内容の合意を少数組合となすことは考えにくく，多数組合との合意内容を少数組合に受諾してもらうしかない。そのため合意が得られない場合には団交を打ち切ることもあろうが，それは団交拒否の不当労働行為になるか。最高裁判例では「使用者に各組合との対応に関して平等取扱い，中立義務が課せられているとしても，各組合の組織力，交渉力に応じた合理的，合目的的な対応をすることが右義務（筆者注：団交応諾義務）に反するものとみなされるべきではない」としたものがある（日産自動車事件 最三小判昭60・4・23 最高裁判所民事判例集39巻3号730頁）。従って，団交打ち切りに当たって，当該少数組合の弱体化を意図したものが推認されるような場合は別として，真摯な交渉の結果であるなら，不当労働行為は成立しないと考えられよう。

(3) 組合間差別問題

その他の問題として，たとえば組合掲示板について全労組に対して「平等」取り扱いをするとすれば，少数組合に対しても多数組合と同様の大きさの掲示板を同数，各職場に設置することになるし，組合事務所も1組合に貸与した場合，他の組合にも同じ広さのものを用意することになるが，それは現実的でない。それぞれ「合理的に対応」すればよいことは上述した日産自動車事件最高

裁判決の趣旨からも明らかであろう。

　また人事考課における組合間差別問題も議論されてきたところである。一組合だけ有利に査定され，もしくはその逆に不利に査定されたといった場合，不利益を受けた労組員に対する不当労働行為に該当するか否かは，集団間の格差を検討する，いわゆる大量観察方式によって判断されてきた。今後はかかる問題に対して，同様の判断基準がなされるのか，疑問の余地がある。人事考課は業績・能力の評価が極めて属人的になり，旧態依然の年功的賃金・昇進制度を採用している企業は少なくなっているように考えられるからであるが，この点は今後の労委命令，裁判例を待ちたい。

(4)　労々問題への使用者の関与

　以上の複数組合併存問題は使用者が関与するものであるが，使用者が関与できない問題も生じうる。組合間で思想信条が異なるなどして，労使紛争ならぬ「労々紛争」も考えられるからである。1つの例として，国・中労委（JR西日本・動労西日本岡山）事件（東京地判　平26・8・25労働判例1104号）を挙げておきたい。これは主たる論点として，労働組合員が別労働組合を激しく批判するビラを無許可で配ったことについて，訓告の懲戒処分にしたことが不利益取扱いの不当労働行為になるとした岡山県労委，中労委の判断を覆し，不当労働行為にあたらないとしたものである。ビラの批判が使用者ではなく別組合に対するものであった点が注目される。

　このように組合間で対立が生じているような場合，使用者は中立を保つことが求められる。上記東京地裁判決はビラ配布自体が労組間の対立を煽るものであるとの観点から懲戒処分を違法ではないと判断しており，特定労組の擁護や攻撃というものではないことに留意する必要がある。さらに，懲戒事由なども組合を問わず，例外なく適用するという運用が特に求められ，複数の労働組合があると実務上は大変苦労することが多いのが実情である。

7　労働組合の経営参加等

　労働組合の活動として，以上述べたものの他の問題にも触れておこう。

(1) 労使協議制

　団体交渉では基本的に労働組合員の労働条件に関するものが交渉事項となる。しかし労働組合は労働条件以外の問題に対して発言することを禁止されていない。さらにいえば労働組合員も自社の経営戦略などの経営事項に関心がないわけではない。一方，使用者としても，自社の経営事項について労働者がどのように考えているのか，把握することは重要でもある。このように考えると，団体交渉以外の接点を使用者が労働組合と持ち，経営事項について意見交換をすることはコミュニケーションの促進という観点から望ましいこととしいえる。その1つの現れが，労働組合との労使協議制である。

　具体的な展開としては労使協議会を団体交渉とは別途に設けて，その中で団体交渉では取り上げない経営戦略上の話題について意見交換するという形態である。もっとも実務では団交事項も労使協議会で議論することもあり，このような形態では団交の前の手続きとして労使協議会を位置付けることになる。

　労使協議制については法的な規制は一切存在しないため，労使が合意すれば労働条件に関連しない経営戦略などの経営事項も取り上げることが可能であるし，現場での問題を経営層が共有できることもある。そのため労働組合が存在していた場合でも労使協議会を設ける意味合いは大きい。労使協議制をある意味拡張し，経営計画を労使共同で作成した会社もあったときく。

　なお，労使コミュニケーションの具体的展開として，中川（2024）は企業別労組だからこそ労組の発言により労使間に緊張関係が生まれるとして，企業別労組は「御用組合化」するという認識と異なる発見をしている。

(2) 労働組合による株式取得

　株式を公開している会社の場合，労働組合が自社の株式を取得して，株主としての発言を行うことも考えられる。なお労働組合がそれだけ財政が豊かかといえば，ストライキの減少による闘争準備資金の蓄積が大きい労働組合もあると推察できるからである。前述した通りストライキなど争議行為の際には使用者は賃金カットで対抗するが，それに対して，労働組合が賃金カットに対する補填を行い，その原資として労働組合費の中から「闘争準備資金」をあらかじ

め蓄えておくことがある。こうした労働組合の場合，争議行為を行わなければ闘争準備資金が潤沢になってくるのである。現金で闘争準備資金として有していた場合，いざ争議行為を実施した際には使用者に対する大きなプレッシャーとなるであろう。賃金カットを意に介することなく長期の争議行為も可能になるからである。またその闘争準備資金を株式取得に流用することもあり得ない話ではない。

(3) 人事制度構築への参画

　企業の人事制度設計に労働組合を参画させ，共同して制度構築にあたることは有意義な点もある。労働者の納得性が高まることがその理由であるが，特に苦情処理制度，ハラスメント関連の相談窓口やハラスメント対策部署の設立，運営にあたっては，使用者が一方的に実施するのではなく，労働組合や，無組合企業の場合には労働者代表の参画が望ましい。苦情の処理に当たって，またハラスメントにおける事情聴取など，法的に適正手続き（due process）が求められる場合もあり，そうしたときに会社側の人間だけで判断するのではなく，労働者代表が関与することが1つのポイントとなることにも留意せねばならないからである。仮に何らかの処分が「加害者」に下された場合でも，それは使用者の恣意なのでなく，労働者代表がチェックしているとすれば公平性が担保されるとみなされることもある。

　これは苦情処理制度にとどまらない。労働者の懲戒にあたっては懲戒委員会を設けることも多いが，かかる委員会でも同じく労働組合や労働者代表の参加を求めることも検討されてしかるべきである。

(4) 経営参加否定論

　このような労働組合の一種の「経営参加」には否定的な見解も労使双方の立場から論じられる。使用者側からは，経営権に属する事項や，こと人事制度構築は経営者の専権事項であり，そこに労働組合が介入することはありえないとして違和感を覚える向きもあろうし，労働組合からは，労働組合が使用者の責務の一部を肩代わりするものになる，として人事制度構築などに関与すべきでない，という見方もなされうる。

この点に関しては労使関係がどのように推移しているのか，労使双方の認識がいかなるものか，といった個別的事情を踏まえて考えねばならず，一般論を示しにくい。しかしながら，ことハラスメントのような労働者に関する問題に関しては労使が一体となって対応することが求められるのではないだろうか。

8　無組合企業における労使関係

(1)　困難なコミュニケーションの方法

一方，労働組合の組織率が16％台にとどまっている現状では，無組合企業のほうが数としては圧倒的に多数であろう。それでは無組合企業においては，上述したような労働組合関連の事柄に無関心でよいのであろうか。

ここで労働組合の機能の１つに，労使コミュニケーションがあるということを想起する必要がある。使用者が何もしないでいたら，労働者からの声が自発的に上がってくることは期待しにくいことは前述した。労働者がどのような考えを持っているかを知らずしてマネジメントはできない。その意味からも使用者側から積極的に労働者の意見・声を聴きに行かねばならない。そのためのコミュニケーションをとるような制度作りは必須と言えよう。

具体的な方法は多岐にわたるが，前述した労使協議会などの労使協議制度は代表的なものである。使用者（経営者）と労働者代表との間で議題の制限なく意見を交換することになる。また，制度化した目標管理制度も管理者と労働者の強制的コミュニケーションということもでき，こうした面談の機会に目標だけでなく様々な意見交換を行うことができれば，一種の１on１ミーティングともいえる。もちろん１on１ミーティングを制度化することも考えられる。

この場合，労使協議制の場合なら，代表者は本当に労働者達の意見を代弁しているのか，表面的な意見だけではないのか，労働者が建前ではない本音を語っているのかという点が気になるし，管理者が労働者の意見を聴いていた場合には，労働者と管理者との間で信頼関係があり，気兼ねなく話せているか，話せていたとしても，管理者が使用者に現場の感覚を率直に語ることができるか，という問題もある。

いずれにしても、職場の心理的安全性が確保されていないと労働者が知覚した場合には、適切なコミュニケーションをとることは難しくなるのである。この点、企業全体の取り組みの実例として「職場の心理的安全性を高める取り組み事例」（労政時報4036号80頁）をあげておこう。

(2) 労働組合結成への対応

　労働組合なき企業においては、いつ労働組合が結成されても、あるいは労働者が合同労組に加入してもよいような体制を整えておくことも重要である。労働組合の結成通告がなされ、もしくは合同労組から団体交渉の要求があった場合に、いかなる対応をとるか、シミュレーションしておかねばならない。そうでないと、いざ労働組合と対応する際に、団交拒否の不当労働行為を行ったり、また必要以上に畏怖したりすることも考えられるからである。

　一方で、自社には絶対に労働組合を作らない（作らせない）ことを信条とする使用者もいるかもしれない。しかしながら団結権をはじめとする労働三権は憲法上の権利なのである。労働組合を結成させないとするなら、労働者の不平・不満・要望を先取りする施策を次々と打たねばならないが、それはかえってコストアップ要因になる可能性がある。その覚悟はあるのだろうか。

9　労使のコミュニケーションギャップ

　労使関係を労使のコミュニケーションととらえると、そのコミュニケーションがうまくいかなかった場合にはいかなることが想定されるかについて検討したい。

(1) 集団的側面：争議行為

　集団的労使関係においては、争議行為がコミュニケーションギャップの最たるものであろう。双方の意思の乖離が具体的行動に現れた結果である。争議行為については若干前述したが、その解決方法について敷衍しておこう。

　争議行為直前の団体交渉においては、双方の主張に接点がみられず、これ以上協議の余地なし、という段階に至っているとみることができる。使用者には

使用者の論理が，労働組合には労働組合の論理がある，ということであろう。

このように当事者同士の議論では決着がつかない場合には，第三者である労働委員会が労働関係調整法に基づき調整にあたることができる，というのが，わが国の法制度である。斡旋，調停，仲裁という3つの方法が用意されており，それぞれの具体的な意義，要件，効果については労働関係調整法第二章以下にゆだねるが，もっとも簡易迅速な方法が斡旋である。

斡旋は労使の一方のみから労働委員会に申立てができ，斡旋員が当事者双方から意向を聴取し，斡旋案の提示に至るものであるが，使用者側からの申立ても可能であることは見逃されていることも多い。争議行為に至った段階での紛争解決手段というだけでなく，その前段階で使用者から申立てを行うことも予防措置として有効であろう。

また，第三者から促されることにより，社内の説得に活用できることもある。賃金交渉の折，ベースアップとして1％しか回答できない，とする社内世論に対し「労働委員会のあっせん員が2％を案として示し，労働組合も納得する様子である」などと対応して，2％やむなしという意思決定を引き出すのはその一例である。もっとも斡旋案には拘束力はないため，争議行為の解決策としての限界はある。

なお王子製紙，三井三池など過去の大争議においては労働組合が分裂し，いわゆる第二組合が多数派を構成するに至り，争議が終結したという歴史的経緯もあるが，昨今の情勢ではここまでの争議行為は考えにくくなってきている。

(2) 個別的側面

個別的な面からみると，個別労働紛争といわゆるハラスメント諸問題がコミュニケーションギャップの問題ととらえることができるように思われる。

まず個別労働紛争である。ここでは，労働者個人と使用者（企業）との労働に関する紛争ととらえておく。法的に解決する制度としては個別労働関係紛争解決促進法があり，そこで都道府県労働局長による助言指導，紛争調整委員会によるあっせんが定められているが，筆者の紛争調整委員としての経験からすると，紛争に至る根本的な原因としてコミュニケーションの欠如があると感じられる事例が非常に多いという印象がある。

たとえば解雇が問題となっている場合，その理由につき丁寧に説明していない事例や，労働条件が事前の提示と異なっていたという事例など，よくコミュニケーションをとり，双方の意思が理解されていれば，労働紛争にならず，あっせんの場に来ずともよかったのにと，と感じることも多いのである。

　ハラスメントの諸問題もコミュニケーションギャップの問題ととらえることができる。そもそも，いわゆるセクシュアルハラスメントについても，当初は厚生労働省「女子雇用管理とコミュニケーションギャップに関する研究会報告書」(1993)で議論されたように，コミュニケーションギャップと公式には考えられていた。これが1997年には「職場におけるセクシュアルハラスメントに関する調査研究会報告書」と，今日みられるような「ハラスメント」と理解されるようになったのである。

　ハラスメント事案でよくあるのが，加害者側からの「そのようなつもりではなかった」という弁明である。こうした場合は相互の意思や感覚に齟齬があることに気が付かないという加害者の意識の表れとみることができよう。

　もっとも，いわゆる環境型セクシュアルハラスメントにみられるような一方的なハラスメントもありうるので，すべてのハラスメントがコミュニケーションギャップに該当するとはいいにくいが，たとえばパワーハラスメントにおいては多くの場合，コミュニケーションギャップが存在するのではなかろうか。「厳しい指導」と「ハラスメント」の境界線がどこにあるのか。「死ね」「辞めちまえ」といった相手の人権や人格を否定する言動であれば外形的な評価も可能であるが，一見してかかる言動が存在しない場合は評価が難しい。

　こうした事例では，それまでの両者の関係が問われる。たとえ上司が同じ発言をしたとしても，部下Aの反応と部下Bの反応が異なることは十分ありうる。それまでに構築された両者の関係はいかなるものであったかによって，変わってくるのである。十分に信頼関係が構築されていた場合には，「指導」ととらえるかもしれないが，信頼関係が希薄な場合には「いじめ」と受け取られる可能性も高い。こうした関係性を形成するには日頃のコミュニケーションが不可欠である。ある意味では，それまでの信頼関係のなさが，ささいな言動により顕在化したものがパワーハラスメントの少なくとも一部には存在するように思われる。

10　労使関係は信頼関係

　広義にとらえると，労使コミュニケーションのツールはもちろん労働組合だけではない。様々な手段を用いて労働者個人といかに使用者・管理者が意思を通わせ，信頼関係を構築するか，という問題なのである。各企業では，前述した管理者との面談を中心とした方策を講じているところも多い。しかし，こうした面談を効果的に進めるためには，管理者の能力向上が不可欠である。未熟な管理者，部下から信頼されない管理者ではいかなる技法を用いても円滑な信頼関係を構築することは難しい。

　ある意味，労働組合は管理者を超越して使用者と労働者が直接コミュニケーションをとるシステムでもある。使用者には労働組合を忌避する傾向もあろうが，現場の声を聴く貴重な機会ともいえるのである。

参考文献

浅見和彦（2021）『労使関係論とはなにか』旬報社。
呉学殊（2015）「合同労組とコミュニティ・ユニオン」日本労働研究雑誌657号，pp. 68-69。
中川亮平（2024）『労使関係の組織行動論』中央経済社。
本田一成（2017）『チェーンストアの労使関係』中央経済社。
本田一成（2018）『オルグ！　オルグ！　オルグ！』新評論。
Sidney J. Webb＝Martha B. Webb（1894）*History of Trade Unionism*（荒畑寒村監訳　飯田鼎＝高橋洸訳（1973）『労働組合運動の歴史』日本労働協会）
Jay B. Barney（1996）*Gaining and Sustaining Competitive Advantage*, Pearson.（岡田正大訳（2003）『企業戦略論　上・中・下』ダイヤモンド社）なお本書は改訂され，2019年発行のGlobal Editionの訳が2021年に『[新版] 企業戦略論　上・中・下』（ダイヤモンド社）として刊行されている。

第14章

リーダーシップ

1 リーダーシップとは

(1) リーダーシップの重要性と定義

　今日，企業活動の多くは組織の形態を用いて行われている。組織とは，(1)明確な固有の目標（共通目標）を有し，(2)共通目標達成のために協働する人々の集まりであること，(3)共通目標達成に向けて地位や役割の分化，権限階層などの構造を持つこと，の3つの成立要件が指摘されている（馬場, 1983）。このように考えると，組織は内部に職場や集団，チームなどの分業構造を有していることになり，その部門を統合，統括する役割としてのリーダーが必然的に存在することになる。それゆえ，彼・彼女らのリーダーシップによって組織目標の効果的かつ効率的達成が影響を受けることになり，効果的なリーダーシップとはいかなるものかについての議論は研究面および実践面の双方の観点から重要な課題として認識されてきた。

　リーダーシップとはいかなる概念なのだろうか。残念ながらリーダーシップの定義において，必ずしもこれまでに普遍的に受け入れられているものはない。研究者の焦点によってそれぞれ異なっており，完全なコンセンサスが得られていないのが実情である（松原, 2022）。そのような中，石川（2022）は「職場やチームの目標を達成するために他のメンバーに及ぼす影響力」（p. 40）とリー

ダーシップを定義づけている。この定義には，大きく2つのポイントが含まれている。第1に，職場やチームの目標を達成するために，というリーダーシップの前提である。リーダーシップが何のために発揮されるかといえば，やはり所属している職場やチームの目標達成のためであり，ある特定個人の目標のためではない点には留意が必要である。第2に，リーダーシップの本質は，他のメンバーへの影響力の行使という点である。職場の目標を達成するためには，リーダーはメンバーの活動を方向づけ，モチベーションを引き出し，時にメンバー間の協力が生まれるようにすることが重要である。それらはリーダーがメンバーに対して影響力を行使することによって行われることを意味する。

なお，上記の定義においても明示されていないように，リーダーシップを発揮する主体はリーダーだけとは限らない。しかし，企業組織においては，リーダーによってリーダーシップが発揮される場面が多いのが一般的である（e.g., 松原, 2022）。

(2) 社会的勢力

リーダーシップの本質がメンバーへの影響力の行使と考えるのであれば，効果的なリーダーシップを発揮するためには，影響力の行使に向けたリーダーが持つ社会的なパワーの問題が重要となる。それを社会的勢力という。リーダーが有する社会的勢力を検討する中で，影響力行使の土台について考えていきたい。

French and Raven（1959）では，この社会的勢力は5つあると指摘されている。第1は，報酬勢力であり，これはリーダーがメンバーに対して報酬を与えることができるというメンバーの認知に基づく勢力である。第2は，強制勢力である。この勢力は，リーダーがメンバーに対して罰を与えることができるというメンバーの認知に基づくものである。第3は，正当勢力である。これはリーダーがメンバーに対して指示や，時に命令をする正当な権利を持っているというメンバーの認知に基づく勢力である。第4は，準拠勢力であり，メンバーがリーダーを理想の人物像として憧れ，あのようなリーダーになりたいと同一視することによって生じる勢力を意味する。最後は，専門勢力である。これはリーダーが職務において特殊な知識な技能を持っている，あるいは職務上

の高い専門性を有しているというメンバーの認知に基づく勢力である。

　この5つの社会的勢力は，第1に全てメンバーによる認知に基づくものであるという点が重要である。例えば，実際に金銭的な報酬を与える力をリーダーが有するかどうかではなく，受け手であるメンバーが報酬を与える力を持っていると認知した場合に，リーダーの影響力は強くなるということである。第2に，社会的勢力は，2つに大別されることが指摘されている。具体的には，報酬勢力と強制勢力，正当勢力はリーダーが就いている地位や権限に基づく影響力になる。それゆえ，これら3つはまとめて地位勢力といわれる。それに対して準拠勢力と専門勢力は，リーダー自身が持っている個人的魅力や専門的技能に基づく影響力になる。したがって，これら2つは個人勢力といわれる。

(3) リーダーシップ研究の時代的変遷

　リーダーシップ研究は，これまでに非常に多くの研究が行われ，理論も数多く提唱されてきたが，リーダーシップ研究における中心的な議論内容は時代とともに変化してきた。そのような中，石川（2022）はリーダーシップ研究のこれまでの流れについて，**図表14－1**のようにまとめている。以下，いくつかのポイントについて述べていくこととする。

　第1に，リーダーシップについては1900年代から検討が行われてきたが，本格的なリーダーシップ研究が始まるのは，おおむね1930年代からである。この時期（1930年代〜40年代）のリーダーシップ研究の主たる関心事は，リーダーの生まれながらの資質や能力に着目し，どのような特性（traits）を持つ個人がリーダーになるのか，あるいはどのような特性を持つ個人がより良いリーダーシップを発揮しているのかに焦点を当てるものである。これらの研究は後にリーダーシップの特性アプローチと位置づけられるようになる。

　第2に，1950年代から60年代にかけて行われたリーダーシップ研究の中心的議論は，リーダーが日頃とっている行動に着目するものである。すなわち，リーダー行動がより良いリーダーシップと関係があるのではないかと議論されるようになり，その経験的事実の蓄積も行われるようになったといえる。これらの研究は行動アプローチといわれるものである。

　第3に，1970年代から80年代にかけては，これまでのリーダーシップ研究で

図表14-1　リーダーシップ研究の変遷

	1900-20年代	1930-40年代	1950-60年代	1970-80年代	1990年代	2000年以降
マネジメント研究	科学的管理法に代表される初期のマネジメント研究		人間関係論に代表されるようにグループ内のプロセスに焦点を当てた研究	行動科学を応用したマネジメント研究		
リーダーシップ研究の視点	集権化とコントロールに焦点	生まれながらの資質に着目	リーダーの行動に焦点	貢献意欲を高める影響力に焦点		
具体的なリーダーシップ研究	初期のリーダーシップ研究	・ストッグディル研究 ・マン研究	・オハイオ研究 ・ミシガン研究 ・PM理論	・フィードラー理論 ・SL理論 ・パス・ゴール理論	・カリスマ型リーダーシップ ・バスの変革型リーダーシップ理論 ・ティシーとディバナの変革型リーダーシップ理論 ・コッターの変革型リーダーシップ理論 ・LMX理論	・サーバント・リーダーシップ研究 ・オーセンティック・リーダーシップ研究 ・温情主義的リーダーシップ研究

出所：石川（2022）p.50を引用。

前提としていた普遍性に対して疑問が投げかけられ，唯一最善のリーダーシップスタイルはなく，状況に応じてリーダーシップを使い分けていくことが重要であるという議論が主たる研究関心として検討されるようになる。つまり，状況（条件）に適合するリーダーシップのあり方を検討しようとするものであり，コンティンジェンシー（条件適合）アプローチといわれる。

　第4に，1990年代以降は変革型リーダーシップ論をはじめとして，様々な視

点に基づく多様な研究が展開されてきていることに着目する必要がある。これは企業を取り巻く環境の変化がより不確実になる中で，変革をより志向する，あるいはこれまでとは異なる多種多様な課題に対処する必要性が企業に求められる中で，既存のリーダーシップ研究では必ずしも説明できない現象が増えてきていることにも起因すると考えられる。このような背景を踏まえ，1990年代以降は新しい理論の模索がなされ今日に至っていると解釈することができよう。

以上，リーダーシップ研究の時代的変遷について俯瞰的に検討してきたが，本章では上記の時期区分に基づく研究関心に基づき，以下の節でそれぞれの代表的な理論について検討をしていくこととする。

2　特性・行動アプローチ

(1)　特性アプローチ

リーダーシップの特性アプローチでは，リーダー個人が生まれつき持っている資質や能力，パーソナリティといった特性に着目する研究である。具体的には，有能なリーダーあるいはより良いリーダーシップを発揮する個人に共通する身体的特徴（年齢，容姿など）や社会的背景（出身階層など），認知・心理的特徴（知能やパーソナリティなど）の探求に焦点を当てるものである。それゆえ，特性アプローチの研究では「優れたリーダーはいかなる特性を備えているのか」を共通の問題意識としており，このような問題設定の背景には，優れたリーダーになれる個人となれない個人とでは，異なる能力や資質，特性があることを前提とするものである。

Stogdill（1948）は，1904年から1947年までに報告された124編の特性アプローチに位置づけられる個別のリーダーシップ研究の結果をまとめ，優れたリーダーに共通する資質要因の検討を行った。その結果，有能なリーダーに共通する特性として以下の5点を明らかにしている。

① 知能（言語能力，独創性，判断力など）
② 教養（学識，知識，スポーツ実績など）

③ 責任感（信頼性，粘り強さ，自信など）
④ 参加性（活動性，社交性，協調性，ユーモアなど）
⑤ 地位（社会経済的地位，人気など）

　しかしながら，同時にStogdillは，リーダーに求められる資質や特性，スキルは，リーダーとして機能する状況が求めるものによって多くが決定すると指摘している。すなわち，リーダーシップの有効性は，リーダーのもつ資質や特性よりも，状況によって決定される可能性が高いことを示唆するものであり，その後の特性アプローチの研究に大きな影響を及ぼすことになる。

(2) 行動アプローチ

　行動アプローチに位置づけられるリーダーシップ研究は，より良いリーダーシップの要因をリーダーが日頃とっている「行動」に求めるものであり，具体的なリーダー行動の探求に焦点を当てるものである。すなわち，「優れたリーダーはどのような行動をとっているのか」を共通の研究関心としている。

　特性アプローチでは，生まれつき持っている資質や特性に着目するものであった。それゆえ，そのような特性を有する個人をリーダーとして組織内部で選抜する，あるいは組織外部から採用することでしかリーダー登用の方策がないといえる。しかし，行動アプローチの考え方が支持される場合には，個人の行動は後天的なトレーニングによって変容可能であるため，リーダー育成が可能であるという示唆が得られることになる。このことは，組織マネジメントを考える上で実務的に大きな意味を持つものである。

① リーダー行動の主要な2次元

　既存の行動アプローチの研究では，具体的なリーダー行動について様々な分類がなされてきた。例えば，Lewin et al.（1939）はリーダーシップのスタイル（やり方）に着目し，リーダー行動を「民主型」，「専制型」，「放任型」の3つに分類し，検討を行っている。そのような中，リーダー行動をスタイルおよびやり方によって分類するのではなく，そのリーダー行動がいかなる機能を持つのかという観点から行動分類を把握しようという研究へと収斂していくこと

になる。

　Likertを中心とする，いわゆるミシガン研究（ミシガン大学の研究グループによる研究成果）では，業績の高い職場と業績の低い職場とを比較し，両職場間でリーダー行動にいかなる違いがあるのかを検討した（Likert, 1961）。その結果，リーダーは，「従業員志向型」と「生産志向型」の2つに分類されることが明らかになった。従業員志向型リーダーは，メンバーとの人間関係を重視し，彼・彼女らに高い関心を持ち，個人的な配慮を行うといった行動的特徴を持つものである。その一方で，生産志向型リーダーは，仕事の達成や生産性を重視し，仕事の進め方や方法に関する指示を与えるなどの行動を多く行うものである。

　ShartleやStogdillを中心とするオハイオ研究（オハイオ州立大学の研究グループによる一連の研究成果）は，実際のリーダー行動を多数抽出し，類似する行動を集約化した上で，それらリーダー行動をどの程度実際に行っているのかという回答結果を分析する中でリーダー行動の具体的検討を行った（Halpin & Winer, 1957）。結果として，「構造づくり（initiating structure）」行動と「配慮（consideration）」行動という2つのリーダー行動が確認された。構造づくり行動とは，仕事に関連する行動で，仕事の進め方ややり方，進捗管理等に焦点を置くリーダー行動である。配慮行動とは，リーダーとメンバーとの間の信頼関係やメンバー同士の人間関係に配慮するリーダー行動である。

　上記のミシガン研究およびオハイオ研究で見いだされたとおり，機能という観点からリーダー行動を分類すると，共通する2次元が確認されていることを理解することができる。すなわち，メンバーが仕事や課題を効果的に遂行するためにとるリーダー行動である「仕事志向行動」とメンバー間の人間関係の調和に配慮するリーダー行動である「人間関係志向行動」である。このリーダーによる仕事志向行動と人間関係志向行動は，各研究によってその名称および各行動の範囲でやや異なる部分はあるものの，多くの研究において共通して確認される主要な2次元といえる（金井, 2005）。

② リーダー行動の2次元の組み合わせ

　上記で述べたように，リーダー行動は機能という点から仕事志向行動と人間

関係志向行動の2つに分類されることが明らかになった。しかしながら，各リーダー行動と生産性指標，各リーダー行動とメンバーの満足度との関連について行われた個別研究の結果をまとめると**図表14-2**のようになる（Stogdill, 1974）。具体的には，各リーダー行動と結果指標との関係において正の相関を示す結果ばかりでなく，無相関あるいは負の相関を報告する研究も多く含まれていることを理解することができる。すなわち，この結果からリーダーによる仕事志向行動が生産性やメンバーの満足度を必ずしも高めるといえないこと，同様にリーダーによる人間関係志向行動も生産性や満足度を高めると結論付けることができないことを示唆するものである。

そのような中，リーダー行動の2次元は対立的なものではなく，双方を組み合わせて両機能を兼備することが重要ではないかという議論がなされるようになる。三隅によるPM理論は，リーダーの仕事志向行動を目標達成機能（performance機能：P機能），人間関係志向行動を集団維持機能（maintenance機能：M機能）と名称化している（三隅，1984）。そしてこのP機能とM機能をそれぞれ高低に分けて組み合わせることによってリーダー（リーダーシップ）を4類型化している（**図表14-3**）。すなわち，仕事に対して高いレベルで指導やアドバイスを行い，人間関係に対してもよく配慮してくれるPM型リーダーシップ，仕事に対しては指導やアドバイスをしてくれるが，メンバー間の人間関係に対してはあまり関心を示さないP型リーダーシップ，人間関係についてはよく気を配ってくれるが，仕事に対する指導等はあまり行わないM

図表14-2　リーダー行動2次元と結果変数との関係性

リーダー行動と各結果指標との関連	正の相関	無相関	負の相関
生産性との関連			
仕事志向行動	47	26	7
人間関係志向行動	47	32	14
満足度との関連			
仕事志向行動	14	8	11
人間関係志向行動	48	9	7

注：表中の数字は，報告された研究数を示す。
出所：Stogdill（1974）のpp. 404-405を基に修正して作成。

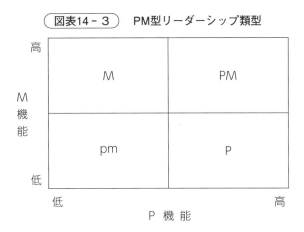

図表14−3　PM型リーダーシップ類型

型リーダーシップ，仕事に対しても人間関係に対してもあまり行動をとってくれないpm型リーダーシップである。

　上記の4類型の中でどのリーダーシップが効果的なのかについて，三隅は民間企業や公的組織などに対する幅広い調査を実施し，実証的検討を行った。その結果（**図表14−4**），長期的な業績では，PM＞M＞P＞pmの順で効果的であることが明らかになり，短期的な業績では，PM＞P＞M＞pmの順であった。また，メンバーの仕事に対する意欲に対しては，PM＞M＞P＞pmの順で有効であることが明らかになった。

　この結果は，仕事志向行動と人間関係志向行動を高い次元で行うPM型リーダーシップが他のリーダーシップ類型よりも一貫して有効であることを示すものである。この理由として，仕事志向行動と人間関係志向行動の双方を高く行うことによって，（単なる各リーダー行動の加算ではなく）各行動の欠点を補完し，相乗効果を発揮するのではないかと指摘されている。また，Blake and Mouton（1964）によるマネジリアルグリッド理論では，リーダーによる「業績への関心」行動（仕事志向行動に該当）と「人間への関心」行動（人間関係志向行動に該当）の2次元を横軸と縦軸にとり，各次元を9段階に分けてリーダーシップ類型を行った。具体的には，このマネジリアルグリッドから5つの典型的なリーダーシップスタイル（1・1型，1・9型，5・5型，9・1型，9・9型）に分類し，その中でも三隅のPM理論同様に，仕事志向行動と人間

図表14-4　PMリーダーシップ4類型における効果の順位表

		リーダーシップ類型			
		PM	M	P	pm
客観的基準変数					
業績	長期	1	2	3	4
	短期	1	3	2	4
事故	長期	1	2	3	4
	短期	1	3	2	4
退職		1	2	3	4
認知的基準変数					
仕事に対する意欲		1	2	3	4
給与に対する満足度		1	2	3	4
会社に対する満足度		1	2	3	4
チーム・ワーク		1	2	3	4
集団会合		1	2	3	4
コミュニケーション		1	2	3	4
精神衛生		1	2	3	4
業績規範		1	3	2	4

出所：三隅（1984）p.504を一部修正。

関係志向行動の双方を最大に行う9・9型リーダーシップの重要性を指摘している。

3　コンティンジェンシーアプローチ

(1)　コンティンジェンシーアプローチとは

　前節で検討してきた特性アプローチおよび行動アプローチの研究は，暗黙の内に普遍的なリーダーシップとは何かを前提としていた。すなわち，例えばリーダーがある特定の行動をとれば，いかなる状況でもメンバーの生産性や意欲が高まるという，ベストプラクティスの探求であったといえる。しかし，コンティンジェンシーアプローチでは，リーダーの置かれている状況・環境が変

図表14-5　特性・行動アプローチとコンティンジェンシーアプローチの比較

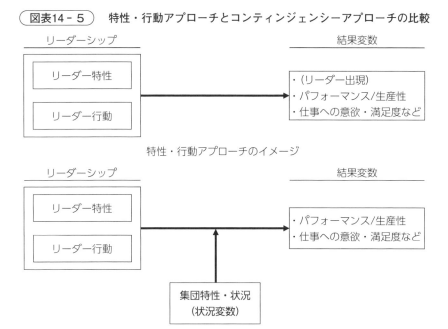

われば，求められる最善のリーダー行動も変化するのではないかという考え方に基づく研究である（**図表14-5**）。すなわち，状況変数がコンティンジェンシーアプローチの研究では加わっていることが重要な点であり，集団特性や集団状況を考慮に入れて，より効果的なリーダーシップのあり方を明らかにしようとするアプローチといえる。

　これまでに多くの状況変数が設定されてより良いリーダーシップスタイルの検討が行われてきたが，本稿では「状況好意性」と「メンバーの仕事に対する成熟度」を状況変数として設定している理論について検討を行う。

(2) 状況好意性

　Fiedler（1967）によるコンティンジェンシー理論は，リーダーにとって職場集団の中でリーダーシップの発揮しやすさを示す状況好意性の程度によって，リーダーシップの効果が異なることを示している。状況好意性は，リーダーに

とって状況統制のしやすさの程度ないしは好ましさの程度といわれるものである。具体的には，(1)リーダーとメンバーとの関係性（メンバーがリーダーに好意を覚える程度），(2)課題構造化の程度（課題達成への道筋が明確にされている程度），(3)リーダーの地位勢力（リーダーがもつ公式権限の程度）によって決定されるとしている。つまり，リーダーとメンバーとの関係性が良く，課題構造化の程度が高く，そして地位勢力が高い状況はリーダーにとって状況統制がしやすく有利な状況といえる。一方で，上記の3条件が逆の状況は，リーダーは状況統制が困難であるため，不利な状況といえる。なお，状況好意性に及ぼす影響力としては，リーダーとメンバーとの関係性が最も大きく，次いで課題構造化の程度，リーダーの地位勢力は一番小さいことが指摘されている。

　この理論において，リーダーシップスタイルはLPC（least preferred coworker）得点を用いて2つに分類している。このLPCは「一緒に仕事をする上で最も苦手な人」のことを意味し，これまでの経験からそのような人を一人思い出した上で，「友好的―友好的でない」などの対となる18項目からなる回答尺度を用いて，肯定的な得点度合いを評定するものである。このLPC得点が高いリーダーは，人間関係を日頃からリーダーとして重要視していると考えられるため「人間関係志向型」，LPC得点が低いリーダーは仕事の達成を重要視するということから「課題志向型」と設定している。

　状況好意性の程度とリーダーシップスタイル（人間関係志向・課題志向）との関係について，Robbins and Judge（2023）はFiedler理論を**図表14-6**のようにまとめている。つまり，リーダーにとって状況好意性が高い状況（有利な状況）および低い状況（不利な状況）において課題志向型リーダーが集団業績に有効であり，状況好意性が中程度の状況（やや有利な状況）において人間関係志向型が効果的であることが示された。

　このFiedlerの理論は，LPC得点を用いてリーダーシップを分類することの妥当性などについては一部疑問が投げかけられているが，状況依存的なリーダーシップのあり方を検討する嚆矢となり，その後の研究に多大な影響を及ぼすものである。

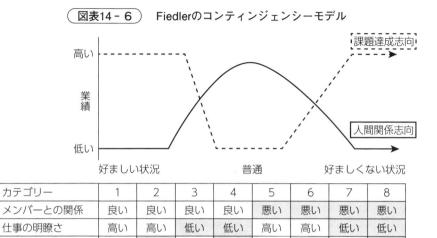

図表14-6　Fiedlerのコンティンジェンシーモデル

出所：Robbins & Judge（2023）p. 405を引用。

(3) メンバーの仕事に対する成熟度

　Hersey and Blanchard（1977）は，メンバーの仕事に対する成熟度の程度によって，効果的なリーダーシップスタイルは異なることを仮定し，SL（situational leadership）理論を提唱している。

　この理論では，リーダー行動は，「指示的行動」というこれまでの研究における仕事志向行動に該当するものと「協労的行動」という人間関係志向行動に該当する行動の2つで捉えている。そして，メンバーの仕事に対する成熟度は，仕事に必要なスキルや能力をもっているかという課業成熟度と，仕事に対する意欲があるかという心理的成熟度の2つの側面で捉えている。その上で，このメンバーの仕事に対する成熟度を4段階（未成熟，やや未成熟，やや成熟，成熟）に区分した上で，効果的なリーダーシップスタイルを**図表14-7**のように示している。

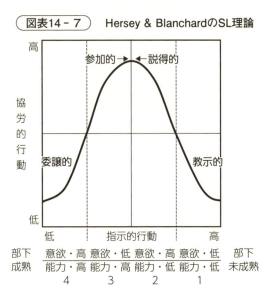

図表14-7　Hersey & BlanchardのSL理論

出所：Hersey & Blanchard (1977) p. 170. をもとに作成。

　まず，メンバーが仕事に対する意欲も能力も低い，最も未成熟の時には，指示的行動を最大化して，協労的行動は低い「教示的」リーダーシップが効果的である。ついで，仕事に対する意欲は高いけれども，スキルや能力が低い，やや未成熟のメンバーに対しては，指示的行動および協労的行動の双方とも高い「説得的」リーダーシップが有効である。さらに，メンバーが仕事に対する意欲は低いけれども，仕事能力は高い，やや成熟した状況の時には，指示的行動が低く，協労的行動の高い「参加的」リーダーシップが効果的である。最後に，仕事に対する意欲および能力・スキルの双方とも高い成熟したメンバーに対しては，リーダーは指示的行動と協労的行動の双方とも低い「委譲的」リーダーシップが有効であると指摘している。

4　新しいリーダーシップ理論

　1990年代以降のリーダーシップ理論は，統一的な視点からの検討ではなく，多種多様な視点からの検討がなされてきていることに特徴があることは既に述

べたとおりである。ここでは，その中でも(1)変革視点，(2)関係性視点，(3)全員視点の3つの観点からのリーダーシップ理論について検討を行うこととする。

(1) 変革視点のリーダーシップ

　Bass（1985）による「変革型リーダーシップ（transformational leadership）」は，それまで主流であったリーダーがメンバーに対して報酬を提供する代わりに，その報酬の範囲内でメンバーからの貢献意欲・行動を引き出すという，いわば合理的な交換関係に基づくリーダーシップとは異なるものであると指摘している。すなわち，報酬―貢献という合理的な交換関係を越えてメンバーが使命感等を感じ，より強い貢献意欲を示して，組織構造あるいはメンバーの価値観自体の変容を促すようなリーダーシップが変革型リーダーシップであるとしている。なお，前者のリーダーシップは交流型リーダーシップ（transactional leadership）という。交流型リーダーシップは，メンバーの果たすべき役割と目標を明確化し，その達成に向けた行動強化，目標達成に対する報酬などを通じたモチベーション強化に焦点を当てるものである。それに対して，変革型リーダーシップはメンバーに対する使命感の伝達やビジョンの内在化，目標達成に向けた努力の内発的強化に着目するものである（松原, 2022）。変革型リーダーシップは主として安定的な環境下よりも環境変化の大きい状況下でより効果を発揮するといわれている。

　この変革型リーダーシップは4つの要素から構成されるものであることが指摘されている。具体的には，以下に示すように全てIから始まる概念であるため，4Iといわれる。

・理想化された影響力（idealized influence）：メンバーにビジョンを示し，達成すべきミッションであるという自覚を持たせる，あるいはメンバーから尊敬と信頼を得られる振る舞いを日頃から行う
・動機づけの鼓舞（inspirational motivation）：メンバーの仕事に対して意味や挑戦心を与えることで発奮させ動機づける
・知的刺激（intellectual stimulation）：メンバーの視野拡大や発想転換を促し，創造的な問題解決を奨励する
・個別的配慮（individualized consideration）：メンバーに集団としてではな

く個別に接して配慮する（能力に応じた裁量拡大や個別の育成など）

　この変革型リーダーシップの効果性について，Peng et al.（2021）が既存研究の量的レビューを行っている。その結果，リーダーが変革型リーダーシップを実践することによって，メンバーの変革コミットメントや変革姿勢（readiness to change）が高まり，メンバーの変革に対する抵抗感は低下することを明らかにしている。

(2) 関係性視点のリーダーシップ

　既存のリーダーシップ研究は，リーダーの特性や行動への着目など，主としてリーダー視点に基づくリーダーシップ研究であるのに対して，Graenによって提唱されるリーダー・メンバー交換関係（leader-member exchange: LMX）理論は，リーダーシップがリーダーとメンバーとの間の「関係性」によって形成され，その効果性に影響を及ぼすという考え方である（Graen & Uhl-Bien, 1995）。

　これまでの研究は基本的にリーダーから行使されるリーダーシップが集団メンバー全員に対して等価であることを前提に議論がなされてきた。したがって，例えば，ある上司のリーダーシップの程度を評価する際には，その上司が率いる集団の部下全員がリーダー行動の度合いを尋ねる調査票に回答し，それを集団単位で平均値化して，その上司のリーダーシップ得点とするのが一般的である。その際，部下全員が上司のリーダー行動を全く同じように5段階で3点と評価するのであれば問題ないが，現実には部下Aが4点，部下Bが3点，部下Cが2点と，同じ上司のもとであっても部下間で得点に差異が生じる場合が多くある。その際，リーダーシップが等価である前提を置いた場合に，部下間でなぜ得点に差異が生じるのかを説明することが困難である。

　このような現実を踏まえ，Graenは実際のリーダーシップはリーダーと個々のメンバーとの間の関係性（交換関係）によって発現し，メンバーはイングループとアウトグループに分けられるのではないかという前提でLMX理論を提唱している（**図表14－8**）。すなわち，イングループ（いわゆるミウチ）のメンバーに対して，リーダーは長期的かつ相互信頼に基づく社会的交換関係を構築する一方で，アウトグループ（いわゆるヨソモノ）のメンバーに対しては，

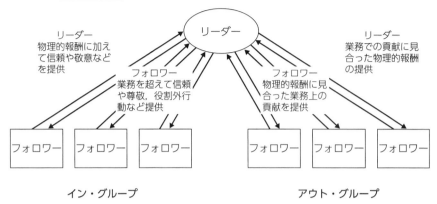

図表14-8 LMX理論におけるリーダーとメンバーとの関係性

出所：石川（2022）p.184を引用。

短期的かつ経済的な交換関係に留まるものである。このようにリーダーとの良好な関係を築いたメンバー（高LMXのメンバー）は，高い職務満足や組織コミットメント，職務成果などポジティブな態度・成果を示すことが明らかになっている。

(3) 全員視点のリーダーシップ

既存のリーダーシップ研究の多くが主として一人のリーダーによる垂直的なリーダーシップ発揮を前提としている中で，近年職場やチームにおけるメンバー全員発揮のリーダーシップに関心が高まっている。それは，シェアド（共有型）・リーダーシップ（shared leadership）という概念であり，Pearce（2004）は，「公式および非公式のリーダーが「連続的に出現する」という特徴を持つ，チーム内での同時進行の相互影響プロセス」（p. 48）と定義している。これまでの公式権限のあるリーダー１人による垂直的リーダーシップと公式の役職および権限に関係なく全員発揮のシェアド・リーダーシップの違いについて，池田（2019）は**図表14-9**のように表している。

図表14-9 垂直型リーダーシップとシェアド・リーダーシップの比較

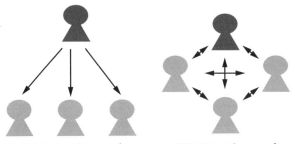

垂直型リーダーシップ　　　共有型リーダーシップ

出所：池田（2019）p.100より一部抜粋。

　このシェアド・リーダーシップがどのような時に発揮されるべきなのかについて，Pearce（2004）は職場やチームで取り組んでいる職務の特性によることを指摘している。具体的には，職場およびチームで取り組んでいる職務が，(1)相互依存的で，(2)創造性を多く必要とし，(3)高い複雑性を持っている場合に効果的であると指摘している。このことは，とりわけ企業を取り巻く環境変化が激しく，さらに予測することが困難なVUCAの時代といわれる今日において，そして既存の成功事例や前例が通用しない新たな職務課題に取り組んでいく必要性がより多くの組織で求められる状況下において，より効果を発揮するリーダーシップのあり方の1つとして機能する可能性があるといえる。実際に，シェアド・リーダーシップの有効性について既存研究を量的なレビューを通じて検討した研究では，シェアド・リーダーシップがチームパフォーマンスを高めることを明らかにしている（D'Innocenzo et al., 2016）。今後，このシェアド・リーダーシップと公式な階層組織の責任や権限との関連をどのように考えるべきかなど，実践展開における課題を解決していくことが求められる。

参考文献

池田浩（2019）「第5章　リーダーシップ」角山剛編『組織行動の心理学』北大路書房，pp. 99-122。
石川淳（2022）『リーダーシップの理論―経験と勘を活かす武器を身につける』中央経済社。

金井壽宏（2005）『リーダーシップ入門』日本経済新聞社。
馬場昌雄（1983）『組織行動（第2版）』白桃書房。
松原敏弘（2022）『科学的リーダーシップ論とその課題』風間書房。
三隅二不二（1984）『リーダーシップ行動の科学（改訂版）』有斐閣。
Bass, B. M. (1985) *Leadership and performance beyond expectation*. New York: Free Press.
Blake, R. R., & Mouton, J. S. (1964) *The managerial grid*. Houston, Texas, Gulf Publishing Company.（上野一郎監訳（1969）『期待される管理者像』産業能率短期大学出版部）
D'Innocenzo, L., Mathieu, J. E., & Kukenberger, M. R. (2016). A meta-analysis of different forms of shared leadership–team performance relations. *Journal of Management*, 42, pp.1964-1991.
Fiedler, F. E. (1967) *A theory of leadership effectiveness*. New York: McGraw-Hill.（山田雄一監訳（1970）『新しい管理者像の探求』産業能率大学出版部）
French, J. R. P., & Raven, B. (1959) The bases of social power. In D. Cartwright (ed.), *Studies in social power*. Ann Arbor: University of Michigan, Institute for Social Research. pp. 150-167.
Graen, G. B., & Uhl-Bien, M. (1995) Relationship-based approach to leadership: Development of leader-member exchange (LMX) theory of leadership over 25 years: Applying a multi-level multi-domain perspective. *The Leadership Quarterly*, 6, pp.219-247.
Halpin, A. W., & Winer, B. J. (1957) A factorial study of the leader behavior descriptions. In R. M. Stogdill & A. E. Coons (eds.), *Leader Behavior: Its description and measurement*. Columbus: Ohio State University, Bureau of Business Research. pp. 39-51.
Hersey, P., & Blanchard, K. M. (1977) *Management of organizational behavior: Utilizing human resources*. Englewood Cliffs, NJ: Prentice-Hall.
Lewin, K., Lippitt, R., & White, R. K. (1939) Patterns of aggressive behavior in experimentally created "social climates". *Journal of Social Psychology*, 10, pp.269-299.
Likert, R. (1961) *New patterns of management*. New York: McGraw-Hill.（三隅二不二訳（1964）『経営の行動科学―新しいマネジメントの探求』ダイヤモンド社）
Pearce, C. L. (2004) The future of leadership: Combining vertical and shared leadership to transform knowledge work. *Academy of Management Perspectives*, 18, pp.47-57.
Peng, J., Li, M., Wang, Z., & Lin, Y. (2021) Transformational leadership and employees' reactions to organizational change: evidence from a meta-analysis. *The Journal of Applied Behavioral Science*, 57, pp.369-397.
Robbins, S. P., & Judge, T. A. (2023) *Essentials of Organizational Behavior* (Global Edition). (19th ed.) Pearson Education.
Stogdill, R. M. (1948) Personal factors associated with leadership: A survey of the literature. *Journal of Psychology*, 25, pp.35-71.

Stogdill, R. M. (1974) *Handbook of leadership: A survey of theory and research.* New York: Free Press.

第15章

モチベーション

1 モチベーションとは

(1) モチベーションの定義

　仕事の場面において，モチベーションについて考えさせられるような出来事に遭遇することは少なくない。自身の仕事へのモチベーションが上がらないことに悩む人もいれば，部下やチームメンバーのモチベーションが低いことに頭を抱える上司やリーダーもいる。モチベーションという言葉は一般化しつつあるが，果たしてモチベーションが高い（低い）とはどのような状態を指すのだろうか。

　モチベーションとは何かと尋ねると，「やる気」や「意欲」という答えが返ってくることが多い。モチベーションは心理学の用語であり，専門家の間では「動機づけ」という訳語が定着している。大事な点は言葉の違いではなく，その捉え方に大きな違いがある点だろう。

　やる気や意欲は，具体的には「～したい」という心理的な状態としてあらわれるが，これは心理学では「欲求」(needs) に相当する。しかし，欲求が強くても，必ずしも具体的に「～する」に相当する「行動」(behavior) に至るとは限らない。例えば，会社員のAさんは，社内での商品開発プロジェクトチームに参加し，世の中に貢献できるような商品を開発したいという強い意欲

出所：筆者作成。

を持っていたとしよう。しかし，実際に参加してみると，商品のコンセプトが不明確なまま，チーム内でメンバーが何をすべきか，どこを目指して進めていくかが見えてこない。チーム内に重苦しい雰囲気が漂い，Aさんも具体的な行動に移せない状態が続いている。

　この場合，Aさんは，社会にインパクトのある商品を開発したいという意欲（欲求）は強いものの，商品やチームの具体的な方向性が欠如しており，Aさん自身，何をすべきかが見えてこず，実現に向けた行動に移せない状態にあると言える。

　この欲求と行動を結び付ける概念を心理学では「動因」（drive）という。動因の定義には諸説があるが，ここでは「行動を目標に向かって方向づける何か」を指す。つまり，人が行動を起こすかどうかは，欲求の強さだけでは必ずしも説明できず，欲求と行動をつなぐ「方向づけ」（動因）が必要である。したがって，モチベーションとは，欲求から動因を経て行動に至るプロセスと定義づけられる（図表15-1）。

(2) 人の欲求構造とモチベーション

　ところで，モチベーションの起点となる欲求には様々なものがある。高い報酬を求めるものもあれば，他者との交流を求めるもの，仕事を高い次元で成し遂げようとする欲求など様々である。一見ランダムに見える人の欲求だが，人が抱く多様な欲求は分類化でき，一定の構造をもつことが知られている。なかでも最も広く知られている理論として，マズローの欲求階層理論（Maslow, 1943）がある。この理論では，人間の内面には以下の5つの欲求が存在し，そ

れらは低次から高次へと階層的な構造をもつと説明されている（1が最低次の欲求で5が最高次の欲求）。

1．生理的欲求…食欲，睡眠欲，性欲，その他身体的な欲求。
2．安全欲求…物理的・精神的な害や苦痛から自己を守ろうとする欲求。
3．社会的欲求…愛情，所属，受容，友好関係を求める欲求。
4．自尊欲求…自尊感情や自律心を経験したいとする内的なものと，地位や他者からの承認などを得たいとする外的なものがある。
5．自己実現欲求…自分のあるべき姿や成し遂げようすることの実現を目指す欲求。

具体的には，社会や人間の発達段階に応じて，低次から高次の欲求へと個人が強く求める欲求の中身が段階的に変化することを仮定している。したがって，成熟した個人は，自尊欲求や自己実現欲求に強く動機づけられた行動をとる傾向が強いと考えられている。

一方で，仕事場面における人間の欲求構造に関する実証研究を行った心理学者のアルダファーは，マズローの欲求階層理論を修正した「ERG理論」を提唱している。この理論では，マズローによる5段階の欲求を整理し，人が満たそうとする欲求は，生存（Existence），関係（Relatedness），成長（Growth）という3つの主要な欲求に集約されるとしている（Alderfer, 1969）。

生存欲求は，マズローの生理的欲求と安全欲求に相当し，仕事場面では，よりよい賃金報酬，（給与以外の）福利厚生，物理的な労働条件などを求める欲求が該当する。関係欲求は，マズローの社会的欲求と自尊欲求を含み，個人が重要だと考える他者との関係性に関わる欲求である。仕事場面では，上司や同僚，部下との良好な関係を築こうとする欲求が挙げられる。最後に，成長欲求は，マズローの自己実現欲求に相当し，仕事場面では，仕事を通じたやりがいや成長を実感したい，新たな学習機会やスキルを得たい，自身の能力やスキルを積極的に仕事に活用したいなどの欲求が挙げられる。

ERG理論の最大の特徴は，マズロー理論にあるような低次欲求から高次欲求への完全な段階性を前提としていない点である。ERG理論では，低次欲求の充足が高次欲求の願望を促す「欲求充足による前進（satisfaction progression）」がある一方で，高次欲求への欲求不満が低次欲求の願望をもた

図表15－2　ERG理論から考えられる従業員のモチベーション対策

欲求不満	アクション	欲求充足
生存欲求が満たされていない	**生存欲求の充足のためのアクション** ・金銭的報酬（給与・手当・一時金など），福利厚生の充実化 ・物理的な仕事環境（労働時間，オフィス環境など）の充実化 ・心身の健康への配慮（健康経営の促進，メンタルヘルス対策の充実など）	生存欲求が満たされている
関係欲求が満たされていない	**関係欲求充足のためのアクション** ・心理的安全を担保したオープンなコミュニケーション機会の創出 ・社内イベント等を通じた職場内・職場間でのメンバーの関係性構築支援 ・励ましや感謝，前向きなフィードバックなど，仕事ぶりや個人の承認を推進	関係欲求が満たされている
成長欲求が満たされていない	**成長欲求充足のためのアクション** ・個人のキャリアパスや「ありたい姿」の探索・実現に向けた支援 ・個人のキャリア目標や計画に合った業務割り当てや仕事機会の提供 ・継続的なスキル開発や学習機会の提供を通じた仕事とキャリアの成長支援	成長欲求が満たされている

出所：筆者作成。

らす「欲求不満による退行（frustration regression）」という心理的なメカニズムがあることを実証的な裏付けをもとに提起している。さらに，生存欲求と関係欲求については，それらが充足されない場合，同じカテゴリーの欲求の願望も強まる「強化」現象（つまり，生存欲求不満→生存欲求願望，関係欲求不満→関係欲求願望）も生じるという。

図表15－2は，ERG理論を応用した従業員のモチベーション対策の例である。基本的には，従業員がどのカテゴリーの欲求に対して不満と充足を感じているかを把握した上で，必要な対策を講じていく必要がある。例えば，従業員の関係欲求が満たされていない場合は，生存欲求と関係欲求の両方の欲求充足の願望が高まるため，生存欲求と関係欲求を充足するためのアクションが必要になる。

生存欲求の充足には，金銭的報酬や福利厚生の改善のほかに，ワーク・ライフ・バランスやオフィス環境の充実化，健康経営の推進などを検討することが考えられる。また，関係欲求充足のためには，職場内でのオープンなコミュニケーションを促す風通しのよい職場風土づくり，励ましや感謝，前向きなフィードバックを通じた従業員の仕事ぶりや個人の承認を推進することも検討に値する。

一方で，従業員の関係欲求や成長欲求が満たされている場合，成長欲求の充足により力点を置いたマネジメントを遂行する必要がある。具体的なアクションとしては，個人のキャリアパスや「ありたい姿」の探索や実現に向けた支援

を充実化する，継続的なスキル開発や学習機会の提供を通じて個人の仕事・キャリア両面の成長支援を手厚くするなどが挙げられる。

2　職務満足とモチベーション

(1)　職務満足とパフォーマンス

　組織マネジメントにおいて，従業員一人ひとりのパフォーマンスをいかに高めていくかは重要な課題である。では，職場での欲求が充足され仕事の満足度が高まることは，果たして仕事のパフォーマンスに繋がるのだろうか。

　図表15-3は，筆者が日本の民間企業に勤務する正規社員1,084名と彼・彼女らの直属の上司に対して実施した質問紙調査により得られたデータをもとに職務満足度とパフォーマンスの関係を示したものである。横軸のパフォーマンスは従業員が回答した仕事における満足度の度合い（職務満足度）であり，縦軸のパフォーマンス（総合）得点は職務満足度を回答した直属の上司が，当該

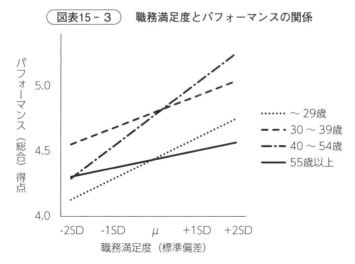

図表15-3　職務満足度とパフォーマンスの関係

注：縦軸のパフォーマンス得点は1～7点に分布。
　　横軸のμは各年齢における職務満足度の平均，SDは標準偏差を指す。
出所：竹内規彦（2019），p. 7．

従業員（つまり直属部下）のタスクの達成度やチーム，会社への貢献度などの多面的な側面を評価したパフォーマンス指標である。その結果，年代別で傾きに差があるもの職務満足度が高まるにつれ，パフォーマンスも高まることが確認できる。つまり，従業員の職務満足度とパフォーマンスは正の関係にある。

この結果は，マーケティングの分野で確認されている従業員満足度（employee satisfaction: ES）と顧客満足度（customer satisfaction: CS）との正の相関関係のエビデンスよりもさらに踏み込んだ結果といえる。つまり，従業員への仕事に対する満足度を高めることは，仮に顧客と直接の接点がない職務を担当している従業員であっても，業務上のパフォーマンスという観点から効果があることを意味している。

(2)　2要因理論

ここで，仕事の満足度を高めるとはどういうことか，少し考えてみよう。例として，これまでの職業生活の中で，「最も満足した仕事上の経験」とはどのような内容だったかを振り返ってみたとしよう。顧客に感謝をされたこと，困難な仕事を自身やチームで成し遂げたこと，自身の能力を認めてもらい大きな仕事を任されたことなど様々だろう。一方で，これまで仕事をしてきた中で「最も不満に感じたこと」はどのようなことだっただろうか。上司の接し方や不適切なマネジメント，会社の経営方針が自身の考えと合わないこと，給与や評価に関するものなど様々だろう。

興味深いことに，満足をもたらしてきた内容と不満足をもたらしてきた内容は，必ずしも同じではなく，むしろ異なっていることが多い点である。例えば，上司の接し方や不適切なマネジメントが改善されたからと言って，そのことが自身の職業生活における最高の満足経験になるかというと，多くの人はそうは思わない。また，自身に大きな仕事を任されなくても，それが人生最大の不満経験となるかというと，多くの場合必ずしもそうはならない。

ここで重要な点は，満足と不満足は単純な裏返しではないということである。この点を体系的に示したものが心理学者・ハーズバーグの2要因理論である。**図表15-4**から，会社や職場において，管理・監督の質，賃金水準，会社の方針などが不適切であれば従業員の不満は増幅する一方，仮にそれらが改善し

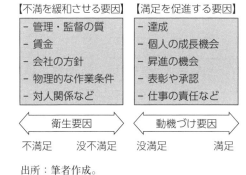

図表15-4 2要因理論からみた満足と不満足の関係

出所：筆者作成。

ても不満足がなくなる「没不満足」の状態を担保できるものの，「満足」に転じることは起こりにくい。

　反対に，仕事を通じた達成や個人の成長機会，表彰や承認などを個人が経験すると「満足度が高まる」一方，それらが経験できないと満足感が得られない「没満足」状態となる。したがって，満足と不満足の関係は単純なトレードオフの関係にあるわけではなく，それぞれが別の要因によって高まる（もしくは低下する）と言える。

　この理論から得られる実務的な示唆は，不満足の側にある要因（衛生要因）の改善だけにフォーカスしても，ESは本質的には高まらないことである。なぜなら，衛生要因の改善は，組織や職場内での不満足蔓延に対する（文字通り）「予防衛生」として効果があるものの，満足度そのものを積極的に高める効果が低いからである。ES向上のための経営には，不満足の予防衛生に加え，満足の側にある要因（動機づけ要因）を高められるような支援や取り組みを行っていく必要がある。

3 職務特性とモチベーション

(1) 5つの職務特性

　働く人々のモチベーションは，仕事そのもののあり方によって左右される部分が少なくない。実際に，1つの仕事には様々な要素が含まれているが，モチベーション研究では，仕事を構成するどのような要素や性質（職務特性）が人の努力量に影響するかが確認されている。

　組織心理学者のハックマンとオールダムは，仕事へのモチベーションを高める5つの核となる職務特性を明らかにした（Ali et al., 2014）。具体的には，以下の通りである。

1. スキル多様性…仕事の中で多様なスキルを発揮できる程度。
2. タスク完結性…一連の仕事の中に含まれる（細分化された）連続的なタスクを最初から最後までアサインされている程度。
3. タスク重要性…会社にとって重要な仕事を行っていると感じられる程度。
4. 自律性…自らの裁量で仕事を進められる程度。
5. フィードバック…自身の仕事に関する成果について，直接フィードバックを得られる程度。

(2) モチベーション潜在得点

　上記5つの職務特性は，モチベーションを高める上で重要な個人の心理状態を形成することによって仕事のモチベーションが維持・向上する。これを職務特性モデルという（**図表15-5**）。

　具体的には，①スキル多様性，タスク完結性，タスク重要性はそれぞれ，個人の仕事のやりがい（有意味感）を高め，②自律性は個人の仕事に対する責任感を醸成し，③フィードバックは仕事の良し悪しや改善方法を把握することにつながる。その結果，内発的動機づけ（仕事が楽しいという感覚に動機づけられた行動喚起）や職務成果，職務満足が向上し，欠勤や離職行動が低下する。

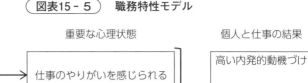

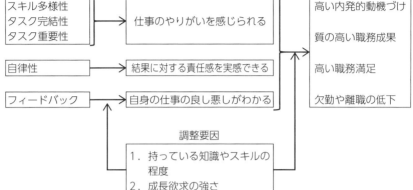

出所：Robbins & Judge（2018），p. 150を参考に筆者作成。

　さらに，各仕事について，5つの核となる職務特性のそれぞれの度合いを数値化することによって，当該の仕事が潜在的にどの程度モチベーションを高められるかを可視化できる。この可視化可能な指標はモチベーション潜在得点（motivation potential score: MPS）と呼ばれるが，以下の式にて算出できる。

$$\text{MPS} = \frac{\text{スキル多様性} + \text{タスク完結性} + \text{タスク重要性}}{3} \times \text{自律性} \times \text{フィードバック}$$

　この職務特性モデルの考え方は，会社内（あるいは部門・部署内）の仕事をどのようにデザインすべきかを考える上で有用である。理想的には，核となる職務特性5要素すべてを最大化できるような仕事の設計や割り当てが望まれるが，業務内容によってはそれが困難なものもあるだろう。その場合，MPS得点は，上の式の右辺に含まれる3つ要素得点（①スキル多様性〜タスク重要性の平均値，②自律性の値，③フィードバックの値）の「積」で決まるため，いずれの要素もゼロとならないよう配慮する必要がある。

　また，仕事内容自体に変更を加えなくても，プロセスの改善により各要素点を変えることも可能である。特に，モチベーションが上がるかどうかは，各要

素を従業員個人がどう知覚しているかがポイントである。そのため，上司の部下に対する働きかけやコミュニケーション次第では，タスク重要性，自律性，フィードバックなどの要素についての部下の認識を高めることができ，結果として部下のモチベーションを高めることに繋がるだろう。

4 仕事目標とモチベーション

(1) 目標設定理論

　個人の仕事に対するモチベーションは，どのような仕事目標が設定されているかによっても強く影響を受ける。心理学者のロックが提唱した目標設定理論（goal setting theory）は，目標の「明瞭度」(specificity)と「困難度」(difficulty)が目標達成への動機づけに重要な役割を果たすとしている（Locke & Latham, 2019）。すなわち，(1)目標が具体的で明確であること（目標の明瞭度）と，(2)目標が一定以上の困難度を伴うこと（目標の困難度）の2つの条件が整った時に，人はその目標達成にむけて強く動機づけられるというものである。

　この2つの条件（明瞭度・困難度）は，人の心理に以下のような直接的な影響を与えることが明らかにされている。
　1．注意の集中：人の注意力および行動の方向性を決める。
　2．努力の量：目標の困難度に対応させて，努力水準を決定づける。
　3．努力の持続性：一定水準以上の努力を維持させる。
　4．方略の考案：効果的に目標を達成するための手順（方略）を決定づける。
すなわち，(曖昧ではなく)具体的かつ困難な目標があると，(1)注意力が高まり，(2)どの程度の努力をすればよいかという算段がつけられる。加えて，(3)達成までの持続した行動を引き出し，さらに(4)どうしたら効果的にその目標を達成できるかについての方略を考えやすくなる（創意工夫をする）。この心理を応用することにより，「〜したい」という欲求レベルの問題から，具体的に「〜する」という行動レベルの問題に変換させることが容易になるのである。

　実務的な観点からすると，"Do your best" 型の目標や抽象度の高い目標は

モチベーションの向上には効果が薄いため，①期日や数量などを具体的に示す，②到達点の具体例やイメージを共有する，③大きな目標であれば幾つかのマイルストーンに分けて段階的に達成することを奨励するなどが効果的である。また，目標の困難度はメンバーの抵抗感を生む可能性も高い。そのため，単に困難度が高いだけではなく，目標自体をメンバー各人が「受容」できていることを確認することが重要である。

(2) 達成動機づけと個人のリスク選好

ところで，人が感じる「目標の困難度」は個人差が大きく，一概にどの程度かという客観的な水準を示すことは難しい。例えば，上司と部下との間で，部下の目標を設定する場面があったとする。この場合，上司が目標の困難度を評価することが大事なのか，それとも部下が困難と感じる程度が大事なのか。また，困難度と一言でいっても，どの程度の困難度を指すのか。著しく難しいと感じるレベルなのか，そこそこ難しいと感じるレベルなのか，そのレベル感がわかりにくい。

この問いを考えるにあたり，心理学者のアトキンソンが理論化した「達成動機理論」の考え方が参考になる（Atkinson & Feather, 1966; Smith et al., 2020）。アトキンソンは，人の達成行動を考える上で，人間の中に両立する2つの異なる動機に着目する。それは「成功動機」と「失敗回避動機」である。成功動機とは，何か行動をする際に，「本当に成功したい」という気持ちをどの程度持っているかを意味する。具体的には，成功した時に得る「誇り」という感情をどの程度得たいかである。一方で，失敗回避動機は，何らかの行動をする際，「失敗を避けたい」という気持ちをどの程度持っているかを意味する。具体的には，失敗した時に感じる「恥」という感情をどの程度避けたいかに相当する。

つまり，人はある行動をとる時に，(1)「心の底から成功したい」（＝成功することから得られる「誇り」という感情を経験したい）気持ちが支配的なのか，それとも(2)「失敗だけはしたくない」（失敗した時に感じる「恥」という感情を経験したくない）気持ちが支配的なのか，程度の差こそあれ，いずれかの心理的状態に分類されるというのである。この(1)成功動機が支配的な状態と，(2)

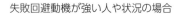

図表15-6 達成動機と個人のリスク選好（課題の成功確率）の関係

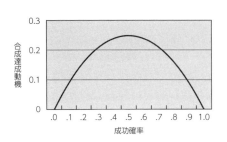
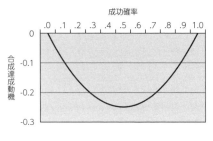

出所：筆者作成。

　失敗回避動機が支配的な状態とでは，個人がどのようなリスクを取りたいか，いわばリスク選好が異なることをアトキンソンは明らかにしている。

　図表15-6の左図は，成功動機が失敗回避動機を上回っている人や状況での，本人の「達成動機」の大きさと本人が感じる主観的な「成功確率」との関係である。この図より，縦軸の「合成達成動機」の大きさ（つまり課題を達成したいと感じる気持ちの強さ）は，その課題に対する本人の主観的な「成功確率」（横軸）が最も低いとき（＝.0）と最も高いとき（＝1.0）に，最も低い値を示していることがわかる。

　一方で，合成達成動機（縦軸）が最も高まるのは，本人がその課題の成功確率をちょうど50％と認識するところ（横軸の".5"の位置）であることがわかる。すなわち，成功したいからこの課題に取り組むと考える人にとって，最もモチベーションが高まるのは，「成功確率：失敗確率」が「50：50」の課題であると本人が認識した場合である。

　一方で，**図表15-6**の右図は，先ほどの逆で，失敗回避動機が成功動機を上回っている人や状況において，本人の「達成動機」と主観的な「成功確率」との関係をグラフ化したものである。そもそも失敗回避動機が支配的なので，やり遂げたいという合成達成動機（縦軸）は０以下のマイナスの水準である。つまり，仕方ないけどやらなければいけないという状態である。この場合，達成動機と成功確率との関係は，先ほどの左図と真逆の曲線を描いていることが

わかる。

　すなわち，主観的な成功確率（失敗確率）が50％と感じられるような課題は，「失敗を避けたいレベル」で課題に向き合っている人にとっては，最もやりたくない課題と認識されてしまう。他方で，極めて簡単・単純な課題（=1.0）や極めて難しい課題（=.0）は，この手の人にとっては受け入れられやすいタイプの課題であることがわかる。

　アトキンソンの達成動機理論は，仕事上の目標設定の場面にどのような示唆があるだろうか。最も重要なインプリケーションは，上司は部下の本気度を見極め，どのようなリスクの課題を与えたらよいかを判断する必要があるということである。すなわち，部下が「本気で」現在の仕事やプロジェクトを成功させたいと考えている場合，上司は，部下本人が成功：失敗の比率を50：50と感じられる困難度の目標を設定すると効果的である。

　この手の部下は，誰もが失敗するようなリスクの高い課題や誰もが成し遂げられる容易な課題に対して，達成に向けたモチベーションを維持できない。これは，本人が成功した時に得られる「誇り」という感情が心理的なインセンティブになっていることを考えれば納得性が高い。無理に難易度が高すぎると感じられる課題を与えたり，また反対に平易なルーティン業務ばかりを課してしまうと，本人のモチベーションにブレーキをかけてしまうことになりかねない。

　一方で，「失敗を回避できればいい」という気持ちが支配的な部下については，成功：失敗のそれぞれの比率が「50：50」の課題設定をすると，まったくの逆効果となる。努力が試されるような課題は極力避けたいという心理が働くためである。とはいえ，このような部下に容易な課題や目標ばかり設定する，あるいは絶対に到達できそうもないリスクの高い課題や目標ばかり設定するのも，職場や組織の生産性を考えれば非現実的である。

　大切なことは，「失敗を避けたいレベル」の意識で仕事に取り組む従業員を，いかに積極的かつ前向きな意識で取り組む成功動機志向の従業員に近づけるかということである。そのためには，失敗回避志向の人材を成功動機志向の人材に近づいていくための方策について考える必要がある。

5 自己効力感とモチベーション

(1) 自己効力感の動機づけ効果

　先の達成動機理論は，成功動機志向の人材をいかに育てていくかについての課題を提起している。内発的動機づけの高い人材を育成していくことは，個人の組織内での自発的な行動を促すだけでなく，自己の成長と組織の発展との統合化に繋がる。

　このような個人の動機づけの開発を考える上で有用な理論の1つに，自己効力理論（self-efficacy theory）がある。自己効力感とは，課題や目標について自身が遂行できるという安定した知覚を意味する（Themanson & Rosen, 2015）。具体的には，「自分ならできる」，「きっとうまくいく」といった感覚であり，自信と似た概念である。

　自己効力感が低い個人は，本人の努力が試されるような状況において，あえてチャレンジすることを避ける傾向がある一方，自己効力感が高い個人は，背伸びをすれば届くかもしれない課題に対して，積極的に取り組む傾向がある（Ventura et al., 2015）。つまり，自己効力感を高めることにより，成功動機志向の人材に近づける可能性が高まるのである。

(2) 自己効力感を高める4つの要因

　上述の自己効力理論は社会的学習理論に基づいており，自己効力感は育成可能という考え方に依拠している。つまり，「やればできる」という感覚は，自己の経験に基づく学習や周囲の環境からの学習によって体得できる部分が大きいと言えるだろう。自己効力理論の提唱者であるバンデューラによると，自己効力感は以下の4つの方法により高められるとしている（Bandura, 1977, 高田, 2013）。

　　1．達成体験：本人が何らかの達成や成功を経験し自信を得る体験。
　　2．代理体験：他者の達成や成功体験を観察し，「自分もできる」という感

覚を得る体験。
3．言語的説得：他者から言葉で，自己の能力やスキルを認められたり，「君なら必ずできる」などの達成や成功に関する期待や確信を伝えられること。
4．生理的感情的状態：本人の体調や健康状態，気分などの感情状態を良好に保つこと。

　実務への効果的な応用として，上記の4つの促進要因を組み合わせた対応を考えるのも一考に値する。失敗回避傾向が強くモチベーションがあまり高くない個人に対しては，ストレッチ幅が過度に大きくない課題や業務を割り当て，小さな成功体験を積む機会を提供する（達成体験）と同時に，うまくできた時にはできたことを言葉で伝える（言語的説得）ことが大切である。また，達成を促す過程で，類似した課題や業務をうまく遂行できている事例を紹介するなどをし，その観察学習を促すことで課題・業務の達成や成功を本人がイメージしやすくなる（代理体験）。このサイクルを，課題や業務の難易度を徐々に上げながら継続することにより，本人の自己効力感が育まれ，成功動機志向の人材へと近づいていくことが期待できる。

6　ジョブ・エンゲイジメントとモチベーション

(1)　ジョブ・エンゲイジメントとは

　モチベーションと類似した概念にエンゲイジメントという概念がある。モチベーションは，欲求を起点とした行動喚起のプロセスを指す一方，エンゲイジメントは結果の質を高めるために注がれる内面的なエネルギー状態を指す。つまり，エンゲイジメントは行動の先にある結果の質（パフォーマンス）に影響する。仕事場面でのエンゲイジメントには，従業員エンゲイジメント，ワーク・エンゲイジメント，ジョブ・エンゲイジメントなど，その用語や使われ方は様々である。ここでは，組織行動論者のカーンが提唱するジョブ・エンゲイジメント（Khan, 1990; Rich et al., 2010）をもとに見ていく。

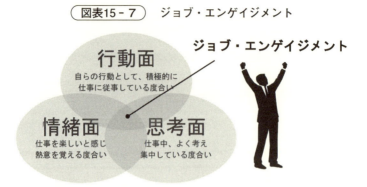

図表15-7　ジョブ・エンゲイジメント

出所：筆者作成。

　ジョブ・エンゲイジメントは，「仕事のパフォーマンスに向けられた物理的，認知的，感情的エネルギーの行動的投資」(Rich et al., 2010, p. 619) と定義される。**図表15-7**は，筆者の解釈に基づくジョブ・エンゲイジメントのイメージ図である。すなわち，従業員本人が，自身の仕事に対して，(1)楽しみや熱意を覚え（＝情緒面），(2)よく考え集中し（＝思考面），そして(3)行動として積極的に従事（＝行動面）している状態を指す。したがって，ジョブ・エンゲイジメントが高い状態とは，頭の中も，心の中も，また身体も仕事にポジティブに関わっている状態である一方，それが低い状況とは，頭も心も身体も仕事には関与していない状況を意味する。

　Rich et al. (2010) によれば，ジョブ・エンゲイジメントは，①組織と個人の価値観の一致，②組織からのサポート，③中核的自己評価（≒自己効力感）によって高まることが確認されている。さらに，これらにより高められたジョブ・エンゲイジメントは，本人の①職務パフォーマンスと，②組織市民行動（誠実性や仕事仲間の支援など，仕事役割には含まれていないものの組織にとって望ましいとされる行動）の両面を向上することが明らかとなっている。

(2) 日本企業におけるエンゲイジメントの課題

　ところで世界的に見て，日本企業における従業員のエンゲイジメント水準はどの程度なのだろうか。米国の大手世論調査会社として知られるギャラップ社

が2017年に発表した従業員エンゲイジメントに関する国際比較調査の報告書において，日本の社員の仕事への熱意に対して警鐘を鳴らすような結果を公表した（Gallup, 2017）。具体的には，日本における「熱意のある」社員の割合はわずか6％に過ぎず，71％が「熱意のない」社員に該当し，さらに23％は「全く熱意がない」社員という衝撃的な結果である。この社員の熱意の度合いは，調査対象国139カ国中，実に132番目という低さであり，日本のビジネスの世界でもにわかに話題となった（日本経済新聞, 2017）。

ただし，この結果から日本企業における従業員のエンゲイジメント水準が直ちに低いと考えるのは早計だろう。というのも，ギャラップ社のエンゲイジメント調査は，"engaged"＝「熱意のある」と邦訳されているように，上述のジョブ・エンゲイジメントの3側面の中の「情緒面」にフォーカスされている。筆者が日本企業に勤務する従業員約2,600名を対象に行った調査によれば，情緒面，行動面，思考面を含む3つのジョブ・エンゲイジメント領域のうち，情緒面のエンゲイジメントは，ギャラップ社の調査結果同様，低い水準にあるものの，行動面と思考面のエンゲイジメントは相対的に高い水準にあることが確認された。

ここで課題となるのが，「情緒面」と「行動・思考面」との間のエンゲイジメント水準におけるギャップである。つまり，仕事を楽しいと全く感じられない，また仕事に熱意も全く湧かない，その一方で，業務目標の達成に向け，頭の中では常に仕事のことを考え，かつ自らに鞭を打って動いている，そのような「歪（いびつ）なエンゲイジメント構造」を内面に抱えた社員が日本企業に多数存在しているのである。このことから，日本企業が抱えているモチベーション面での大きな課題の1つは，仕事に対し情緒的エンゲイジメントを全く抱けない「積極的な情緒的ディスエンゲイジメント」社員への対応といえるだろう。したがって，情緒的エンゲイジメントを含めた3つのエンゲイジメント領域をバランスよく高める仕掛けや取り組みを十分に検討し実践していくことが求められる。

参考文献

高田朝子（2013）「女性管理職育成についての定性的調査からの一考察—昇進の背中をおし

た事象とは何か」『経営行動科学』26(3), 233-248.
竹内規彦（2019）「シニア人材の仕事意識とパフォーマンス：生産性向上の鍵を探る」『産業訓練』65(4), pp.4-9。
日本経済新聞（2017）「熱意ある社員」6％のみ　日本132位、米ギャラップ調査『日本経済新聞』5月26日朝刊。
Alderfer, C. P. (1969) An empirical test of a new theory of human needs. *Organizational Behavior and Human Performance, 4*(2), pp.142-175.
Ali, S. A. M., Said, N. A., Abd Kader, S. F., Ab Latif, D. S., & Munap, R. (2014). Hackman and Oldham's job characteristics model to job satisfaction. *Procedia-Social and Behavioral Sciences, 129*, pp.46-52.
Atkinson, J.W., & Feather, N.T. (1966) *A theory of achievement motivation.* Wiley.
Bandura, A. (1977) Self-efficacy: Toward a unifying theory of behavioral change. *Psychological Review, 84*(2), pp.191–215.
Gallup (2017) *State of the global workplace.* Gallup Press.
Kahn, W. A. (1990) Psychological conditions of personal engagement and disengagement at work. *Academy of Management Journal, 33*(4), pp.692-724.
Locke, E. A., & Latham, G. P. (2019) The development of goal setting theory: A half century retrospective. *Motivation Science, 5*(2), pp.93-105.
Maslow, A. H. (1943) A theory of human motivation. *Psychological Review, 2*, pp.21-28.
Rich, B. L., Lepine, J. A., & Crawford, E. R. (2010) Job engagement: Antecedents and effects on job performance. *Academy of Management Journal, 53*(3), pp.617-635.
Robbins, S.P., & Judge, T.A. (2018) *Essentials of organizational behavior* (14th ed.), Pearson Education.
Smith, R. L., Karaman, M. A., Balkin, R. S., & Talwar, S. (2020) Psychometric properties and factor analyses of the achievement motivation measure. *British Journal of Guidance & Counselling, 48*(3), pp.418-429.
Themanson, J. R., & Rosen, P. J. (2015) Examining the relationships between self-efficacy, task-relevant attentional control, and task performance: Evidence from event-related brain potentials. *British Journal of Psychology, 106*(2), pp.253-271.
Ventura, M., Salanova, M., & Llorens, S. (2015) Professional self-efficacy as a predictor of burnout and engagement: The role of challenge and hindrance demands. *The Journal of Psychology, 149*(3), pp.277-302.

第16章

国際人的資源管理

1 国際人的資源管理とは

(1) 国際化の進展と人的資源管理

　21世紀に入り，日本企業の国際化はますます広がり，企業の海外販売比率は高まっている。外国人を採用する企業が増えていることからも国際化の進展が伺える。国際化が進んだ企業は国際経営戦略を策定し，海外ビジネス活動に必要な組織編成を行ってきた。こうした組織の変化に伴い，人的資源管理にも国際化への対応が求められている。国際業務を担当し，海外で活躍する従業員が増えると，海外担当はもとより，現地従業員を含む人的資源管理が必要となる。国際化の進展によって必要となり，ますます重要になっているのが本章で取り上げる「国際人的資源管理」である。

　国内企業では販売担当は国内市場だけを対象としているが，輸出を始めると当然ながら輸出に関わる業務が生じる。そうした輸出業務はしばらくの間は商社や代理店など他の組織が代行することが多いが，輸出量が増えて海外市場が成長すると自社で担当するようになる。そうした輸出業務の担当から海外駐在員として現地に派遣される従業員も出てくる。国際化が進み，現地生産など海外事業が始まると現地従業員の採用も増えてくる。このように企業の発展段階に応じて，海外事業においても人的資源管理の関わりが大きくなる。

企業の国際化に伴い，海外関連の仕事は増え，組織も変化する。そうした国際化の段階的な変化を表すものが多国籍企業に至る企業の国際化を示す発展段階（Robinson, 1976）である。これによると，国内企業から順に輸出企業，国際企業，多国籍企業，超国家企業と発展していく。各段階の事業活動や組織や人的資源管理の変化などは次の通りである。

① 国内企業（domestic）
　国内市場を基盤とする。輸出はあっても国内市場が中心で商社等によるものであり，国内企業の人的資源管理と同様のままである。

② 輸出企業（export）
　輸出の開拓または海外との窓口部門として輸出部や海外部が設置される。商品の輸出を通じての国際化の段階である。人的資源管理の対象に輸出担当が加わり，評価や育成に輸出業務との関連が生じる。

③ 国際企業（inter-national）
　国際人事担当を含む海外対応スタッフ部門や海外事業部門が設置される。海外での生産活動が開始されるが，現地で部品を組み立てるノックダウン生産や合弁事業が多い。生産活動が行われない場合でも複数の海外販売子会社による商品企画への影響があり，海外向けの対応がなされる。

④ 多国籍企業（multi-national）
　全社的に国際化に対応した組織体制が構築され，国際人的資源管理も地域本部か事業本部に含まれる。海外子会社が自立する海外展開事業を統合する必要性が高まり，地域統括会社が設立される。グローバル最適化を模索し，本社のある本国を経由せず地球規模での事業展開も行われる。

⑤ 超国家企業（supra-national）
　世界統合マネジメントの実現。世界的視野を持つ真のグローバル企業で企業の国籍が意味をなさない。法的規制に抵触しないかぎり自由な資源分配，活動

をする企業で欧米多国籍企業の進化した形とされる。人的資源管理も国内外に区別されない。

　ここで示される企業の国際化の発展段階にみられるように，国内の業務に従事する従業員だけを対象とする人的資源管理から，輸出部門や海外事業部門による海外の市場や技術を担当する従業員を対象とする人的資源管理へと変化がみられる。さらに海外での多様な事業を行う組織となり，日本の海外担当に加えて，海外駐在員，現地従業員など多様な人材が人的資源管理の対象となる。

(2)　国際人的資源管理の生成と発展

　国際人的資源管理（国際HRMまたはIHRM: International Human Resource Management）は国際経営における人的資源管理を意味しており，多国籍企業（MNC: Multi-National Corporations）に代表される国際企業において生じた。国際人的資源管理は国内と同様の人的資源管理の機能や役割を有するが，海外の組織や人材を対象とするため，国内に比べて複雑で広い領域での人的資源管理となる。

　1990年代以降，国際人的資源管理はその重要度を急速に増している。その理由として海外ビジネスの増加，人材育成の国際化，知力の国際競争にみられる変化があげられる（**図表16－1**）。1つには，ビジネスの国際化・グローバル化[1]に伴い，海外企業，外国人とのビジネス機会が増加したことである。外国人とのビジネス機会が急速に増え，海外や国内における外国人社員を含めた人的資源管理，人材の評価や育成の問題が重要になっている。

　第2に，人事管理から人的資源管理への変化により，国際戦略との関連やグローバル人材育成が求められ，グローバルな経営環境下で人的資源管理の必要性が高まったことである。定型的で受動的な業務が多いとされる人事管理に比べ，人的資源管理では経営戦略との連動が深まり，事業やビジネスへの関与が増えたことがその背景にある。

　第3に，ナレッジマネジメントなど知識・人材活用など知力の国際競争が顕在化していることである。これは国際ビジネス，国際競争における人材や知力の競争力がより重要になっていることを意味する。ネットワークやクラウドなど情報技術のインフラが整備されたことで，ビッグデータやDX活用は国際的

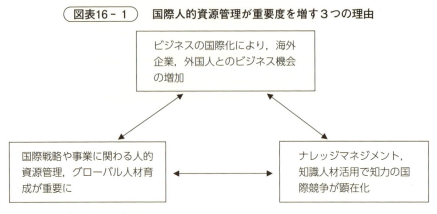

図表16-1 国際人的資源管理が重要度を増す3つの理由

出所：宮下（2013）より作成。

なナレッジマネジメントに深化しており，AIの活用，DX人材の重視につながっている。

(3) 国際人的資源管理の捉え方

　国際人的資源管理については国際比較経営，異文化マネジメント，多国籍企業という3つのアプローチによる捉え方ができる（**図表16-2**）。これらのアプローチから国際人的資源管理の特徴や重要点を明らかにしたい。まず第1は，国際比較経営の視点から労使関係や人事制度の違いを比較・分析することである。これは一般に国際比較経営とされる捉え方で，経営，戦略，組織，人事などの経営機能や経営学における相違点を比較考察していく。

　第2に，異文化マネジメントの視点から国際組織の人間行動や文化的な相違点を探ることである。ここでは異文化での経営，組織，人間に注目して，文化の多様性や異なるコミュニケーションへの対応を考えていく。

　第3には，多国籍企業の視点から，国際化，経営戦略と人的資源管理を検討することである。国際化の発展段階や多国籍企業をベースに，経営戦略，組織・人事や人材育成について研究することで，他国と比較するより，特定国の国際経営の発展や国際化が進んだ企業を対象とすることが多い。

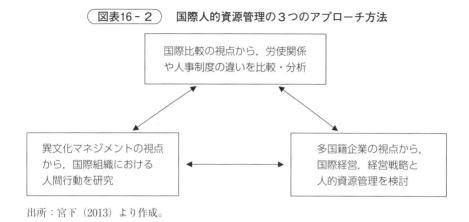

図表16-2　国際人的資源管理の3つのアプローチ方法

出所：宮下（2013）より作成。

2　多国籍企業の経営と人的資源管理

(1) 多国籍企業とその定義

　国際経営は大企業や多国籍企業だけで行われるものではなく，中小規模の企業も国際ビジネスを行い，海外事業を展開している。しかし，国際経営の歴史と発展，国際人的資源管理を検討するには国際経営の進んだ大企業が基盤となる。まず伝統的な国際企業である多国籍企業とその発展類型となるモデルを紹介し，国際人的資源管理のあり方を概観する。

　多国籍企業は世界経済を牽引する存在であり，GM，GE，IBM，エクソンなどよく知られるアメリカの巨大企業は典型的な多国籍企業である。現代では，GAFAMと称されるグーグル，アップル，フェイスブック，アマゾン，マイクロソフトなどのITやAI分野の世界的企業が存在感を増している。このような多国籍企業の規模は国家に匹敵することから，その市場のみならず，経済社会に大きな影響を与えてきた。

　多国籍企業について，ハーバード大学バーノンは輸出や海外生産など国際経営活動を行い，広範囲に分布する多数の海外子会社を1つの共通した経営戦略で統括する大企業と定義している（Vernon, 1971）。続いてダニングは海外直

接投資を行い，1カ国以上において付加価値活動を所有もしくはコントロールする企業としている（Dunning, 1993）。また吉原は海外に子会社や合弁会社を持って国際的に経営活動をしている企業と簡潔に表している（吉原, 1978）。

(2) 多国籍企業の組織と経営

多国籍企業はその定義にみられるように広い概念である。そして国際化の段階と異なり，多国籍企業の進化には様々な発展型がみられる。バートレットとゴシャール（Bartlett, C. A. & S. Ghoshal, 1989）は，多国籍企業をその組織と戦略から4つの型に分類し，それらのモデルを示した。すなわち，マルチナショナル型，グローバル型，インターナショナル型，トランスナショナル型である。それぞれのタイプの組織とその特徴は次の通りである。

① マルチナショナル型（Multi-national）

各国の海外子会社への権限分散であり，「現地志向の多国籍企業」に相当する。自己充足的な組織の連合体と考えられる。

② グローバル型（Global）

本社での中央集権であり，「本国志向の多国籍企業」に相当する。本社を中心に世界規模へ拡大を図るハブ組織と考えられる。

③ インターナショナル型（International）

本社や地域統括本部からの調整に基づく連合組織に相当する。権限より，知識やイノベーションによる調整によって運営，連係を図ろうとする。

④ トランスナショナル型（Transnational）

世界規模で統合された組織であり，「世界志向の多国籍企業」に相当する。世界中に分散した各組織が相互依存して，知識共有の実現を図る。

多国籍企業の組織は，経営資源と組織能力の持ち方によってその特徴が示されている。資源や能力を本社に集中させるか，それとも分散させるか，どちらの組織形態が優れているかは簡単には決められない。それぞれの多国籍企業の

図表16-3　多国籍企業4類型の組織と経営

	マルチナショナル (Multi-national： 多国籍)型	グローバル (Global：地球)型	インターナショナル (International： 国際)型	トランスナショナル (Transnational： 世界)型
経営資源と組織能力	海外子会社に分散 海外子会社は自律的に現地経営	本社に集中 海外子会社は本社に依存	本社が調整 海外子会社には、ある程度の分散と自律	活動に応じて、海外子会社に分散 本社・海外子会社は双方向の調整
組織の形態	権限分散型	中央集権型	調整型 マルチナショナルとグローバルの中間	統合型 有効な分散と調整
戦略課題 重視された目標	現地環境への適応 現地市場への対応	グローバルな効率性 規模の経済性	イノベーションと学習 効果的な研究開発	イノベーションと学習 本社・海外子会社は双方向での知識移転と開発
伝統的な組織モデル	欧州企業	日本企業	米国企業	新しい企業モデル

出所：Bartlett & Ghoshal（1989）より作成。

類型の組織能力や組織形態，戦略課題や目標などをまとめたのが，**図表16-3**である。ここからは現地市場への適応，規模の拡大と効率性の追求，研究開発や知識移転，イノベーションと学習などそれぞれの型に現れる戦略課題や目標が経営の特徴として示される。

　企業における多国籍化の発展段階，多国籍企業が志向する型および組織統制や競争環境の違いにより，グローバル人材やグローバル・マネジャーの役割，さらに国際人的資源管理のあり方も異なる。このような多国籍企業の類型とその特徴を理解することで，その経営や戦略に適合した国際人的資源管理を実現が可能となる。

(3) 多国籍企業の人事組織モデル

　国際人的資源管理においても，国内企業の人的資源管理と同じように，採用・配置，教育訓練，評価，処遇，労使関係，福利厚生などの役割や機能が含

図表16-4　モーガンによる国際HRMモデル

HRMの諸機能		従業員の国籍		活動する国
人事計画 採用・配置 教育訓練 評価 処遇 労使関係	×	現地従業員 (HCNs) 本国従業員 (PCNs) 第三国従業員 (TCNs)	×	現地 本国 その他

注：HCNs, PCNs, TCNs：Host, Parent, Third-Country Nationals
出所：Morgan（1986）より作成。

まれる。しかし，国際人的資源管理の対象となる企業がある場所は本国だけでなく，諸外国が含まれ，また従業員の国籍も多様である。そのため，日本企業の人的資源管理がそのまま通用するとは限らず，国際人的資源管理による対応が求められる。

　モーガン（Morgan, 1986）は人的資源管理（HRM）の機能，従業員の国籍，活動する国という3つの次元で国際人的資源管理のモデルを構築した（**図表16-4**）。国際人的資源管理モデルは，(1)必要とされる広い視野，(2)広がる活動範囲，そして(3)高い危険度に注目している。

　このモデルによると，人的資源管理の諸機能，従業員の国籍，そして活動のある国によって多くの組合せが生じる。人的資源管理の諸機能はどこでもほぼ共通であるため，従業員の国籍と活動のある国の組合せによる違いを考慮することになる。

　日本だけで事業を行う企業では日本を本国とすると，本国従業員が本国で活動する場合のモデルだけとなる。これに対して，アメリカに進出した日本企業ではアメリカ人が現地従業員，日本人が本国従業員，他に中国人やカナダ人の従業員は第三国従業員となる。そうした企業のアメリカ人従業員にとって活動する国はアメリカ（現地）が多いが，日本（本国）となる可能性もある。また

中国人やカナダ人従業員が活動する国は現地，本国，日本，その他の国となることもある。

このように，その会社が本社を置く国，従業員の国籍，その従業員が勤務する国は固定したものではなく，それぞれの国，地域において人事管理や施策のあり方も変わってくる。それらの要素を考慮して，企業の方針や戦略を実現するために，国際人的資源管理が必要となる。

3　日本企業の国際人的資源管理

(1)　日本企業の国際人的資源管理の特徴

本節では日本企業の国際化の進展に伴う国際人的資源管理のあり方を概観する。まず海外進出した日本企業の現地従業員を通して，国際人的資源管理の現状と課題を検討する。

①　海外生産現場の従業員

海外進出した日本企業では現地従業員にどのような人的資源管理が行われているだろうか。とりわけ国際化が進んでいる製造業を対象にすると，中長期雇用，OJT等の教育訓練，多能工化，情報共有といった日本企業の経営や人的資源管理における実践や施策が海外拠点でも通用するか，移転できるかどうかは国際人的資源管理の具体的な課題である。

海外の生産現場で雇用される従業員は，短期的な雇用，規定された職務に従事し，昇進も限られていることが一般的である。日本企業の安定的な雇用，処遇や育成は海外現地企業の生産現場の従業員が得られる処遇やキャリアより，概してメリットが多いため，日本の人的資源管理は概ね海外でも受け入れられやすいと考えられる。

②　ホワイトカラーの現地従業員

ホワイトカラー人材となるスタッフや管理・技術層は従来から日本企業の評価や処遇に対する不満が聞かれ，現地の制度に雇用管理など合わせてきたとさ

れる。海外企業に比べて遅いと批判される昇進も中長期的には適正な評価や人材の選別につながり，組織の力を高めると日本ではみられてきた。しかし，そうした日本の人的資源管理のあり方は欧米はじめ海外のホワイトカラーからは評価されず，優秀な現地人材が集まらない理由となるなど，ホワイトカラーの国際人的資源管理では難しい対応が求められる。

　2020年頃から日本の人事ではジョブ型雇用への動きが見られるが，あくまで日本の雇用環境での変化であり，それにより海外で日本企業の雇用や人的資源管理そのまま通用するようになるわけではない。新卒採用中心，企業内育成，遅い昇進，ジョブローテーションによる育成など日本に特徴的な人的資源管理は少なくない。日本企業は海外進出国の文化，理念，慣行の違いなどを考慮し，より適切な国際人的資源管理を行っていきたい。

(2) 日本企業の国際人的資源管理の取り組み

　海外のホワイトカラー人材が求めている処遇や昇進は日本企業の人的資源管理とは相容れないことも多く，国際経営を行う日本企業は海外の優秀人材の確保，活用や育成などに課題を抱えてきた。その解決のために海外での処遇や昇進を国内のものと切り離して運用する方法も取られてきた。一定水準までの昇進であれば，各国や各部門の人材の処遇を独自に進めることもできる。しかし，それ以上の昇進の可能性や各国の人材間の公平さを考えるとその運用は難しくなる。

　1980年代半ばから，先進的な日本企業では海外で活躍する優秀な人材を選抜・登録し，全社的にその活用を図るためにグローバル人事制度が設けられた。これにより一定段階以上の管理職には海外を含めた企業グループ全体の統一的昇進基準が適用され，海外拠点のトップとなりうる人材を選抜し，本社からの把握もできるようになる。

　国際企業では国内外の異動を含めたキャリアを考慮した国際人的資源管理も行われている。欧米の先駆的多国籍企業のように幹部候補（ハイ・ポテンシャル）について早期選抜を図ることも一案となるが，長期的な人材育成を重視する日本企業の人的資源管理とどのように整合性を図るかという国際人的資源管理の課題が生じる。

(3) 日本企業の国際人的資源管理の課題

　このように国際人的資源管理をグローバルな視点で整備することで，一定段階以上の管理職は国内外での異動がしやすくなる。海外赴任では文化や言語の問題も大きく，異動は簡単ではないが，国際キャリアを構築することで，グローバル人材育成も促進される。日本企業では国外に異動する外国人マネジャーは少なく，主に日本人マネジャーが対象となる。外国人マネジャーについては海外統括会社とその地域内であれば，国外での異動も多くみられる。

　本社の部長や海外拠点の代表など幹部クラスの人材には，マネジメント能力に加えて，経営理念の理解や企業文化の習得も重要となる。国際キャリアが整備されても，実際にそれを運用するためには海外子会社から本社への逆出向や本社でも海外拠点の外国人マネジャー登用など内なる国際化を進める必要がある。日本本社で勤務経験を持つことが有益となるキャリアや組織文化も求められる。

　日本人マネジャーにとっては海外駐在から帰任後の処遇も重要な課題である。海外駐在経験者は出世コースとされた時代もあるが，海外勤務が常にまた多くの従業員から望まれているとは言えない。それでも，グローバル化が進む現在，海外勤務また国内でも国際ビジネスに従事することはよい経験となり，異文化や語学の能力を高められる。このように優れた人材を海外で活躍させ，グローバル人材を育成することが国際人的資源管理の役割の1つである。これにより企業の国際化，中長期的で安定した事業の成功に貢献しうる。

4　海外派遣の国際人的資源管理

(1) 海外派遣者への支援

　海外派遣者とは日本本社から海外子会社に数年間にわたり現地の業務を行うために派遣される従業員を指している。海外派遣者には海外子会社から本社へ派遣される従業員や子会社から他国の子会社へ国際移動をする従業員も含まれる。しかし，日本本社から海外子会社への派遣が多く，海外駐在員とも称され

る。

　国際人的資源管理の担当組織，例えば海外人事課による海外駐在員への支援業務として海外人事サービスと現地での労務対応があり，それらを概観する。まず従業員の国際移動に伴う人事関連サービス提供には，①事務手続として赴任者のビザ手続きと海外移動手配，②準備教育として赴任準備のためのオリエンテーション，異文化適応研修，海外子会社のある国や関連機関と連係しての情報収集，そして③赴任サポートとして住居・生活への支援，家族へのサポート，海外での危機管理への対応，などがある。

　次に現地の法律，労働組合，雇用慣行への対応がある。具体的には現地拠点での法的義務，就業規則やガイドラインの設定と遵守，少数民族への雇用上の優遇措置，労働組合との交渉，労働慣行への配慮等が含まれる。これらは主に現地国や地域の法令や雇用事情に詳しい人事，法務や労働組合の担当と連係しながら進められる。

(2)　海外駐在員の役割

　日本企業から海外の子会社へ派遣される海外駐在員の役割を概観する。海外駐在員の役割には，①経営・技術に関する知識移転，②経営理念の移転，③現地マネジャーの育成，があげられる。経営・技術に関する知識移転とは，日本からの駐在員が本社の技術や知識を現地で仕事を通して伝えることである。例えば派遣された技術者が現地工場に駐在し，現地の技術者や作業者に品質や生産管理などを指導することが典型的な役割である。

　次に経営理念の移転とは，本社の意向や経営方法を子会社に伝え，理解させることである。そのためには海外駐在員は本社と子会社の間に立ち，現地の従業員に本社の経営理念や経営の実際を説明する。理解を得られるよう十分なコミュニケーション，必要な支援を行い，子会社の運営を進めていく。

　最後に現地マネジャーの育成とは，経営の現地化を図るべく，マネジャーをはじめ現地人材の育成を進めることである。これは自身の後継者や管理者となる人材を育成することであり，同時に海外駐在員自らの学習にもなる。この役割を果たすことで海外派遣者は現地人材の育成と自身の成長にも役立つ機会を得られる。

(3) 海外派遣者の選抜とキャリア

　次に海外派遣者の選抜は国内での出向や異動と同様に予定される職務と本人の能力，経験や適性などを考慮して適任者を選ぶことが原則となる。しかし，当然ながら国を越えての異動となるため，国内環境とは異なる点を考慮する必要がある。具体的には異文化適合と語学を中心としたコミュニケーション力の重要性には大きな違いがある。ここにキャリア計画を含めた本人の意向が関わり，さらに候補者に家族がいる場合は家族が海外派遣に同行するか否かも影響してくる。

　海外駐在員の派遣において考慮すべき点として，①入社前を含む過去の経験，②海外勤務に対する関心，③海外勤務に必要な能力・適性，④外国語能力，⑤実務能力，特に現地での担当職務に対する習熟度，⑥生活環境（健康状態，付帯家族の状態など）が挙げられる。これらには海外派遣者に求められる知識，能力，態度，体力や家族状況が含まれる。これらを考慮して人選を検討することが望ましいものの，こうした要件のすべてを満たせない中で，どう選抜するかが現実的な課題となる。どの要件を重視するかという評価基準は固定的でなく，キャリアという発達段階の視点を加味することで，よりよい適任者の選抜が行える。

　海外駐在を終えてからの国内帰任先と担当職務への適応はキャリアの課題となる。若手・中堅層では海外駐在はキャリアの発展に有益な経験とされるが，管理職層では帰任時の職務変更などで意欲の低下を招くかもしれない。海外帰任時には新たな職務を担当することがあり，海外経験を十分に活かせないこともある。ここで国際人的資源管理の処遇制度が重要となる。そうした制度を活かす上でも上司や関連先との良好なコミュニケーション，自身のキャリア意識などが重要といえる。

5　日本企業のグローバル人材とその育成

(1)　日本で求められるグローバル人材の育成

　2010年代から日本においてグローバル人材への注目が高まってきた。これはあらゆる組織や仕事で海外との関わりが増え，それらに対応できるグローバル人材が必要になったためである。特に経済界から，できるだけ早く多くのグローバル人材を育成することが求められている（日本在外企業協会, 2011; 日本経済団体連合会, 2015; 三菱UFJリサーチ＆コンサルティング, 2018）。

　これまでも企業で国際業務に従事する人材が育成され，企業内教育の目標の1つであったが，今ではグローバル人材育成は企業だけでなく大学など教育機関にとっても重要な目標である。グローバル人材およびその育成は，国際化に対応する企業の国際人的資源管理においても重要な課題と言える。

　「産学人材育成パートナーシップグローバル人材育成委員会（2010.4）」はグローバル人材を「グローバル化が進展している世界の中で，主体的に物事を考え，多様なバックグラウンドをもつ同僚，取引先，顧客等に自分の考えを分かりやすく伝え，文化的・歴史的なバックグラウンドに由来する価値観や特性の差異を乗り越えて，相手の立場に立って互いを理解し，更にはそうした差異からそれぞれの強みを引き出して活用し，相乗効果を生み出して，新しい価値を生み出すことができる人材」と定義している。

　また「産学連携によるグローバル人材育成推進会議」の報告（2011.4）では，グローバル人材を「世界的な競争と共生が進む現代社会において，日本人としてのアイデンティティを持ちながら，広い視野に立って培われる教養と専門性，異なる言語，文化，価値を乗り越えて関係を構築するためのコミュニケーション能力と協調性，新しい価値を創造する能力，次世代までも視野に入れた社会貢献の意識などを持った人間」としている。これらは幅広い層を対象に多くの要素を含む定義であるが，「世界的な視野を持ち，日本人として多様な相手を尊重し，優れた意思疎通と協働活動が出来る人材」との共通点がある。

　企業におけるグローバル人材の定義として，日本経済団体連合会の「グロー

バル人材の育成・活用に向けて求められる取り組みに関するアンケート調査（2015.3）」によると，鉄鋼企業ではグローバル人材を「人間力を備えている，海外で通用する英米流のビジネスツールに関する知識を有している，所属する業界に精通している，知識を実践に活かす方法を知っている，英語またはその他の言語能力がある，異文化におけるマネジメント力，適応力がある，海外危機管理能力を有している」としている。

　食品企業ではグローバル人材を「日本国内，海外を問わず世界のどこででも能力を発揮できる人材，語学だけではない深い意味でのコミュニケーション能力，世界共通のリーダーシップ（判断力，決断力，先見性等），異なる文化を認めそれを取り込む異文化適応力，誰にも負けないと自負の持てる専門性，どのような境遇にも耐える体力・楽天性」と定義している。このように官庁や企業によるグローバル人材の定義は「海外でも能力を発揮し仕事ができる人材，相手を理解しコミュニケーションができる人材」と共通点がある。

(2) グローバル人材に求められる能力

　グローバル人材に求められる能力は通常の社会人に求められる「社会人基礎力」に加え，「外国語でのコミュニケーション能力」，「異文化理解・活用力」と考えられる（産学人材育成パートナーシップグローバル人材育成委員会報告，2010）。社会人基礎力とは職場や社会で仕事を行う上で必要な基礎的能力であり，経済産業省が提唱してきた。それらは「前に踏み出す力（アクション）」，「考え抜く力（シンキング）」，「チームで働く力（チームワーク）」である。

　グローバル人材育成推進会議（2012）では次の3要素が「グローバル人材」に求められるとしている。要素Ⅰとして語学力・コミュニケーション能力，要素Ⅱは，主体性・積極性，チャレンジ精神，協調性・柔軟性，責任感・使命感，要素Ⅲは，異文化に対する理解と日本人としてのアイデンティティである。これらはグローバル人材に求められ，グローバル人材の能力水準を初歩から上級まで5段階としている。

　要素Ⅰの語学力では各段階のイメージは，①海外旅行会話レベル，②日常生活会話レベル，③業務上の文書・会話レベル，④二者間折衝・交渉レベル，⑤多数者間折衝・交渉レベルで，①②③の初級や中級レベルは達成しやすいが，

④⑤の上級レベルでは継続的な取り組みが求められる。要素Ⅱや要素Ⅲの各段階の評価は難しいが，グローバル人材の達成段階を設定したことは，国際人的資源管理におけるグローバル人材育成に有益である。

　グローバル人材に必要な能力やその育成・評価に関わる概念として「グローバルマインドセット」と「グローバルコンピテンシー」を概観したい。「グローバルマインドセット」とは世界で活躍する人が共通に持っている知識，姿勢，コミュニケーション能力などのことである。ジャビダンら（Javidan, 2010）によると，知的資本（国際ビジネスの知識と学習能力），心理的資本（異文化の理解と順応力），社会的資本（多様な人との信頼関係構築）の3要素が示され，これらが代表的なグローバルマインドセットである。グローバル人材の要素として海外では日本のように英語など語学だけでなく，人間関係の構築，異文化の尊重や多様性への対応も求められることが伺える。

　さらにグローバル人材やその育成における重要な概念として「グローバルコンピテンシー」がある。これは人材育成や評価に使われるコンピテンシーをグローバルリーダーに適合したものである。コンピテンシーは組織で高い成果をあげている人の行動特性であり，それらは知識，スキル，態度に現れる。グローバルコンピテンシーは国際教育の成果指標として用いられ，海外留学の調査では「コミュニケーション力」「問題解決力」「グローバルマインド」「留学先での学習行動」の4つがグローバル力であり，留学生の行動特性測定に用いられた。

　このようにグローバルマインドセットやグローバルコンピテンシーの概念はグローバル人材に必要な要素を規定しており，国際人的資源管理における人材育成の方法や育成プログラムに重要であり，グローバル人材の評価や育成に活用できる。

　これまでにあげられたグローバル人材に求められる要素に基づき構築されるのが「グローバル人材育成モデル」（**図表16－5**）である。このモデルではグローバル人材育成に必要な要素とそれらの位置付けを明確にし，国際人的資源管理におけるグローバル人材育成の枠組みとして活用できる。

図表16-5 グローバル人材育成モデル

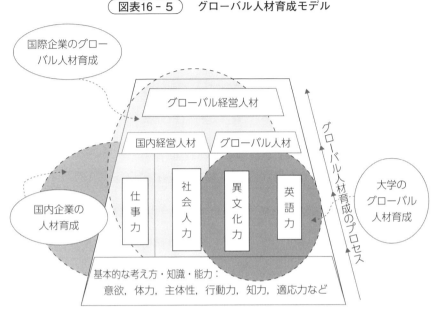

出所：宮下（2022）pp.6-7。

6　企業の国際人的資源管理とグローバル人材育成

(1) 先駆的グローバル企業と人的資源管理

　グローバル化を進める日本企業ではどのような人的資源管理が行われ，人材が育成されているだろうか。グローバル人材育成に企業の国際化が表れ，国際人的資源管理の進展も伺える。1980年代以降，日本を代表する国際企業にはパナソニック，ソニー，日立，キヤノン，トヨタ，ホンダ，日産，マツダ，ブリヂストンなど，輸出から現地生産を進めた電機や自動車の製造企業があげられた。現在（2020年代）の代表的なグローバル企業には，任天堂，楽天，ユニクロ，花王，資生堂，セブン-イレブンなどが加わる。

　中小規模の企業にもその技術力を発揮し，その分野で世界トップシェアを誇

るグローバルニッチトップ企業もある。本章ではグローバル人材育成をはじめ国際人的資源管理の先駆的企業として，楽天，ユニクロ，日立製作所の3社を概観する。

(2) 楽天

楽天の三木谷浩史社長による英語公用語宣言は日本社会に大きな衝撃を与えた。英語化なくしてグローバルでの成功はないと，2012年から英語公用語化を実施し，会議や資料，社内の連絡はすべて英語を前提とする。楽天での仕事に英会話は必須で，近年はTOEIC800点が必要とされている。

同社の人事副部長は，2015年に「英語の公用語化を決めた最初の全社員平均TOEICスコアは526点，最新の全社員平均は800点に達した」と語った。2018年，三木谷社長は社員のTOEICスコア平均は830点に達したと述べた。このように楽天社員の英語力は5年で大きく伸び，英語公用語化の成果が伺える。

楽天は英語公用語化を実現したことで，世界70カ国以上から優秀な人材を採用ができ，それを大きなメリットとしている。海外人材を活かすため，国籍や文化，性別などダイバーシティに配慮した職場環境を整備するなど，グローバル基準の企業を実現する国際人的資源管理がみられる。さらに同社には1 on 1ミーティングやニックネーム制度などコミュニケーションの活性化，起業家精神の重視など，多様な人材が成長しイノベーションを生み出す企業文化がある。このように楽天は経営理念，戦略組織，コミュニケーション，企業文化など多様な面から先駆的な国際企業として国際人的資源管理を進め，グローバル人材を育成している。

(3) ユニクロ

ユニクロやGUを展開するファーストリテイリング社（以下，ユニクロ）は，2012年から社内公用語を英語としている。ユニクロは柳井正社長が先代の紳士用品店をカジュアルウェア店として発展させ，アパレルメーカーとして急成長させた。同氏は「企業の使命は成長し続けることである」と明確な信念を持ち，グローバルNo.1企業を目指しその目標を達成するためのプロセスを実行してきた。

ユニクロはアパレル製造小売業で世界トップを争う企業の1つで，2023年の売上高ではスペインのZARA，スウェーデンのH&Mに次ぐ3位（アメリカGAPが4位）である。ユニクロの売上げは1990年代から右肩上がりで，海外ユニクロの売上げが加わる2010年頃から成長が加速し，2019年に海外ユニクロの売上げは国内ユニクロを越えた。

　このように海外販売の増加が同社の成長エンジンであり，それを支えているのは世界各国から採用したグローバル人材である。ユニクロのモットーは「グローバルワン・全員経営」で「世界で一番良い方法を全員で実行しましょう」で，その実現にはコミュニケーションツールとして英語と異文化理解・適応を必要とする。同社は海外のグローバル人材が働ける組織やネットワークを構築し，先駆的な国際人的資源管理を進めている。

　2011年，柳井社長はインタビューで「国内市場は確実に縮小しビジネスチャンスは減っていく」として「英語は必要最低限のビジネススキルとなってくる」と述べている。このようにユニクロでも英語力は必要とされ，グローバル人材育成による国際組織を実現している。

(4) 日立製作所

　日立製作所（以下，日立）は1910年の創業以来100年を超える世界有数の総合電機メーカーで，900もの連結子会社を有する巨大企業である。2010年代まで同社は日本的経営のイメージが強かったが，2019年度には売上高の約半数が海外の企業となった。日立の英語教育は事業の国際化を受けて早く行われ，高度成長期に海外派遣社員を対象に外国語研修所が設立された。

　日立は2011年「グローバル人財マネジメント戦略」を策定し「グローバル人財本部」を新設，2012年度からグローバル人財データベースを構築し，約25万人分のデータベースにより5万人超のマネジャー以上の格付けを進めている。これらにより世界共通基準でのパフォーマンスマネジメントやタレントマネジメントが導入された。ここに日立の先進的な国際人的資源管理の実現が伺える。同社はこれまでの日本中心の発想からグローバル視点に転換し，グローバルに適用できる制度を展開している。

　2011年度からは毎年1,000人規模の若手社員を海外に派遣している。これは

語学研修ではなくグループ企業などでのインターンシップや現地言語の研修で，異文化体験によるグローバル対応力強化を目的とする。日立は英語公用語化でなく，多様な海外体験など独自の取り組みにより，中長期的にグローバル人材を育成している。

（注）

1　国際化とグローバル化の違いについて，日本では1990年代までは国際化が多く使われ，その後はグローバル化の使用が増えている。両者の意味は厳密には異なり，「国際化」はそれぞれの国は独立したものとして，互いに文化や経済のシステムなどに違いがあることを前提に交流を活発化させることであり，「グローバル化」は経済，知識や文化などの活動が国という枠組みを超えて一体化することとされる。
　　企業の海外展開については国際化もグローバル化も行われ，両者は混在していると考えられる。そのため，本章では両者を厳密に区別しないが，より広い意味で，また日本企業の海外進出により適合する意味から，主に「国際化」を使用している。

（参考文献）

浅川和宏（2022）『グローバル経営入門』日本経済新聞出版。
石田英夫（1999）『国際経営とホワイトカラー』中央経済社。
江夏健一・桑名義晴編著（2001）『理論とケースで学ぶ国際ビジネス』同文舘出版。
大木清弘（2017）『コア・テキスト国際経営』新世社。
桑名義晴・岸本寿生・今井雅和・竹之内秀行・山本崇雄（2019）『ケーススタディ　グローバルHRM―日本企業の挑戦』中央経済社。
白木三秀（1995）『日本企業の国際人的資源管理』日本労働研究機構。
白木三秀（2006）『国際人的資源管理の比較分析―「多国籍内部市場」の視点から』有斐閣。
白木三秀編（2014）『グローバル・マネジャーの育成と評価』早稲田大学出版部。
関口倫紀・竹内規彦・井口知栄（2016）『国際人的資源管理』中央経済社。
宮下清（2013）『テキスト経営・人事入門』創成社。
宮下清（2022）「日本企業と大学によるグローバル人材育成―国際経営の仕事力と英語力を中心に」『グローバルマネジメント』長野県立大学GM学部紀要第6号, pp.1-21。
吉原英樹（1978）『多国籍経営論』白桃書房。
Bartlett, C. A. & S. Ghoshal（1989）, *Managing Across Borders: The Transnational Solution,* Harvard Business School Press, Boston, MA.（吉原英樹訳（1990）『地球市場時代の企業戦略』日本経済新聞社）
Dunning, J. H.（1993）*Multinational Enterprises and Global Economy,* Wokingham, England: Addison-Wesley.
Heenan, D. A. & H.V. Perlmutter（1979）*Multinational Organization Development,* Addison-Wesley.

Mansour Javidan, Mary Teagarden, David Bowen（2010）"Making It Overseas", *Harvard Business Review*, 88-4.（編集部訳（2011）「世界で通用する人材の条件」『Diamond Harvard Business Review：ダイヤモンド・ハーバード・ビジネス・レビュー』3月，pp.94-103）

Morgan, P.V.（1986）"International Human Resource Management: Fact or Fiction", *Personnel Administrator,* vol.31(9), pp.43-47.

Robinson, R. D.（1976）*International Strategy In Multinational Company.*（多国籍企業研究会訳（1985）『基本国際経営戦略論』文眞堂）

Vernon, R.（1971）*Sovereignty at Bay: The Multinational Spread of U. S. Enterprise*, New York: Basic Books.（霍見芳浩訳（1976）『多国籍企業の新展開』ダイヤモンド社）

参考ウェブサイト

「産学人材育成パートナーシップグローバル人材育成委員会（2010.4）」
　　https://www.mext.go.jp/b_menu/shingi/chukyo/chukyo3/047/siryo/__icsFiles/afieldfile/2012/02/14/1316067_01.pdf（2024.10.3）

「産学連携によるグローバル人材育成推進会議」の報告（2011.4）
　　https://www.mext.go.jp/component/a_menu/education/detail/__icsFiles/afieldfile/2011/06/01/1301460_1.pdf（2024.10.3）

日本経済団体連合会の「グローバル人材の育成・活用に向けて求められる取り組みに関するアンケート調査（2015.3）」
　　https://www.keidanren.or.jp/policy/2015/028_honbun.pdf#page=3（2024.10.3）

日本在外企業協会（2011）『海外現地法人のグローバル経営化に関するアンケート調査』結果報告
　　https://joea.or.jp/wp-content/uploads/pdf/Survey_Globalization_2010.pdf（2024.10.3）

三菱UFJリサーチ＆コンサルティング・ヒューマンキャピタル部（2018）「大手企業におけるグローバル経営人材の育成に関する実態調査」コンサルティングレポート
　　https://www.murc.jp/wp-content/uploads/2018/04/press_180404.pdf（2024.10.3）

第 17 章

非正規労働者の管理

1 正規労働者と非正規労働者の違い

　本章では，正規労働者と非正規労働者の働き方について確認する。
　正規労働者とは，一般的に正社員や典型労働者などとも称される雇用形態である。正規労働者には，①労働契約期間に定めがなく（無期労働契約），②法定労働時間（週40時間・1日8時間ほどのフルタイム）程度働き，③労務を提供する側と直接労働契約を締結している（直接雇用）という特徴がある（長谷川，2023）。
　これに対して，正規労働者の特徴である上記①〜③の要素のいずれかを満たさない人々を一般的に非正規労働者（非正社員，非典型労働者など）と総称する。非正規労働者の雇用形態は多様であり，具体的には，直接雇用の短時間勤務としてパート社員やアルバイト社員が，またフルタイム勤務として契約社員等があり，間接雇用としての派遣社員や請負社員についても，就労先企業にとっては非正規労働者という位置づけになる。
　しかし，現実の雇用を考えた場合，必ずしもこうしたケースだけとは限らない。つまり，直接雇用の非正規労働者の中には，フルタイムで勤務するパート社員・アルバイト社員（平野，2018）や，短時間勤務の契約社員などが存在する。あるいは，非正規労働者でありながら，契約更新を繰り返すことで常用的雇用者となっている者も多くいる（菅野・山川，2024）。これは雇用形態とそ

の働き方としての実態が，必ずしも一致しないことをあらわしている。次節では，政府の統計資料などから，非正規労働者の定義などについて概観する。

2 非正規労働者とは

(1) 非正規労働の基準

　非正規労働者のおおまかな雇用区分については前節で確認したが，そうした非正規労働の定義は統計や論者によって異なり，統一的な定義があるわけではない（神林，2017）。本節では，非正規労働の基準を理解するため，各種統計資料からその特徴を検討する。

　図表17-1は，わが国の政府統計による正規労働者と非正規労働者の分類基準と定義の一例である。この図表から，厚生労働省が管轄する調査では，労働時間等を基準としたおおまかな雇用形態の違いが示され，一方，総務省管轄による調査では，職場での呼称に基づく雇用形態で分類されている。

　以上のような分類基準から，政府統計による非正規労働の定義には，「労働時間」，「労働契約期間」，「職場での呼称」の3つの区別が併存していることがうかがえる（神林，2017）。

(2) 基準にもとづく非正規雇用の実像

　神林（2017）では，これら3つの定義に基づく非正規雇用比率の推移について，1984年から2014年までを対象に，その変化を明らかにしている。

　集計の結果，「労働契約期間」による雇用比率が増加するのは，1990年代半ば頃から2002年前後までの期間に限られることがわかった。この期間は派遣労働の解禁など，いわゆる規制緩和と同時期であることがうかがえる。一方で，「労働時間区分」と「呼称区分」による雇用比率は似た傾向で，双方とも1980年代より一貫して増加傾向にある。前者は日本的雇用システムの特徴の1つである長時間労働の影響，後者は企業ごとの違いがあらわれた結果と考える。とりわけ呼称による区分は，より安定的に増加している。すなわち，非正規雇用の増加の要因は規制緩和のみならず，企業ごとの異なる実情が反映されたもの

第17章　非正規労働者の管理　*311*

図表17-1　調査ごとの雇用形態における定義

統計の名称	分類基準	定　義
雇用動向調査 （厚生労働省）	労働時間 もしくは 労働日数	○一般労働者・一般 　常用労働者のうちパートタイム労働者以外の者 ●パートタイム労働者・パート 　常用労働者のうち一般労働者よりも労働時間が短いか労働日数が少ない者
賃金構造基本統計調査 （厚生労働省）	職場で呼称 労働時間 もしくは 労働日数	○正社員・正職員 　職場で正社員・正職員に該当する一般労働者もしくは短時間労働者 ●正社員・正職員以外 　職場で正社員・正職員に該当しない一般労働者もしくは短時間労働者 ●常用労働者以外（臨時労働者）
就業構造基本調査 （総務省）	職場での呼称	○正規の職員・従業員 　一般職員または正社員などと呼ばれている者 ●パート・アルバイト 　就業時間や日数に関係なく「パートタイマー」や「アルバイト」またはそれらに近い名称で呼ばれている者 ●派遣社員 　労働者派遣法に基づく労働者派遣事業所に雇用され，そこから派遣されている者（港湾運送業務など一部を除く） ●契約社員 　専門的職種に従事させることを目的に契約に基づき雇用され，雇用期間の定めのある者 ●嘱託 　労働条件や契約期間に関係なく「嘱託社員」またはそれらに近い名称で呼ばれている者 ●その他（上記以外の呼称）
労働力調査 （総務省）	職場での呼称および雇用契約期間	○正規の職員・従業員 ●パート，アルバイト，派遣社員，契約社員，嘱託，その他 上記を雇用契約期間の定めの有無および1回あたりの雇用契約期間で区分

注：○は正規労働者，●は非正規労働者と考えられる。
出所：筆者作成。

と考える。

　また，神林（2017）は上記の結果を踏まえて，契約期間による区分と呼称の

違いによる区分のどちらの定義がわが国の労働市場を把握するのに重要であるかを検証した。具体的には就業構造基本調査に基づき，日本的雇用慣行の観点から，失職率（1年間の失職の有無），賃金（時間あたりの賃金水準），企業特殊的熟練（企業負担による訓練への参加状況）の3つの要素を取り上げ，上記2つの非正規区分との関係が検討された。

　推定の結果，3つのいずれの要素においても，それらと密接に関連するのは契約期間によるものではなく，呼称上の区別であった。以上の結果から，正規・非正規の区別は，職場の呼称に基づくものが妥当であると考えられる。

　本章における非正規労働者は，平野（2018）や菅野・山川（2024）に倣い，労働力調査に基づく非正規の職員・従業員（パート社員，アルバイト社員，派遣社員，契約社員，嘱託社員）に該当する人々を想定する。

3　雇用形態ごとの非正規労働者の特徴とマネジメント

(1)　雇用形態ごとの非正規労働者の特徴

①　パート社員・アルバイト社員

　パート社員とは，同一の事業所に雇用される通常の労働者（正規労働者）よりも労働時間が短い者であり，アルバイト社員もその多くはパート社員と考えることができる（長谷川，2023）。両者は，企業にとって人件費の抑制や，仕事量の変動に応じた要員数の配置を可能とする点などを主な特徴としている（佐藤，2008）。しかし厳密に捉えると，両者の特徴にはいくつかの違いもみられる。まずパート社員は，女性を中心とした30代以降の割合が高く，学生などの若年層が中心のアルバイト社員とは年齢層が異なる傾向にある（江口，2018）。その結果，パート社員は平日昼間の勤務を希望するケースが多くなるが，アルバイト社員は平日の夕方以降や休日に勤務することも多いといえる。また，学生によるアルバイト社員は，試験期間中の欠勤や，就職活動時あるいは卒業のタイミングでの退職が概ね決まっているため，それらを埋めるためのパート社員との組み合わせ（佐藤，2008）や定期的なアルバイト社員の採用・育成が企業には求められる。くわえて，一般的に昇進を求めないパート社員に

は，責任など負荷のかかる業務には配置しにくいという企業側からみた特徴があるが，アルバイト社員の場合，バイトリーダーと呼ばれるある程度の責任を伴う中心的立場で働くようなケースもある。そのためアルバイト社員には，当該リーダーが退職した後のことも考慮した育成が欠かせない（佐藤，2008）。

　また，近年では単発（1日単位）のスポットワークも拡大している。慢性的な人手不足とテクノロジーの進化を背景とした働き方といえるが，勤務時間の短縮など労働条件の不利益変更や当該店舗の負担増加などの問題も表出している。そうした状況の回避も含め，企業がパート社員やアルバイト社員を最大限に活用するためには，企業による業務の見直しやマニュアル化が不可欠である（佐藤，2008）。それまで正規労働者などが担っていた業務に対して，パート社員やアルバイト社員であってもすぐに誰でも対応できるよう設計し直し，準備をすることが求められる。それらを行わずにいると，パート社員等の業務遂行が不十分となり，正規労働者がそれをカバーすることで，かえって非効率な状態に陥ってしまう（佐藤，2008）。

② 契約社員・嘱託社員

　一般的に，契約社員は「労働契約に期間の定めがある者」，嘱託社員は「定年退職後に有期労働契約で再雇用された者」とそれぞれ解釈される（長谷川，2023）。これらはともに有期労働契約であることから，嘱託社員は契約社員の1つといえる（厨子，2018）。

　契約社員には専門性の高い専門職型と，正規労働者の補助的業務を担う一般職型がある。前者は，特別なプロジェクトや財務や法務などの専門性を有する特定部門での契約であり，後者はパート社員の業務をフルタイムで担うことや正規労働者の補助業務を担うようなケースである（佐藤，2008）。一般的に，パート社員は短時間勤務で契約社員はフルタイムといった傾向があるため，フルタイムで正規労働者の業務をサポートする契約社員の存在は，正規労働者をコア業務に専念させることにつながる。また，とりわけ専門職型契約社員の場合，当該企業の社員と異なる処遇制度や社員を上回る処遇水準を適用することが可能である（佐藤，2008）。企業にコミットするというより，職務そのものを重視する専門職型契約社員にとって，各職場での処遇は労働市場における自

らの価値を認識する重要な指標でもあり，その後の独立といった働き方の見きわめともなる。その意味で専門職型の契約社員は，繁閑や業務量変化への対応というより，専門性や即戦力であることが重視される（江口，2018）。

　一方，嘱託社員の働き方には，フルタイムもあれば短時間勤務のケースもある。一般的には定年前とは異なる職務に配置され，給与も大幅に下がるケースが見られる（厨子，2018）。業務内容についても様々で，もともと行っていた業務を継続することもあれば，雑務的な業務を担うケースもあり，育成に関わる業務に関しては，嘱託社員にとって重要な役割の1つといえる。また，いかなる業務においても嘱託社員が職場でうまく機能するためには，本人がそれまでに築いてきた自信ともいえるプライド，これをいかにコントロールするかも重要である。再雇用や勤務延長であれば，それまでの部下が上司に変わることもありえる。上司のタイプや性格も様々である。そうした環境で周囲から求められ，その能力を発揮することは，嘱託社員として働き続ける上での1つの大きな課題ともいえる。

③　派遣社員（労働者派遣事業における派遣労働者）

　派遣社員は，派遣元企業との間で雇用関係を結び，就業先である派遣先企業で指示・命令を受けて仕事に従事する。雇用契約先企業と就業先企業が同一の直接雇用とは異なり，雇用契約先企業と就業先企業が異なる間接雇用である。企業があえて間接雇用としての派遣社員を受け入れるその大きな理由の1つが，「必要なときに必要な人材を調達できる利便性のメリット」にある（江口，2018）。契約社員もそうだが，一般的に派遣社員にかかる人件費は，パート社員やアルバイト社員よりも割高である。それにもかかわらず派遣社員が選ばれるのは，パート社員等よりも高い専門性と仕事志向があり，そうした人材を必要なときに調達できるためである。ただし，専門性を求める傾向は大企業ほど強く，中小企業では定期的な欠員補充や汎用性の高い業務への対応ニーズが強くなるといわれる（江口，2018）。

(2)　非正規労働者のマネジメント

　本節では，非正規雇用の中でも大きな割合を占めるパート社員・アルバイト

社員・契約社員を想定した人事マネジメント上のポイントを挙げる。

　第1に，育成を念頭においた職務拡大が必要である（佐藤，2008）。仕事の幅を広げることで，固定的となりがちな非正規労働者のスキルを高め，マルチタスクが求められるような状況をつくり出す。これにより従業員本人も仕事への意欲が刺激され，会社側もある程度の異動を想定することができる。

　第2に，能力評価の適用を挙げる（佐藤，2008；武石，2003）。一言で非正規労働者といっても，労働時間の選好が強いパート社員・アルバイト社員と仕事志向の契約社員とではその能力や意欲に大きな違いが出る。これはまた1つの雇用形態の中でも同じである。もしそうであれば，職能資格制度のような評価制度を非正規労働者にも適用し，それに基づく報酬制度を設定する必要があるだろう。仕事への意欲や結果が期待できる人材とそうでない人材を明確にすることで，非正規労働者も戦略人材として活用することができる。

　第3に，非正規版ゼネラリストともいうべき育成システムの確立である（武石，2003）。これは職務拡大とも通じるが，能力と意欲の高い非正規労働者に対して，キャリア形成を見据えた体系的なOJTや異動を活用した育成システムをつくり，積極的な人材活用を試みることが求められる。またそれに伴い，場合によっては管理的ポジションへの登用も有効である（有賀ほか，2008；佐藤，2008）。これらを実施することで，最終的には非正規という括り（就業時間や職務など）の範囲内で，ゼネラリストのような働きを期待することができる。

　第4に，正社員登用制度の構築である（佐藤，2008；Yogo & Hirano, 2016）。上記のような企業に貢献しうる非正規労働者に対して，正規への道を用意する。ただしこれに関しては，制度の有無というより，その運用実績が重要である。実績がない中では候補者が出てくることもないだろう。

　最後に，柔軟な勤務時間制度の設定である（有賀ほか，2008；佐藤，2008）。とりわけ，フルタイム勤務が一般的な契約社員よりも，短時間勤務の多いパート社員やアルバイト社員にとっては常に重要な問題といえる。

　以上は，制度として求められるべきものもあれば，適任者や希望者に適用すべきものもあり，また報酬との連動も不可欠である。重要なことは，非正規労働者の選好に合わせたマネジメントを実現することにある。

4　非正規労働者に関する実証的研究

　以下は，わが国における非正規労働者に関する実証的研究の一部である。**図表17-2**は，企業の非正規労働者に対する取り組み等と当該企業の実態などとの関係を，**図表17-3**は非正規労働者の態度や行動などに及ぼす影響を検証したものである。**図表17-2**については，正規労働者との比較を交えながら，非正規労働者の基幹化に関する分析が多く，**図表17-3**はコミットメントや定着などにくわえて，待遇差の問題ともかかわる公正性を扱った研究が見受けられる。

　今後は，正規労働者との間の待遇差にかかわる課題にくわえて，江夏（2011）のように組織業績や非正規労働者自身の個人業績に着目した研究がいっそう求められる。

　なお，基幹化（基幹労働力化）の説明については，次節で行う。

図表17-2 企業の非正規労働者への取り組み等に関する実証的研究

著者（年代）	分析対象	主な研究結果
西野（2006）	パート社員	○基幹パートと正規労働者との違いについて検討。分析の結果，職務内容では正規労働者と相当程度重複しているが，数値責任や危険への対応などの責任はパートのほうが軽く，拘束性でも労働時間の契約上の違い以上に，残業や早出など正規労働者のほうが高かった。
本田（2007）	パート社員	○パートの基幹化を促すインセンティブとして，個別的賃金制度の普及を検証。分析の結果，正規労働者との均衡処遇や共通の賃金制度は，基幹化の程度にかかわらず進んでいない。 ○質的な基幹化が進む企業ほどパートの組織化は進み，そうした企業の労働組合ほど，賃金制度の整備を含むパートの労働条件向上に積極的に取り組んでいる。
江夏（2011）	契約社員・臨時的雇用者・パート社員（短時間）・パート社員（その他）	○非正規労働者の質的基幹化が進んだ企業ほど，インセンティブや職務・キャリアの機会における施策充実均等度は組織パフォーマンスの向上に貢献しない。 ○正規労働者への転換機会の充実度は，組織パフォーマンスの向上に貢献する。
西岡（2015）	契約社員	○契約社員の基幹化を人事管理の基盤システム（社員区分制度と社員格付け制度）との関係から検討。分析の結果，社員区分制度が契約社員の質的基幹化を促進する。 ○正規労働者との賃金制度および賃金水準における均衡に関して検討。正規労働者との賃金水準の均衡は契約社員の量的基幹化を促進し，賃金制度の均衡は質的基幹化を促進する。
西岡（2016）	パート社員，契約社員，嘱託社員	○非正規労働者の評価処遇制度および教育訓練制度におけるそれぞれの整備等との関係について検討。嘱託社員に高度な仕事を任せる企業ほど，評価処遇制度が整備されていない。 ○契約社員とパート社員の両グループが正社員と同等の高いレベルの仕事を担当していると，非正規の評価・処遇制度の整備は進む。しかし，パートの仕事レベルが高くない場合，パートの評価・処遇制度の整備は進まず，全体として整備が進まない。
梅崎・田口（2020）	契約社員・正規労働者	○正規労働者と比べて労働組合への加入率は低いが，組合に加入している場合，契約社員のほうが幅広い組合効果がある。 ○組合に加入している場合，正規労働者と同等に，組合に対して苦情をあげる傾向がある。

出所：筆者作成。

図表17-3　非正規労働者への影響に関する実証的研究

著者（年代）	分析対象	主な研究結果
二神（2002）	派遣社員	○派遣社員による派遣元企業と派遣先企業の両者に対する二重の組織コミットメントを指摘。派遣元企業への組織コミットメントは給与に対する満足度に影響し、派遣先企業への組織コミットメントは仕事志向の意識の強さが影響する。
島貫（2007）	パート社員	○賃金満足度を高めるには、パート同士の公正性にくわえて、均等処遇や転換制度などにより、パートと正規労働者との間の公正性も確保する必要がある。 ○キャリアの公正性の観点から、評価や処遇にとどまらないトータルな人事管理が求められる。
有賀・神林・佐野（2008）	パート・アルバイト社員・契約社員	○非正規労働者の定着には雇用管理施策の整備がきわめて重要であるとし、パートやアルバイト社員への個別施策として、充実したOJTの機会提供、技能向上などに応じた昇給制度、柔軟な労働時間制度が有効である。 ○契約社員に対しても、充実したOJT機会の提供、技能向上などに応じた昇給制度が効果的である。しかし管理職への登用制度がないと勤続期間が短くなる傾向があり、さらに研修が充実することで、かえって勤続期間が短くなる傾向が示唆された。
小川（2014）	パート・アルバイト社員・契約社員	○ハイ・コミットメント型の人的資源管理システムと非正規労働者の態度や行動との関係について検討。人的資源管理システムは職務満足や情緒的コミットメントを高めるだけでなく、離職意思を抑制し、組織市民行動を促進する。
Yogo & Hirano（2016）	パート社員	○非正規労働者にとって正社員転換制度は必ずしも公正な制度になるとは限らない。実態として過去に利用者がいることや、転換の際の条件が厳しくないことなどが重要となる。
三崎（2020）	非正規労働者	○手続的公正に関して、戦略を明示し自社のあり方を示すことでの効果は、非正規労働者にいっそう強く影響する。一方、損得に関わる分配的公正や功利的コミットメントは、正規労働者にいっそう強く影響する。

出所：筆者作成。

5 非正規労働者の基幹労働力化

(1) 量的基幹化

　1991年からはじまったバブル経済の崩壊は，90年代後半になると新卒採用の抑制や定年退職など，解雇によらない正規労働者の自然減に応じた非正規労働者の量的拡大をもたらした。このように非正規労働者の数や比率が増加することを，非正規労働者の量的基幹化と呼ぶ（平野，2018）。

　非正規労働者の量的基幹化は，非正規労働における雇用の不安定さ，低賃金，教育訓練機会の少なさなどを顕著にし，他方で正規労働者は長時間労働・残業，それに伴うストレスや健康への影響など，仕事の拘束性の強さなどが問題となった。このように正規雇用と非正規雇用に関して，働き方が両極端であることを，正規労働者と非正規労働者の「二極化」という。高橋（2024）は，かつての非正規労働は，既婚女性のパートタイム労働がその中心だったが，バブル経済崩壊後の学卒による若年非正規労働者の増加により，非正規雇用という問題領域が形成され，正規・非正規の二極化問題に繋がったとしている。

　また二極化の問題は，正規労働者の長時間労働が非正規労働者の増加をもたらし，非正規労働者の増加が正規労働者の長時間労働などをもたらすといった循環構造であるとも指摘されている。近年，コロナ等の影響で一時減少した非正規労働者の数は，パートやアルバイト社員を中心に再び増え始め，一方で正規労働者の数も増加し続けている。こうした状況を踏まえると，かつてとは二極化の状況が変化している可能性もあるが，二極化の問題そのものは，いまだ継続していると考えるべきである（高橋，2024）。

(2) 質的基幹化

　非正規労働者の基幹労働力化には質的基幹化という状況も存在する。質的基幹化とは，仕事の内容や責任の重さが正規労働者のそれに近づくことである（平野，2018）。

　社内で非正規労働者の量的基幹化が進むことで正規労働者が減少し，その一

方で非正規労働者が増加すると，それまで非正規労働者には任されることのなかった重要な業務を，正規労働者に代わって非正規労働者が担うようになる。これは一見すると職務充実として，非正規労働者の能力開発や仕事意欲の向上にも繋がるように思われる。しかし，こうした非正規労働者による質的基幹化は，同じ職務内容であるにも関わらず，正規労働者と非正規労働者との間に処遇の格差を生むことに繋がった。

　これまでわが国の雇用システムは，既述のとおり正規と非正規という二極化の構図が続いていた。しかし実際には，その中間的な立場で働く人々が一定数存在し，そうした中間労働市場とも呼べる領域で働く人々と正規労働者との間に生じる処遇差が問題となった。すなわち質的基幹化された非正規労働者と正規労働者との間に生じる処遇差である。

　次節では，こうした処遇差を踏まえた多層化する雇用ポートフォリオ（人材の適切な組み合わせ）についての主なモデルを紹介する。

6　雇用区分の多元化

(1) Atkinson（1985）によるモデル

　1980年代に欧米にて労働力を柔軟に活用することを目的に提唱されたモデルがAtkinson（1985）のフレキシブル・ファームモデルである。当該モデルでは雇用に際して，「機能的柔軟性」（不確実性に迅速に対応する組織能力），「数量的柔軟性」（柔軟な雇用調整能力），「財務的柔軟性」（総額人件費の変動費化）の3つの柔軟性を高めることが重要だとした。その上で，企業内の人材を中核人材と2つの周辺人材グループに分け，先の3つの柔軟性に対応しようとするものである。正規労働者にあたる中核人材が機能的柔軟性を，非正規労働者にあたる2つのグループが数量的柔軟性と財務的柔軟性に対応している。

　しかしこのモデルは，中核人材と周辺人材の2グループで編成されており，それは事実上の二極化として限定的な組み合わせであることが否めない。

(2) 日経連（1995）によるモデル

わが国ではじめてポートフォリオという言葉を人的資源管理にあてはめたのが日本経営者団体連盟（以下，日経連）である（平野，2022）。日経連はその中で，長期的な視点に立った人間中心の経営を堅持する一方，リストラの推進と賃金の高止まりへの対応が不可欠と捉え，長期雇用と短期雇用を組み合わせた雇用ポートフォリオを雇用システム改革の方向性として示した（平野，2022）（**図表17－4**）。

ここでは管理職や総合職などの無期雇用を前提とする「長期蓄積能力活用型」，企画・研究開発など専門職の有期雇用を前提とする「高度専門能力活用型」，一般職や販売職などの有期雇用を前提とする「雇用柔軟型」による典型的な3つの雇用区分によって，グループ間の移動も想定した自社型雇用ポートフォリオを提唱している。

しかし，規模や業種などにより，そもそも当該ポートフォリオの考え方を適用できない企業や，一般的にみても「高度専門能力活用型」が他の2グループに比べて少ない実情を踏まえると，日経連によるポートフォリオは実践的なものとは言い難かった。

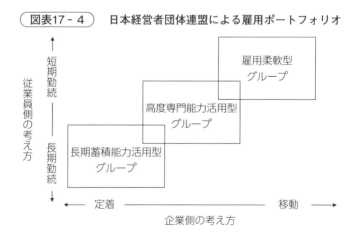

図表17－4　日本経営者団体連盟による雇用ポートフォリオ

出所：日本経営者団体連盟（1995）。

(3) Lepak & Snell（1999）によるモデル

　雇用ポートフォリオをアーキテクチャという用語を用いて理論的背景に基づき，それぞれの雇用形式・雇用関係・人事施策を提唱しているモデルがLepak & Snell（1999）の人材アーキテクチャーである。具体的には，取引費用経済，人的資本理論，資源ベース理論を踏まえた上で，縦軸に人的資本（人材）の独自性（市場での人材獲得の困難度），横軸に人的資本（人材）の価値（企業にとっての価値）が設定され，それらに基づく4つの象限が提案されている。

　縦横の軸が高高は，内部育成を前提とするコア人材である。縦横の軸が低高は，人材は外部から採用する。縦横の軸が高低は，外部との提携が望ましいケースである。縦横の軸が低低は，定型業務に従事する労働者に任せるケースである。

　こうしたLepak & Snell（1999）のモデルは，わが国において即座に応用可能かというとそうとはいえない。たとえば，縦横が低低は，非正規労働者を想定することができるが，基幹化された非正規労働者がその後もその象限に留まるわけではない（平野，2022）。そうした点も踏まえ，わが国で適用できる雇用ポートフォリオが不可欠である。

7　労働市場の多層化

　Lepak & Snell（1999）のモデルがわが国においてはその適用に限界があることを踏まえ，平野（2010）や平野（2022）などでは，雇用の境界を挟んだ三層労働市場モデルが提案された（**図表17-5**）。平野（2010）によれば三層労働市場モデルとは，縦軸に関係特殊投資を，横軸にタスク不確実性を置いたモデルである。関係特殊投資とは，取引に関係する資産への投資が，当事者が互いに取引を行う場合にいっそう大きな価値を生むことである。たとえば，会社から長期雇用が保障されている状況で，労働者が企業特殊的技能を身につけようとすれば，互いの投資はいっそう大きな価値を生む。逆に，雇用保障がないと，労働者は経営者の機会主義的な行動（解雇など）にリスクを感じ，企業特

第17章 非正規労働者の管理　323

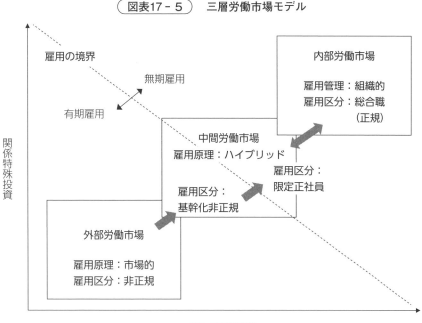

図表17-5　三層労働市場モデル

出所：平野（2022）。

殊的技能への過少投資のインセンティブが働くようになる（ホールド・アップ問題）。一方，タスク不確実性とは，タスクの遂行過程における不測の事態に対するその対処の曖昧性の程度である。タスクの不確実性が高いほど労働者へのモニタリングコストは高まり，努力水準や個人的成果も測ることが困難となる。これは労働者の機会主義的行動（怠業など）を引き起こしかねない（モラル・ハザード問題）ため，会社には労働者の努力を引き出すためのインセンティブ制度が必要となる。

　仮に2軸（縦横）の程度が高いと，経営者は取引費用を節約すべく，関係特殊投資とタスク不確実性の双方が高い労働者を内部化する。すなわち，内部労働市場で組織的インセンティブが提供され，雇用区分は組織からの拘束を無制約に受ける総合職（正規雇用）となる。逆に，2軸の程度が低ければ，取引は市場との関係が求められ，人的資本投資ではなく，必要に応じた外部労働市場

からの調達が行われ，雇用区分は非正規となる。

さらに，雇用の境界上に位置するのが中間労働市場である。中間労働市場では市場原理と組織原理が相互浸透する多様な雇用区分が観察される。中間労働市場の下方側は，企業特殊スキルを中程度に高めた質的基幹化非正規労働者，上方側は雇用保障が総合職ほど強くはないが，無期契約で転勤や職種変更などの拘束性を免れた限定正社員である。

以上から，タスク不確実性および関係特殊投資の程度が高くなるほど，その雇用関係にいっそう特化した雇用区分（労働市場）で管理がされる（平野, 2010）。

8　雇用区分の多元化に伴う課題

非正規労働者の管理を考える上で，雇用区分の多元化はわが国の労働市場の現状を踏まえると必然ともいえる。ここまで見てきたとおり，雇用を多元化するには労働市場も内部と外部だけで括るのではなく，雇用区分を考慮した市場の形成を認めなければならない。その際に必要となる要素が雇用の境界である。境界をしっかりと形成することで，雇用の多元化も市場の多層化も現実的に捉えることができる。

境界の設計に関して島貫（2010）は，非正規労働者のモチベーションやキャリアのみならず，正規労働者のモチベーションやコミットメントにも影響を与えるとしている。たとえば，基幹化されていない非正規労働者のモチベーションは低下しやすく，基幹化された非正規労働者のモチベーションは高くなる（小林, 2000）。一方で，正規労働者に関しても，非正規労働者を分断し，長期雇用や育成などで形成された伝統的な内部労働市場が，境界設計に基づく市場の多層化によってこのまま縮小していけば，正規労働者の賃金やポストなどのインセンティブは境界の影響を受けることとなる。正規労働者が抱く経営への信頼やコミットメントは，境界の設計によって異なるのである（守島・フォイ, 2002）。中間労働市場としての第3の労働市場は，非正規労働者の職務内容や意欲等にかかわるだけでなく，正規労働者にとっても自らの就業に影響が及ぶ可能性を理解する必要がある。

そのためにも，外部労働市場に位置する非正規労働者には，中間労働市場や内部労働市場への移行を可能とし，一方で内部労働市場の正規労働者には，中間労働市場との行き来を可能とするような転換制度の運用がまずは求められる。雇用の多元化とはすなわち，「非正規労働者―質的基幹化非正規労働者―限定正社員―正規労働者」のような，二極化としてはおさまりきらない労働市場を社内に設け，個人が行き来できる状態をつくることである。そのために企業には，移行の基準やキャリア・パスの明示などが求められる（平野，2022）。

一方で，多様な人材の活用には上記と同様に重要なことがある。それは非正規労働者の専門性向上に向けた専門性マネジメントを充実させることである（山本，2023）。非正規労働者にとって専門性を磨くことは，市場の移行を可能とすることにつながる。企業が専門性マネジメントの一環として非正規労働者の能力開発などに注力することで，企業と働く個人の双方に良い影響がもたらされるといえるだろう。

参考文献

有賀健・神林龍・佐野嘉秀（2008）「非正社員の活用方針と雇用管理施策の効果」『日本労働研究雑誌』577, pp.78-97。
梅崎修・田口和雄（2020）「労働組合機能における契約社員と正社員の比較分析」『日本労務学会誌』21, 5-20。
江口政宏（2018）「人手不足と中小企業の非正規雇用―労働力調査オーダーメード集計を利用した分析」『商工金融』2018年1月号, pp.30-62。
江夏幾多郎（2011）「正規従業員と非正規従業員の間での均衡処遇と組織パフォーマンス」『経営行動科学』24, pp.1-16。
小川悦史（2014）「人的資源管理と成果との関係における職務態度の媒介効果―非正規従業員を対象に」『青山経営論集』48, pp.31-52。
神林龍（2017）『正規の世界・非正規の世界―現代日本労働経済学の基本問題』慶應義塾大学出版会。
厚生労働省　雇用動向調査　https://www.mhlw.go.jp/toukei/list/9-23-1.html（2024年8月18日アクセス）
厚生労働省　賃金構造基本統計調査　https://www.mhlw.go.jp/toukei/list/chinginkouzou.html（2024年8月18日アクセス）
小林裕（2000）「パートタイマーの基幹労働力化と職務態度―組織心理学の観点から」『日本労働研究雑紙』479, pp.28-42。
佐藤博樹（2008）『パート・契約・派遣・請負の人材活用＜第2版＞』日本経済新聞出版社。

島貫智行（2007）「パートタイマーの基幹労働力化が賃金満足度に与える影響―組織内公正性の考え方を手がかりに」『日本労働研究雑誌』568, pp.63-76。

島貫智行（2010）「雇用の境界から見た内部労働市場の分化」『組織科学』44, pp.16-29。

新・日本的経営システム等研究プロジェクト 編著（1995）『新時代の「日本的経営」―挑戦すべき方向とその具体策』日本経営者団体連盟。

菅野和夫・山川隆一（2024）『労働法（第十三版）』弘文堂。

厨子直之（2018）「第13章 多様化する雇用形態を組織はどう管理するのか」上林憲雄・厨子直之・森田雅也 著『経験から学ぶ人的資源管理［新版］』有斐閣。

総務省 就業構造基本調査 https://www.stat.go.jp/data/shugyou/2022/index.html（2024年8月18日アクセス）

総務省 労働力調査 https://www.stat.go.jp/data/roudou/index.html（2024年8月18日アクセス）

高橋康二（2024）「序章 研究の概要」労働政策研究報告書『「二極化」以後の非正規雇用・労働―公的統計等の公表データ集計・個票データ分析より』労働政策研究・研修機構。

武石恵美子（2003）「非正規労働者の基幹労働力化と雇用管理」『日本労務学会誌』5, pp.2-11。

西岡由美（2015）「契約社員の人事管理と基幹労力化―基盤システムと賃金管理の二つの側面から」『日本経営学会誌』36, pp.86-98。

西岡由美（2016）「多様な非正社員の人事管理―人材ポートフォリオの視点から」『日本労務学会誌』17, pp.19-36。

西野史子（2006）「パートの基幹労働力化と正社員の労働―「均等処遇」のジレンマ」『社会学評論』56, pp.847-862。

長谷川聡（2023）「第2章第4節 多様な就労形態」山田省三・石井保雄 編著『トピック労働法（第2版）』信山社。

平野光俊（2010）「三層化する労働市場―雇用区分の多様化と均衡処遇」『組織科学』44, pp.30-43。

平野光俊（2018）「第10章 非正社員の基幹化」平野光俊・江夏幾多郎 著『人事管理―人と企業，ともに活きるために』有斐閣。

平野光俊（2022）「10 雇用区分の多元化と雇用ポートフォリオ」原田順子・平野光俊 編著『改訂新版 人的資源管理―理論と実践を架橋する』放送大学教育振興会。

二神枝保（2002）『人材の流動化と個人と組織の新しい関わり方』多賀出版。

本田一成（2007）『チェーンストアのパートタイマー―基幹化と新しい労使関係』白桃書房。

三崎秀央（2020）「非正規雇用における「非」労働条件の影響―組織的公正とビジョンの観点から」『日本経営学会誌』44, pp.22-31。

守島基博・ピーター フォイ（2002）「コンティンジェント労働者の利用が正規労働者に与える影響―日米比較」仁田道夫 編『労使関係の新世紀』日本労働研究機構，pp.189-209。

山本寛（2023）『働く人の専門性と専門性意識―組織の専門性マネジメントの観点から』創成社。

Atkinson, J. A. (1985) Flexibility, Uncertainty and Manpower Management. IMS Report No.89, *Institute of Manpower Studies*.

Lepak, D. P., & Snell, S. A. (1999) The Human Resource Architecture: Toward a Theory of Human Capital Allocation and Development. *Academy of Management Review.* 24, pp.31-48.

Yogo, A., & Hirano, M. (2016) Study on Determinants of Part-Time Workers' Sense of Fairness: From the Viewpoint of Systems for Converting to Regular Employees and Part-Time Workers' Career Orientations. *Kobe University Discussion Paper Series.*

第18章

女性労働者の管理

1　女性の就業参加

(1)　ダイバーシティ経営とは

　ダイバーシティ経営とは，多様な人材を受け入れ，それぞれが保有する能力を発揮し，それを経営成果として結実するようマネジメントすること（佐藤，2017）である。それは単に多様な人材を増やすだけでなく，佐藤（2017）が指摘するように，多様な職業能力や異質な価値観を活かすことである。

　ダイバーシティ経営に関して，たとえば宍戸（2016）では，性別ダイバーシティと職場の分断の観点から，企業に求められるマネジメントのあり方が検討されている。宍戸（2016）は深層的レベルのダイバーシティ（価値観や知識など外部からは識別しにくいもの）が職場にあると認識する社員は，仕事熱心で協力的だとしている。こうした深いレベルのダイバーシティを社員に認識させるには，表層的なダイバーシティ（年齢や性別など外部から視覚的に捉えることができるもの）では不十分であり，周囲と異なる価値観などがあっても，それによる不公平な扱いや排除のない「多様性風土」が不可欠だとしている。多様性風土は，社員同士の違いを表に出しやすくし，深いレベルのダイバーシティを促すだけでなく，男女間での職場の分断を緩和させる効果も確認されている。ダイバーシティ経営において，異質な価値観を活かすことの重要性が示

唆されている。

(2) 企業が女性の活躍を推進する背景

　わが国における企業経営上のダイバーシティは，従業員の性別に注目したものが多く，それはジェンダー・ダイバーシティとも呼ばれ，女性のマネジメントに焦点が置かれている。企業が女性の活躍に注目するのには以下のような理由が考えられる。第1に，前章でも取り上げた雇用区分の多元化である。これにより女性の働く機会や人数そのものが増えたためだと考える。現在に至るまで，パートタイムや派遣として働く人々の多くが女性であり，正規として働く女性も増えている。さらに，時間や勤務地などの限定正社員という働き方も一般的となった。

　図表18-1は女性の年齢階級別労働力率である。女性の年齢層ごとの労働力率（15歳以上人口に占める就業者と完全失業者の割合で非正規雇用を含む）をあらわし，いわゆるM字カーブと呼ばれるものである。この図表から30代の

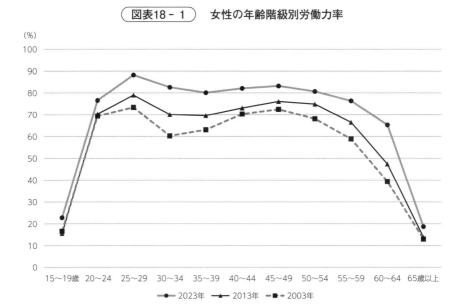

図表18-1　女性の年齢階級別労働力率

出所：厚生労働省「働く女性の実情」を一部修正。

労働力率が過去と比べて大きく上昇しているのがわかるが，20代から65歳以上までの全体的割合も上昇している。これは，晩婚化・非婚化・少子化などの影響もあるだろうが，労働力の減少や非正規労働者の基幹化を背景とした雇用区分の多元化が女性の就業機会を増やし，企業がそれに対応した結果ともいえる。第2に，女性の働くことに対する考え方や価値観が変わってきたことである。1986年に施行された男女雇用機会均等法において，女性労働者への定年・退職および解雇などに関する差別的な取扱いが禁止され，女性の社会進出は徐々に活発となった。それまでの，結婚までの腰掛けと呼ばれたような就業から，女性もキャリアを追求することが珍しくなくなり，またシングルマザーなどとして働き続ける女性も増えた。第3に，市場や顧客の多様化への対応である。顧客からの様々なニーズに応えるため，男性よりも女性のほうがそうした課題に向き合うことが適したケースもある。そのような時には女性を中心とした取り組みが不可欠となる。第4に，法的観点などからの女性労働者活躍に向けた後押しがある。雇用における男女の均等な機会および待遇の確保を図る「男女雇用機会均等法」（以下，均等法）や女性活躍の推進に向けた「女性活躍推進法」などである。

(3) 女性活躍の変遷

前項でも触れたが，女性の活躍推進に向けた動きが均等法の施行時期の頃より注目されるようになった。これに関して松浦（2015）では，企業事例に基づき女性活躍推進の変遷がまとめられている。

松浦（2015）によれば女性活躍の推進は，「第一の時代」（1986年～1999年），「第二の時代」（2000年代），「第三の時代」（2010年代）に分けられる。第一の時代は，女性の活躍推進に対して法的に対応しようとした時期である。女性労働者に対する均等法や育児休業法による最低限の対応が目立っていた（両立支援）。一方，雇用管理では大企業を中心にコース別雇用管理制度が普及し，女性総合職の誕生などそれまでの男女別の雇用管理とは異なるものとなった。しかしこの時代は，女性の定着にはまだ大きな課題があった。第二の時代は，少子化を背景に両立支援に前向きな企業が増えた時期である。育児休業制度などの制度利用者が増え，女性労働者の定着が進んだ。しかし，女性による制度利

用の偏りや利用期間の長期化によるキャリア形成の長期化も指摘されるようになった。そのような中で迎えた第三の時代では，定着に向けた両立支援に加えて，女性の活躍も重視されるようになった。女性労働者の育成や管理職登用に目が向けられるようになったのである。そして現在，たとえば女性活躍推進法では，常時101人以上を雇用する事業主に，「一般事業主行動計画の策定・届出」（女性の採用比率や男女の平均勤続年数の差異など）と「女性の活用に関する情報の公表」の2点が義務化されている。また，女性が活躍する優良事業主への認定制度や，女性の活躍推進企業データベースが運用されることで，女性活躍の推進が図られている。

しかしその一方で，実際にはそれが進まない状況もある。次節では，女性労働者の活躍が進まない理由について，労働需要側と労働供給側それぞれの観点から検討する。

2　女性労働者の活躍推進に向けた課題

(1)　労働需要側による要因

①　嗜好の差別

労働需要側の要因の1つ目として，雇用主による嗜好の差別（Becker, 1971）が考えられる。嗜好の差別とは，雇用主が女性労働者に対して差別的嗜好を持つと，利潤を犠牲にしてでも女性の雇用比率を下げようとし，それでも雇用されている女性に対しては，男女間賃金格差が生じるという理論である（佐野，2005）。女性に対して差別的嗜好を持つ雇用主は，たとえ男女の能力が同じであっても，雇用に際して女性に対する効用が低下するため，男女で異なる評価を下すこととなる。また，仮に差別的嗜好を持たない雇用主の労働需要が女性の労働供給よりも少なければ，差別的嗜好を持つ雇用主が女性を雇用する水準にまで女性の賃金は下げられる（平野，2018）。女性に対する差別的嗜好が，雇用や評価に影響を与えると考えられる。

② 統計的差別

2つ目として統計的差別（Phelps, 1972）が考えられる。統計的差別とは，男性と女性などの異なるグループ間において，それぞれのグループの資質（生産性や定着の程度など）に個人差があり，かつグループ間の平均に差がある場合，企業が従業員個々人の資質を確定するには膨大なコストや時間を要することとなる。そこで，個人の資質がグループ平均の違いに基づいて評価されるというものが統計的差別である。つまり，平均の資質が低いグループでは，その中で個人の資質が高かったとしても，一様に低く評価をされてしまう。たとえば，男性と同じように働き，成果も出している女性がいても，女性というだけで男性と同じように評価されることなく，将来の離職に伴うコストを考慮し，男女で差別化するのが合理的だとする論理である（山口，2008）。しかし，こうした考え方は，優秀な女性ほどかえって離職をするという逆選択が引き起こされる（平野，2018）。

③ パターナリズムによる配慮

3つ目として，パターナリズムによる配慮（平野，2018）が考えられる。パターナリズムとは，「優しさの勘違い」と解釈され，既述のような差別につながる可能性のある女性への偏った認識である（平野，2015）。平野（2015・2018）は，日本企業は女性の配置やキャリア開発に過度に気を遣い，成長につながるはずの骨の折れる仕事を女性に与えない傾向があるとしている。具体的には，「出産を経て退職した女性は大変そうだから責任のある仕事はさせない」というのはパターナリズムであり，「結婚や出産後は退職して家事・育児に専念することが女性にとっての幸せだ」とは固定観念による差別である。固定観念による差別とは，男性と女性は適性が異なるという偏った認識に基づく差別である（川口，2008）。パターナリズムによって女性と男性が異なる仕事を課されることは，固定観念による差別を受けているのと変わりがない。これらは男性の経営者や管理職による女性労働者に対する偏った認識によるものと理解することができる（平野，2018）。パターナリズムによる配慮は，女性の成長機会やキャリア発達を阻害し得るものであり，女性の活躍推進や自社の競争力に歯止めがかかる可能性がある。

④ その他の差別

上記以外にも，セクシュアル・ハラスメントや不十分なワーク・ライフ・バランス施策は，労働需要側の差別といえる（川口，2008）。

(2) 労働供給側による要因

女性労働者の活躍が進まない労働供給側の要因として，女性が自ら正規となることを控えている点を挙げることができる（山本，2018）。様々な理由から女性自身があえて非正規という選択をしているようなケースである。

女性がそうした選択をする理由として，1つ目に「夫は仕事，妻は家庭」という性別役割分業意識，2つ目に長期雇用を前提とした賃金・昇進体系のもとでの暗黙的な契約（雇用期間の前半は限界生産力よりも低めの賃金が設定され，後半になると高めの賃金に変わり，定年の頃に賃金の全体的なバランスがとられる），3つ目に子どもをもつ女性が育児サポートを地域などから十分に受けることができないことで生じる時間的・体力的な問題，4つ目に就業抑制的な行動につながる税制や社会保障制度に対応するためなどが考えられる。

上記のうち，性別役割分業意識に関しては，既婚女性＝専業主婦のような印象となるが，これはもちろんそうとは限らない。実際，2000年代には新・性別役割分業として，「夫は仕事，妻は家庭と仕事」というように，女性の仕事に対する役割はすでに広く認識されていた。しかしその仕事の役割は，家事ありきであることを前提としたものでもあった。

3 女性労働者の労働力率に関する実態

(1) 女性の労働力率向上の要因

第1節におけるM字カーブの結果から，女性の労働力率が上昇傾向にあることが確認された。しかし，**図表18-1**は女性の労働力全体の傾向をあらわしたものであり，正規雇用と非正規雇用は区別されておらず，M字の窪みの部分がどのような理由から上昇したのかなどについては読み取ることができない。そこで本項では，より詳しく女性の労働力率向上の要因について検討する。

① 女性の正規労働者数と非正規労働者数

総務省の労働力調査年報からは，女性の正規労働者数と非正規労働者数の推移を読み取ることができる。当該調査では，正規労働者数が微増ながら確実に増えていた。それはコロナ禍においても例外ではなく，非正規労働者との人数的な差は，2014年がおよそ306万人あったのに対し，2023年はおよそ173万人にまで迫っている。正規労働者が増えたことで，一般的にライフイベントの多い30代であっても，就業を続ける女性が増えたと考えられる。

② 年齢階級別の配偶者の有無

次に，女性にとっての配偶者の有無と労働力率との関係を年齢階級別にまとめたものが**図表18－2**である。

まず未婚者に関して，2023年と2013年を比較すると，その差があらわれるのは45歳以降であり，それまではおおむね同じように推移している。一方，有配偶者の場合，20代のはじめから2023年と2013年のデータでは，大きな差があら

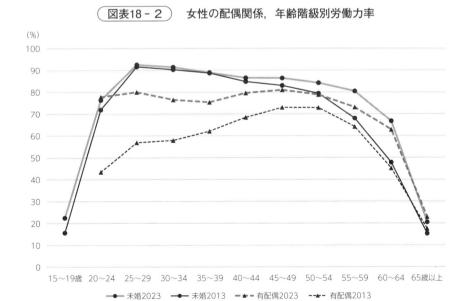

図表18－2　女性の配偶関係，年齢階級別労働力率

出所：厚生労働省「働く女性の実情」。

われている。**図表18－1**のM字カーブにおいて，窪みの部分が目立たなくなってきた要因の1つは，配偶者のいる女性の多くが就業を継続しているためだと考えられる。

③ 離職理由別離職者数の構成比

3つ目として，女性労働者の結婚，出産・育児，介護・看護といった3つの理由に基づく離職者数の構成比をあらわしたデータがある（厚生労働省『雇用動向調査』）。この調査結果から，介護・看護は過去10年間で1.5％～2％ぐらいの間を推移しているが，結婚および出産・育児を理由とする離職については減少傾向にあり，とりわけ結婚の減少が顕著である。つまりM字カーブにおけるかつての窪み部分は，結婚および出産・育児が主な理由として考えられる。現在はそれらを理由とする離職が減少していると考えられるが，その根本にある要因が，ダイバーシティ経営によるものなのか，婚姻数の減少や少子化によるものなのかについては，今後さらなる調査が求められる。

(2) 企業規模別の比較

ここまでは女性の労働力率上昇の要因を，雇用形態・有配偶者の働き方・離職理由といった生活とかかわりのある側面から検討した。本項では，生活そのものを直接反映するものではない企業規模に着目し，女性労働者の労働力率について検討する。

総務省の労働力調査年報から，非農林業における企業規模別の女性雇用者構成比（％）およびその人数を確認した。週35時間以上勤務の通常労働者と週35時間未満勤務の短時間労働者を比べると，企業規模が499人まででは，雇用者構成比率の年度による違いはあまり見られず，雇用者構成比の傾向としては減少ぎみである。しかし，500人以上の企業規模では，年度を追うごとに女性の構成比も人数も微増している。500人以上の人数がより細かく区分されているわけではないためあくまで推測だが，M字カーブの窪み部分の上昇は，企業規模でいうと500人以上の企業での就業が強く反映されている可能性がある。すなわち，企業規模が大きいほど，女性労働者の働く環境そのものがある程度整っていると推測され，その結果，女性の人数も比率も年を追うごとに上昇傾

向だと考えられる。以上のように考えると，女性の就業には程度の差はあれ，企業によるダイバーシティ経営の効果も多分にあると思われる。

4　女性労働者の仕事と私生活

(1)　ワーク・ライフ・バランスとは

　女性をはじめとした多様な人材の活躍を目指すダイバーシティ経営の実現には，かつての同質的なマネジメントの仕組みを変える必要がある。様々な事情で多様な働き方をする女性労働者が，高い意欲をもってその能力を最大限に発揮できるようなマネジメントが企業には求められる。

　「仕事と生活の調和」として知られるワーク・ライフ・バランス（以下，WLB）は，ダイバーシティ経営を推進するにあたっての中核的な取り組みである。わが国では，女性労働者の活躍に向けてWLB施策やWLB支援などのかたちで取り組まれることが多い。

　ただし，WLB施策を実施するにあたっては留意すべき点もある。それは制度の充実を図ることそのものがWLB施策にとって必ずしも重要というわけではないということである。佐藤・武石（2014）が指摘するように，両立支援として法定を上回る手厚い制度の導入を進めても，それ以外の社員の働き方の改善が進まなければ，制度を利用する女性との間に不公平感や軋轢が生じてしまう。また，制度を利用する女性も，そうした制度に依存する状況が続き，制度利用が長期化することで，能力開発や能力発揮などの機会が阻害される可能性がある。WLB施策は特定社員のためのものではなく，全社員が意欲的に仕事に取り組める職場とするための施策であることを十分に理解する必要がある。そのためには制度の構築だけでなく，職場風土（意識）改革や新たな働き方などを築くことが重要である。

(2)　WLBの三層構造

　WLBを実現するために必要な考え方として，佐藤・武石（2010）はWLBの三層構造を提示している。これはWLB支援を，「土台部分」・「1階部分」・「2

階部分」の三層で表現し,「2階部分」には短時間勤務制度などの両立支援に向けた個別制度の導入や,制度を導入するための職場づくりの重要性が指摘されている。WLB支援としてよく目に留まるのがこの2階部分である。この2階部分を効果的に機能させるためのステージとして,それを支える「土台部分」と「1階部分」が同様に重要となる。

まず「土台部分」では,社内でそれまで長く続いていた固定的な価値観から,ダイバーシティとそれに伴う生活等の変化を受容し,職場をそうした価値観に入れ替えるための風土改革の必要性が指摘されている。またそれに続く1階部分では,会社が「土台部分」の実情を受け入れた上で,従業員の仕事時間に関する制約や,私生活の時間確保に向けた働き方実現の必要性を認識しなければならない。そのための具体的制度の導入が2階部分であるが,そこでは女性の能力発揮の機会の喪失などに留まらず,制度利用による不在を埋めるための周囲の負担なども考慮しなければならない。制度があってもそれが利用しにくい状況では,WLB支援が機能しているとは言えない。

WLB施策がうまくいかない場合,それは制度そのものというより,土台部分と1階部分の構造に欠陥があると考えられる(武石,2023)。たとえば,当該企業で働く正規労働者たちは本当にダイバーシティを理解しているか,WLB制度利用者の穴を埋めるための人材育成や働き方などは整っているかなど,土台と1階部分の実情を踏まえることが不可欠である。大切なことは,従業員全体に及ぶ働き方や意識の変革と,それに基づく企業としての働きかけである。

次節では,土台部分にかかわる組織風土を整えるのに不可欠な周囲の理解やサポートの重要性について考える。

(3) 女性労働者の活躍に不可欠な周囲との関係

① 上司の理解

女性労働者がその能力を発揮し,会社に貢献し続けていくためには,女性に対する経営層を含めた上司の正しい理解や適切な対応が求められる。既述した差別の理論や偏った認識などは,女性の雇用や能力の発揮機会に負の影響を与え,活躍の機会を奪う可能性がある。また,女性が抱える健康上の問題に関し

ても，上司にはその理解や適切な対応が求められる。山本（2014）では，女性部下の上司に対する満足感は，当該上司が男女いずれであってもリテンションに効果を発揮し，とりわけ女性上司と女性部下との関係においては，上司満足の重要性がいっそう際立っている。

② 同僚のサポート

年齢や雇用形態にかかわらず，当該女性労働者が業務中に何らかのサポートを必要としたとき，同僚がそれに気づきフォローをすることは極めて重要な行為である。同僚同士が互いに助け合うことで良好な組織風土は形成され，集団凝集性の高まりも期待できる。まずはこうしたダイバーシティへの理解を行動に移すことが大切であり，そうした個人を増やすことで，制度や施策の充実に留まらないWLBが実現される。

③ 同性の対応

「女性の敵は女性」とまでは言わないが，女性同士の関係において，それが必ずしも協力的ではないといった研究結果はいくつも存在する。たとえば，女性同士だから出産や育児にも理解を示し，協力も惜しまないという認識は必ずしも正しくないかもしれない。女性同士の関係のほうが，男性同士の関係より厳しいとも言われる。女性部下のリテンションに必ずしも女性上司がよいわけではないという研究結果（山本，2014）は，こうした現実を物語っているとも考えられる。

5　仕事と家庭生活との関係

(1) 仕事と家庭生活との関係に関する概念

WLBは文字どおり「ワーク」と「ライフ」に着目した概念である。しかしこの「ライフ」については，様々な場面が想定され，ともすると「ライフ」は「ワーク」を含んだ概念ともいえる。そこで本節では，「ワーク」と同程度の価値を含む用語として，「ライフ」ではなく「ファミリー」を使用する。すなわ

ち，ワーク・ファミリー・バランス（以下，WFB）として，仕事と家庭生活との調和を考える。

　WFBに基づく仕事と家庭生活との関係では，ネガティブとポジティブの2つの側面が存在する。前者は，ワーク・ファミリー・コンフリクトやネガティブ・スピルオーバー（仕事と家庭生活において，一方の状況や意識が，もう一方の状況や意識にネガティブな影響を与えること）がそれにあたる。また後者は，ワーク・ファミリー・ファシリテーション，ワーク・ファミリー・エンリッチメント，ポジティブ・スピルオーバーなどがある。後者の概念については，いずれも概念上の区別が曖昧で，多くの論文において同義で扱われる傾向がある（荒木・正木，2022）。本節では，両者の代表的な概念として，ワーク・ファミリー・コンフリクトとワーク・ファミリー・ファシリテーションを取り上げる。

(2)　ワーク・ファミリー・コンフリクト

　ワーク・ファミリー・コンフリクト（以下，WFC）とは，仕事生活と家庭生活のそれぞれから求められる役割を両立することができないときに生じる役割間葛藤である（Greenhaus & Beutell, 1985）。仕事上の出来事を原因として家庭での役割葛藤につながるケース（仕事から家庭への葛藤：以下，WIF）と，家庭での出来事を原因として仕事での葛藤につながるケース（家庭から仕事への葛藤：以下，FIW）がそれぞれある。具体的には，WIFとは「仕事から帰ると非常に疲れていて，家族としての責任を果たすことができない」，FIWは「家庭でのストレスにより，仕事に集中することが難しい」などの状況である。既存研究として，たとえば小川（2022）では，サービス業に従事する女性労働者を対象に，労働条件とストレスとの関係をWFCの観点からその媒介効果を分析した。その結果，ストレスに直接影響を与えるのはWIFであり，FIWはストレスには直接影響せず，WIFを介して影響することが示唆された。

(3)　ワーク・ファミリー・ファシリテーション

　次に，仕事と家庭生活との関係におけるポジティブな側面としてワーク・ファミリー・ファシリテーション（以下，WFF）を挙げる。WFFとは，ひと

つの役割に携わることで得られる仕事の資源が，別の役割遂行を容易にするという相乗効果の一形態である（Wayne, Musisca, & Fleeson, 2004）。WFCと同様に，仕事領域から家庭領域への促進と，家庭領域から仕事領域への促進がそれぞれある。陳ほか（2019）は，仕事の資源が充実するほどWFFが発生し，また，職場以外の家族・友人のサポートがWFFを維持する要因であることを示唆している。これらの結果は，「仕事から家庭への促進」・「家庭から仕事への促進」の双方に同様の効果をもたらしている。

6　日本的雇用システムと女性管理職

(1)　日本的雇用システムと女性の活用

　本節からは女性の管理職について考える。女性労働者の活躍の先にある1つのかたちとして，昇進を伴う管理職への登用が考えられる。すべての働く女性が昇進を目指すわけではないが，それを希望する者やそれにふさわしい者が管理職などを目指せる企業内雇用システムは不可欠である。しかしながら，従来的な日本的雇用システムが，女性の活躍を阻むことが川口（2008）や山口（2014）などで指摘されている。

　わが国企業における雇用システムの1つの特徴は，内部労働市場の発達にある。外部から必要な人材をそのつど調達するのではなく，教育訓練や配置転換などを通じて様々な職務に対応できるゼネラリストを養成し供給してきた。その結果，企業と労働者との間には長期的な関係のもとに運命共同体的状況がつくられた。しかしこうした状況は，性別役割分業にもとづく男性中心の職場が想定され，女性労働者の貢献を重視したものではなかった。すなわち男性を中心とする職場では長時間労働があたりまえとされ，家事や育児を担う女性が正規労働者として長期的に働き，社内で昇進するという構図は一般的ではなかった。川口（2015）でも，終身雇用の特徴が強い産業では女性のフルタイム労働者は少なく，労働時間が短い産業ほど女性のフルタイム労働者は多かった。しかし一方で，労働時間の短縮が女性の管理職増大や賃金の上昇につながるわけでもなく，あらためて女性の活躍推進の難しさが示唆された。

(2) 中小企業における雇用システム

　内部労働市場を特徴とする日本的雇用システムは，大企業を前提とする雇用システムともいえる。すなわち，中小企業ほど日本的雇用システムの本質としてのメンバーシップや雇用の三種の神器は希薄となり，雇用はジョブ型に近づいていく（濱口，2009）。一般的に，中途採用者が比較的多く職種転換が少ない中小企業では，その意味で女性管理職についても大企業とは異なる状況が想定され，実情を把握する必要がある。

7　女性管理職の実際

　それでは実際，女性管理職割合の推移や企業規模別の管理職割合は近年どのようになっているだろうか。厚生労働省の雇用均等基本調査によると，役職別の女性管理職割合は，もっとも比率の高いものが役員であり，その割合は2023年までの10年間で毎年20％〜23％ほどを推移している。一方で増加傾向にあるのが係長相当職である。また課長相当職も微増傾向にあり，現実的にこれら両役職において，女性管理職登用に関する企業と個人の努力があらわれていると考えられる。

　また，同じく厚生労働省の雇用均等基本調査によれば，企業規模別の女性管理職の割合は，役員・部長相当職・課長相当職・係長相当職のいずれの役職にあっても，企業規模が小さくなるほど女性管理職の割合は大きくなっている。とりわけ299人以下の企業規模からこの傾向は顕著となり，小規模な企業ほど女性管理職の割合が高くなっている。これはすでに言及した日本的雇用システムに縛られない中小企業の特徴があらわれているのかもしれない。また，小規模な企業で働く正規労働者は，大規模企業の正規労働者と比べ，柔軟でかつ能力を生かせる働き方が可能である（筒井，2020）。そのため女性にとっても小規模な企業で働くということは，賃率の低さや倒産リスクといった懸念があるとしても，自らの能力を生かせる状況さえ続くのであれば，管理職という組織内キャリアの構築につながるのかもしれない。

　しかし一方で，今後の見込みという点では，従業員数の多い企業ほど女性管

理職割合の見込みは高い水準にあり，301人以上の企業や女性管理職比率の開示義務がある上場企業では，それぞれ7割近くが増加の見込みを示している（帝国データバンク，2024）。

さらに業界別の女性管理職比率では，小売や不動産などが高く，生活時間が不規則となりやすい製造や長時間労働の印象がある運輸・倉庫，建設などはそもそも女性も少なく，その管理職比率も低い水準にある（帝国データバンク，2024）。

女性労働者にとって昇進可能性認知がリテンションを促すという事実（山本，2014）を考慮すると，出産・育児期などを中心とした女性の離転職に対しても，中小企業的な雇用システムや女性が多い企業であるほど，昇進へのイメージを描くことができ，それが継続的な就業にもつながっていると考えられる。

8　女性管理職の育成に向けて

最後に，女性管理職の育成に必要な考え方や取り組みなどについて，リクルートワークス研究所（2014）を参考に検討する。

第1に，入社後の早い段階から多くの種類の仕事経験を積ませることである。女性が昇進を望まない理由として，能力的な自信のなさを挙げることが非常に多い。男性に比べて社内の職務が限定されがちなため，多くの仕事を経験させることで自信をつけさせることが大切である。ただし，多くの仕事とは，組織内キャリアの形成に寄与するような実務経験である。第2に，入社後5～8年ほどである程度一人前の職業人にすることである。すでに見てきたとおり，女性が仕事から離れるタイミングの多くは30代から40代はじめごろである。人によって違いはあるが，30代前に仕事への自信がついていれば，その後の休職を経た復職の際も，比較的仕事に戻りやすくなると考えられる。第3に，早めにマネジメントも経験させることである。管理職の育成を考えた場合，現場の仕事ばかりができても，優れた管理職になれるわけではない。20代のうちに初歩的なマネジメントを経験させ，30代になったら管理職としての配置を実現する。もし女性本人が何らかの理由でそれに積極的でない場合，その時こそWLB支援などダイバーシティ経営を実現するための施策と周囲の協力で後押しするべ

きである。第4に，評価は長時間労働などに対して行うのではなく，目標に対してどれだけの成果を達成できたのかという点から判断されなければならない。一生懸命に長時間働いている状況を評価しようとすれば，時間的にも体力・精神的にも続かなくなってしまう。WLBの観点からも，仕事時間には限りがあることを企業は認識しなければならない。

　以上のような取り組みは，対象者をなるべく限定することなく，企業や上司による絶え間ない努力が求められる。

　なお，本節は30代の管理職育成を想定したものであり，40代管理職やその後の役員等を想定した場合，さらなる検討が必要である。

(参考文献)

荒木淳子・正木郁太郎（2022）「WLB管理職の行動が子育て期女性のポジティブ・スピルオーバーに与える影響に関する研究―ワーク・エンゲイジメントの媒介効果に着目して」『経営行動科学』34, pp.39-53。

小川悦史（2022）「労働条件とストレスとの関係―ワーク・ファミリー・コンフリクトの観点から」『亜細亜大学経営論集』57, pp.3-19。

川口章（2008）『ジェンダー経済格差』勁草書房。

川口章（2015）「日本経済における女性活躍の課題―日本的雇用制度に着目して―」『日本労務学会誌』16, pp.125-137。

佐藤博樹（2017）「ダイバーシティ経営と人材活用―働き方と人事管理システムの改革」佐藤博樹・武石恵美子編『ダイバーシティ経営と人材活用―多様な働き方を支援する企業の取り組み』東京大学出版会。

佐藤博樹・武石恵美子（2010）『職場のワーク・ライフ・バランス』日本経済新聞出版社。

佐藤博樹・武石恵美子（2014）「ワーク・ライフ・バランス支援の新しい課題」佐藤博樹・武石恵美子編『ワーク・ライフ・バランス支援の課題―人材多様化時代における企業の対応』東京大学出版会。

佐野晋平（2005）「男女間賃金格差は嗜好による差別が原因か」『日本労働研究雑誌』540, pp.55-67。

宍戸拓人（2016）「女性登用から価値を生み出すダイバーシティ・マネジメントとは」『人材教育』28, pp.50-57。

武石恵美子（2023）『キャリア開発論―自律性と多様性に向き合う（第2版）』中央経済社。

陳迪・大塚泰正・金井篤子（2019）「介護職員のワーク・ファミリー・コンフリクト／ファシリテーションに関する検討：仕事の要求度―資源モデルの観点から」『産業・組織心理学研究』32, pp.139-152。

筒井淳也（2020）「日本的雇用と女性の労働力参加―企業規模ごとの「働きやすさ」の分析」安藤史江編著『変わろうとする組織　変わりゆく働く女性たち』晃洋書房。

濱口桂一郎（2009）『新しい労働社会』岩波書店。
平野光俊（2015）「企業経営と女性活躍推進の課題―キャリア自己効力感に着目して」『日本労務学会誌』16, pp.90-99。
平野光俊（2018）「女性の活躍推進」平野光俊・江夏幾多郎著『人事管理―人と企業，ともに活きるために』有斐閣。
松浦民恵（2015）「女性活躍推進の変遷と課題」『日本労務学会誌』16, pp.105-114。
山口一男（2008）「男女の賃金格差解消への道筋―統計的差別の経済的不合理の理論的・実証的根拠」『日本労働経済雑誌』574, pp.40-68。
山口一男（2014）「日本的雇用システムが女性の活躍を阻む理由」『中央公論』129, pp.48-55。
山本勲（2018）「企業における女性活躍の推進」阿部正浩・山本勲編『多様化する日本人の働き方―非正規・女性・高齢者の活躍の場を探る』慶應義塾大学出版会。
山本寛（2014）「ダイバーシティ・マネジメントとリテンション」経団連出版編『企業力を高める女性の活躍推進と働き方改革』経団連出版。
リクルートワークス研究所（2014）「女性リーダー育成 半歩先行く世界のリアル」『Works』123。
Becker, G. (1971) *The Economics of Discrimination* (2nd Edition). University of Chicago Press.
Greenhaus, J.H. & Beutell, N.J. (1985) "Sources of Conflict between Work and Family Roles." *Academy of Management Review*, 10, pp.76-88.
Phelps, E. (1972) "The Statistical Theory of Racism and Sexism." *American Economic Review*, 62, pp.659-661.
Wayne, J.H., Musisca, N., & Fleeson, W. (2004) "Considering the Role of Personality in the Work-Family Experience; Relationships of the Big Five to Work-Family Conflict and Facilitation." *Journal of Vocational Behavior*, 64, pp.108-130.
厚生労働省　雇用動向調査　https://www.mhlw.go.jp/toukei/list/9-23-1c.html（2024年9月16日アクセス）
厚生労働省　働く女性の実情　https://www.mhlw.go.jp/toukei_hakusho/hakusho/（2024年11月8日アクセス）
厚生労働省　令和5年度 雇用均等基本調査
　　file:///C:/Users/%E5%B0%8F%E5%B7%9D%E3%80%80%E6%82%A6%E5%8F%B2/Desktop/R6%20%E9%9B%87%E7%94%A8%E5%9D%87%E7%AD%89%E8%AA%BF%E6%9F%BB.pdf（2024年9月29日アクセス）
総務省　労働力調査年報　https://www.e-stat.go.jp/stat-search/files?page=1&layout=datalist&toukei=00200531&tstat=000000110001&cycle=7&tclass1=000001215302&tclass2val=0（2024年9月16日アクセス）
帝国データバンク（2024）「女性登用に対する企業の意識調査」
　　https://www.tdb-di.com/special-planning-survey/sp20240823.php
　　（2024年9月22日アクセス）

索　引

欧・数

1 on 1 ミーティング …………………… 127
2 要因理論 …………………………… 274, 275
CDP ……………………………………… 113, 114
ERG理論 ……………………………… 271, 272
LMX ……………………………………… 264, 265
M字カーブ ………………………… 330, 334, 336
Off-JT ………………………………… 100, 103, 112
OJT …………………… 100, 101, 102, 104, 107, 112
OKR ……………………………………………… 125
PM理論 ……………………………… 256, 258
SHP（シルバー・ヘルス・プラン）…… 183
SL理論 ……………………………… 261, 262
THP（トータル・ヘルスプロモーション・プラン）……………………………… 183
Value評価 ……………………………………… 131
WLB施策 ……………………………… 337, 338

あ行

アルムナイ制度 ………………………………… 93
アンコンシャス・バイアス …………………… 76
安全衛生委員会 ………………………………… 176
安全衛生教育 …………………………………… 180
安全配慮義務 …………………………………… 171
一般知的能力検査 …………………………… 33, 36
ウェルビーイング ……………………………… 206
英語公用語 ……………………………………… 304
英語公用語化 …………………………………… 306
衛生要因 ………………………………………… 275
選ばれる企業 …………………………………… 207

エンプロイアビリティ …… 96, 110, 113, 224
エンプロイメンタビリティ ………………… 96
オープンショップ …………………………… 233
遅い選抜 ……………………………… 66, 71, 72
オハイオ研究 ………………………………… 255

か行

海外子会社 …………………………… 291, 297
海外駐在員 ………………… 287, 297, 298, 299
海外派遣者 ……………………… 297, 298, 299
海外派遣社員 ………………………………… 305
解雇 ……………………………… 81, 87, 90, 91, 92
解雇権濫用の法理 ……………………… 88, 91
階層別教育 ……………… 104, 105, 109, 110, 112
外部化 ………………………………………… 196
外部労働市場 ……………………… 137, 138
確定拠出年金 ………………………………… 198
カフェテリアプラン ………………………… 198
企業別組合 …………………………………… 232
機能化に向けた原則 ………………………… 200
キャリア・トランジション ………………… 220
キャリア・プラトー ………………………… 76
キャリア開発 ………………………………… 214
キャリア自律 …… 62, 63, 73, 76, 77, 94, 95, 210
キャリア戦略 ………………………………… 219
キャリアの定義 ……………………… 211, 212
キャリアの分類 ……………………… 212, 213
キャリア発達 ………………………………… 214
キャリア発達の段階 ………………………… 216
キャリア発達の停滞 ………………………… 220
キャリア発達の評価・測定 ………………… 216

教育効果測定 …………………… 107, 108
境界のないキャリア …………………… 211
勤務延長制度 …………………… 84, 85
クローズドショップ …………………… 232
グローバル化 …………………… 289, 303
グローバル人材 ………… 293, 300, 301, 302, 305, 306
経営人材育成 …………………… 115, 116
経営労務監査 …………………… 18
健康経営 …………………… 187, 205
構造化面接 …………………… 35, 36
行動アプローチ ………… 251, 254, 258
合同労組 …………………… 232
高年齢者等の雇用の安定等に関する法律（高年齢者雇用安定法） ……… 83
国際化 ……… 287, 288, 289, 290, 292, 295, 303
国際人的資源管理 ……… 287, 289, 290, 291, 293, 294, 295, 296, 297, 298, 300, 302, 303, 304, 305
雇用区分の多元化 …………………… 320, 324
雇用調整 …………………… 86, 87, 88, 89, 90
雇用ポートフォリオ ………… 320, 321, 322
コラボヘルス …………………… 184
コンティンジェンシーアプローチ ……………………………………………… 252, 258, 259
コンピテンシー評価 …………………… 129

さ行

サービス残業 …………………… 165
再雇用制度 …………………… 84, 85
採用戦略 …………………… 22
作業環境管理 …………………… 179
作業管理 …………………… 179
産業別組合 …………………… 231
三層労働市場モデル …………………… 322, 323

シェアド・リーダーシップ ………… 265, 266
嗜好の差別 …………………… 332
自己啓発（SD） …………………… 100, 106
自己効力感 …………………… 282, 283
自己申告制度 …………………… 56
仕事の見直し …………………… 204
質的基幹化 …………………… 319, 320
失敗回避動機 …………………… 279, 280
社会的勢力 …………………… 250, 251
社内公募制度 …………………… 57
従業員エンゲージメント（エンゲイジメント） ……………………………………… 207
終身雇用 …………………… 80, 93
重層型昇進構造 …………………… 70
出向 …………………… 57
春闘 …………………… 139
将棋の駒型競争 …………………… 69
職能給 ……………… 144, 145, 146, 153
職能資格制度 ……… 44, 59, 60, 61, 65, 66
職能別教育 ……………… 104, 105, 106
職能別組合 …………………… 231
職場でのハラスメント問題 ………… 186
職務記述書 …………………… 46, 63, 65
職務給 ……………… 146, 147, 148, 153
職務等級制度 ……………… 46, 59, 60, 65
職務特性モデル …………………… 276, 277
職務分析 …………………… 26, 27, 46
職務満足 ……………… 273, 274, 276
女性活躍推進法 …………………… 331
女性管理職 ……………… 341, 342, 343
女性労働者 ……… 331, 332, 333, 334, 336, 337, 338, 339, 340, 341
初任配属 …………………… 51
ジョブ・エンゲイジメント ………… 283, 284
ジョブ型雇用 …………………… 42, 43
ジョブローテーション …………………… 54

自律型・選択型教育 ················ 112
人材要件 ·························· 26, 27
人事管理 ····························· 4
人事権 ······························ 49
人的資源管理の主体 ················· 7
人的資源管理の対象 ················· 8
人的資源管理の定義 ················· 5
人的資源管理の特徴 ················· 5
人的資源管理の目的 ················· 6
人的資本経営 ······················· 14
人本位の採用 ······················· 28
人本位の評価 ······················· 37
信頼性（reliability）················ 31
心理的安全性 ······················ 206
成果主義 ············ 148, 149, 150, 151, 153
正規労働者 ······· 309, 310, 312, 313, 316, 317, 318, 319, 324, 325, 335, 342
成功動機 ············ 279, 280, 281, 282, 283
生産性 ···························· 162
「成績」「情意」「能力」··············· 121
絶対評価 ·························· 131
選考プロセス ··················· 24, 25
選択型教育 ························ 112
戦略的人的資源管理 ············ 11, 22
早期選抜型 ······················· 105
相対評価 ·························· 131
組織開発 ····················· 111, 115
組織再社会化 ····················· 223
組織社会化 ························ 51

た行

ダイバーシティ経営 ············ 329, 337
多国籍企業 ·········· 288, 289, 290, 291, 292
達成動機理論 ············· 279, 281, 282
妥当性 ······················ 31, 33, 34, 35

団体交渉 ·························· 235
定年制 ······················ 81, 82, 83, 86
同一労働同一賃金の原則 ····· 146, 147, 148, 152, 153
動因 ······························ 270
動機づけ要因 ····················· 275
統計的差別 ······················· 333
特性アプローチ ········ 251, 253, 254, 258

な行

内部労働市場 ················· 137, 138
日本的経営 ························ 10
年功制 ························ 140, 141
年次有給休暇 ····················· 167
能力開発 ······· 97, 98, 99, 100, 101, 109, 110, 111, 112
ノー・レイティング ················ 132

は行

バカンス ·························· 167
パターナリズム ··················· 333
ハラスメント ····················· 245
非正規労働者 ········· 309, 310, 312, 314, 316, 317, 318, 319, 320, 322, 324, 335
必要性 ··························· 194
ヒューマンエラー ················· 175
費用対効果 ······················· 198
ファスト・トラック ············ 74, 75
フェイキング ··················· 34, 35
分布制限 ·························· 131
変革型リーダーシップ ······ 253, 263, 264
ポジティブ・アクション ············ 75
ホワイト企業 ····················· 206

ま行

マネジリアルグリッド理論 ……………… 257
ミシガン研究 …………………………… 255
メンタルヘルス ………………………… 185
メンバーシップ型雇用 ……… 42, 43, 49, 51
目標設定理論 …………………………… 278
目標による管理（MBO） …………… 122

や行

役割給 ………………… 148, 149, 150, 151, 153
役割等級制度 ………………… 47, 59, 60, 65
雇止め ……………………………… 87, 88, 89
ユニオンショップ ……………………… 233
欲求階層理論 ……………………… 270, 271

ら行

リーダー・メンバー交換関係 ………… 264
リクルーティング ………………… 29, 30
リスクアセスメント …………………… 180
リテンション・マネジメント ……… 95, 96
リモートワーク ………………………… 169
量的基幹化 ……………………………… 319
労使関係 ………………………………… 229
労使協議制 ……………………………… 241
労働安全衛生法 ………………………… 174
労働安全衛生マネジメントシステム …181
労働基準法 ……………………………… 174
労働組合 ………………………………… 231
労働時間 ………………………………… 155
労働市場の多層化 ……………………… 322
労務管理 ………………………………… 3

[執筆者紹介・執筆分担]

山本　寛（やまもと　ひろし）　　　　　　　　　第1章・第12章
　　編著者紹介参照。

今城志保（いましろ　しほ）　　　　　　　　　　　第2章
　　株式会社リクルートマネジメントソリューションズ組織行動研究所主幹研究員

石毛昭範（いしげ　あきのり）　　　　　　　　　　第3章
　　拓殖大学商学部教授

森田雅也（もりた　まさや）　　　　　　　　　　第4章・第5章
　　関西大学社会学部教授

谷内篤博（やち　あつひろ）　　　　　　　　　　　第6章
　　実践女子大学名誉教授

三輪卓己（みわ　たくみ）　　　　　　　　　　　　第7章
　　桃山学院大学経営学部教授

篠原健一（しのはら　けんいち）　　　　　　　　　第8章
　　京都産業大学経営学部教授

廣石忠司（ひろいし　ただし）　　　　　　　　　第9章・第13章
　　専修大学経営学部教授

園田洋一（そのだ　よういち）　　　　　　　　　第10章・第11章
　　東北福祉大学総合マネジメント学部教授

竹内倫和（たけうち　ともかず）　　　　　　　　　第14章
　　学習院大学経済学部教授

竹内規彦（たけうち　のりひこ）　　　　　　　　　第15章
　　早稲田大学大学院経営管理研究科教授

宮下　清（みやした　きよし）　　　　　　　　　　第16章
　　長野県立大学グローバルマネジメント学部教授

小川悦史（おがわ　えつし）　　　　　　　　　　第17章・第18章
　　亜細亜大学経営学部准教授

［編著者紹介］

山本　寛（やまもと　ひろし）

青山学院大学名誉教授。キャリアデザイン論担当。博士（経営学）。メルボルン大学客員研究員歴任。単著書に，『人事労務担当者のためのリテンション・マネジメント』，『連鎖退職』，『なぜ，御社は若手が辞めるのか』，『「中だるみ社員」の罠』，『働く人の専門性と専門性意識』，『人材定着のマネジメント』，『転職とキャリアの研究』，『昇進の研究』等がある。

https://yamamoto-lab.jp/

働く人と組織のための人的資源管理
──人的資本経営時代の基礎知識

2025年5月10日　第1版第1刷発行

編　者	全国社会保険労務士会連合会
編著者	山　本　　　寛
発行者	山　本　　　継
発行所	㈱中央経済社
発売元	㈱中央経済グループパブリッシング

〒101-0051　東京都千代田区神田神保町1-35
電話　03 (3293) 3371 (編集代表)
　　　03 (3293) 3381 (営業代表)
https://www.chuokeizai.co.jp
印刷／三英グラフィック・アーツ㈱
製本／㈲井上製本所

© 2025
Printed in Japan

＊頁の「欠落」や「順序違い」などがありましたらお取り替えいたしますので発売元までご送付ください。（送料小社負担）
ISBN978-4-502-53571-0　C3034

JCOPY〈出版者著作権管理機構委託出版物〉本書を無断で複写複製（コピー）することは，著作権法上の例外を除き，禁じられています。本書をコピーされる場合は事前に出版者著作権管理機構（JCOPY）の許諾を受けてください。
JCOPY〈https://www.jcopy.or.jp　e メール：info@jcopy.or.jp〉